Living Systems

Living Systems

LIAT MARGOLIS // ALEXANDER ROBINSON
INNOVATIVE MATERIALIEN UND TECHNOLOGIEN FÜR DIE LANDSCHAFTSARCHITEKTUR

Birkhäuser
Basel · Boston · Berlin

Grafische Gestaltung, Satz und Layout
Miriam Bussmann, Berlin

Übersetzung aus dem Englischen
Norma Keßler, Aschaffenburg

Redaktion der deutschen Ausgabe
Agnes Kloocke, Berlin

Dieses Buch ist auch in englischer Sprache erschienen:
ISBN 978-3-7643-7700-7

Bibliografische Information der Deutschen Nationalbibliothek
Die Deutsche Nationalbibliothek verzeichnet diese Publikation
in der Deutschen Nationalbibliografie; detaillierte bibliografische
Daten sind im Internet über http://dnb.dnb.de abrufbar.

Dieses Werk ist urheberrechtlich geschützt. Die dadurch begründeten
Rechte, insbesondere die der Übersetzung, des Nachdrucks, des Vortrags,
der Entnahme von Abbildungen und Tabellen, der Funksendung, der
Mikroverfilmung oder der Vervielfältigung auf anderen Wegen und der
Speicherung in Datenverarbeitungsanlagen, bleiben, auch bei nur
auszugsweiser Verwertung, vorbehalten. Eine Vervielfältigung dieses
Werkes oder von Teilen dieses Werkes ist auch im Einzelfall nur in den
Grenzen der gesetzlichen Bestimmungen des Urheberrechtsgesetzes in
der jeweils geltenden Fassung zulässig. Sie ist grundsätzlich vergütungs-
pflichtig. Zuwiderhandlungen unterliegen den Strafbestimmungen des
Urheberrechts.

© 2007 Birkhäuser Verlag AG
Basel · Boston · Berlin
Postfach 133, CH-4010 Basel, Schweiz

Ein Unternehmen der Fachverlagsgruppe Springer Science I Business Media
Gedruckt auf säurefreiem Papier, hergestellt aus chlorfrei gebleichtem Zellstoff. TCF ∞
Printed in Germany

ISBN 978-3-7643-7699-4

9 8 7 6 5 4 3 2 1

www.birkhauser.ch

Inhalt

8	Vorwort

10	Einleitung

SYSTEME UND ANWENDUNGEN

■ Aufbauen

14	Einführung

16	Geschichteter Park mit Rankpflanzen
	MFO-Park, Zürich, Schweiz Raderschall Landschaftsarchitekten AG + Burckhardt & Partner AG
22	Sprühnebel erzeugende Pergola
	Parque de Diagonal Mar, Barcelona, Spanien Enric Miralles Benedetta Tagliabue, EMBT Arquitectes Associates
26	Sturmfeste Straßenüberdachung
	Palio de Bougainvilleas, Avenida Roosevelt, San Juan, Puerto Rico West 8
30	Ökosystem für Feuertreppen
	Vertical Garden, Wohnanlage Fair Street, London, Großbritannien GROSS.MAX + Mark Dion
34	Parasitäre grüne Konstruktion
	MAK t6 VACANT, The MAK Center und SCI-Arc, Los Angeles, Kalifornien, USA David Fletcher + Juan Azulay

■ Schichten

36	Einführung

38	Mechanisch stabilisierte Bodenform
	Olympic Sculpture Park, Seattle Art Museum, Seattle, Washington, USA Weiss/Manfredi Architects
42	Schwebendes Rasenplateau
	Wonder Holland, Niederländische Botschaft, Mercati di Traiano, Rom, Italien West 8

44	Multifunktionale modulare Oberfläche
	The High Line, Section I, New York City, New York, USA Field Operations
48	Elastische Erdhügel
	Safe Zone, Reford Gardens, Grand-Métis, Quebec, Kanada StoSS Landscape Urbanism
52	Invertierte Ebenen
	Jugendhaus am Meer, Sundby Havn, Kopenhagen, Dänemark PLOT=BIG+JDS

■ Leiten

56	Einführung

58	Wegestruktur mit durchlässigen und undurchlässigen Oberflächen
	Allianz Arena, München, Deutschland Vogt Landschaftsarchitekten + Herzog & de Meuron
62	Pneumatische Dämme
	Ökologische Restauration des Río Besòs, Barcelona, Spanien Barcelona Regional Agència Metropolitana de Desenvolupament Urbanístic i d'Infraestructures S.A.
64	Starkregenpark
	Sanierung Kraftwerk Blackstone, Harvard University, Cambridge, Massachusetts, USA; Landworks Studio, Inc.
68	Einlaufbauwerke zur Reinigung von Oberflächenwasser
	Shop Creek, Aurora, Colorado, USA Wenk Associates, Inc. + Mueller Engineering, Inc. + Black & Veatch
70	Gehweg mit integrierter Reihe von Sickermulden
	Southwest 12th Avenue Green Street Project, Portland, Oregon, USA Portland Bureau of Environmental Services
72	Biotechnischer Wellen- und Erosionsschutz
	Delta In-Channel Islands, Sacramento-San Joaquin River, San Francisco Bay, Kalifornien, USA MBK Engineers + Kjeldsen Biological Consulting + LSA Associates, Inc.

■ Pflegen

| 76 | Einführung |

| 78 | Baumkrücken/Wuchshilfen |

Hofgarten, Universitätsbibliothek, Universiteit Utrecht, Niederlande
West 8

| 80 | Wuchs- und Pflegegerüst für Große Hecke |

Shoulder Hedge, Lurie Garden, Millennium Park, Chicago, Illinois, USA
Gustafson Guthrie Nichol Ltd. + Piet Oudolf + Robert Israel

| 84 | Künstliches Mikroklima für einen Bambusgarten im Winter |

Hybridized Hydrologies, Erie Street Plaza, Milwaukee, Wisconsin, USA
StoSS Landscape Urbanism

| 88 | Unkrautvernichtung durch Salzwasser |

Pflanzkästen im Marschland, East River Fährlände, New York City, New York, USA
Ken Smith Landscape Architect

| 92 | Pflanzstrategien für geringen Pflegeaufwand |

Staudenwiesen, Landschaftspark München-Riem, Deutschland
LUZ Landschaftsarchitekten

| 96 | Pflanzmuster für Kümmerwuchs |

Geschäftshaus Elsässertor, Basel, Schweiz
Vogt Landschaftsarchitekten + Herzog & de Meuron

■ Absorbieren

| 100 | Einführung |

| 102 | Bioremediation eines Industrieareals |

Park auf dem British-Petroleum-Gelände, Sydney, Australien
McGregor+Partners

| 106 | Feuchtbiotope mit Klärwirkung am Flusslauf |

Ökologische Restauration des Río Besòs, Barcelona, Spanien
Barcelona Regional Agència Metropolitana de Desenvolupament Urbanístic i d'Infraestructures S.A.

| 110 | Biotop zur Wasserreinigung |

DaimlerChrysler Quartier, Potsdamer Platz, Berlin, Deutschland
Atelier Dreiseitl

| 112 | Hauseigene Kläranlage |

Sidwell Friends Schule, Washington, D.C., USA
Andropogon Associates + Kieran Timberlake Associates + Natural Systems International

| 114 | Bodenrecycling-Strategie |

Werftgelände für Urban Outfitters, Philadelphia, Pennsylvania, USA
D.I.R.T. studio

| 118 | Umschichtung von verseuchtem Boden |

Cultuurpark Westergasfabriek, Amsterdam, Niederlande
Gustafson Porter

■ Übertragen

| 122 | Einführung |

| 124 | Pneumatic Body |

Temporäre Bauten, Olympische Spiele, Athen, Griechenland
ONL [Oosterhuis_Lénárd]

| 128 | Windkraftgetriebene rotierende Gartenbühne |

Courtyard in the Wind, Technisches Rathaus,
München, Deutschland
Acconci Studio + Wolfgang Hermann Niemeyer

| 130 | Wettergesteuertes Parkzugangssystem |

Ökologische Restauration des Río Besòs, Barcelona, Spanien
Barcelona Regional Agència Metropolitana de Desenvolupament Urbanístic i d'Infraestructures S.A.

| 132 | Glasfaser-Marsch |

Field's Point, Providence, Rhode Island, USA
Abby Feldman, Harvard University, Graduate School of Design

■ Reflektieren

134	Einführung
136	Interaktive Wolkenmaschine
	Harvey Milk Memorial, San Francisco, Kalifornien, USA Christian Werthmann & LOMA architecture.landscape.urbanism
138	Computergesteuerter Regenvorhang
	Pitterpatterns, Stadt.haus, Scharnhauser Park, Stuttgart, Deutschland J. MAYER H. Architekten
142	Kinetische Klimafassade
	Wind Veil, Mesa Arts Center, Mesa, Arizona, USA und Technorama Fassade, Winterthur, Schweiz Ned Kahn
146	Spuren des Regens
	Wettergarten, Park Hyatt Hotel, Zürich, Schweiz Vogt Landschaftsarchitekten + Meili, Peter Architekten

178	Projektangaben
185	Dank
186	Bildnachweis
188	Register
191	Die Autoren

PRODUKTE UND TECHNOLOGIEN

150	G-Sky Grünwandpaneele: **Pflanzmodule für senkrechte Wände**
151	Earth Cinch: **Biologisch abbaubare Wuchshilfen**
152	Flexterra® und Soil Guard: **Flexible Wachstumsmedien (FGM) und Fasergemische (BFM)**
153	SaiCoir Erosionsnetz, BioNet, Nedia Erosionskontroll-Decken: **Biologisch abbaubare Geotextilien für den Erosionsschutz**
154	Envirogrid: **Geocell – dreidimensionale Bodenzellen**
156	Land.Tiles: **Erosionsschutzmodule**
158	Cornell University (CU)-Structural Soil™ und Amsterdam Tree Sand: **Strukturböden**
159	EnduraSafe™: **Mulch aus wiederverwertetem Gummi**
160	Poröser Beton und Asphalt: **Durchlässiges Pflaster**
161	Erdbeton: **Zementversetzte Böden**
162	Soil Moist, Stockabsorb®, Watersorb®, PetroGuard, Oasis: **Superabsorbierende Polymere (Hydrogel)**
163	Bridgestone Rubber Dam: **Pneumatische Dämme**
164	Biobarrier®: **Wurzelhemmende Geotextilien**
165	Kontrollierte Brände: **Angelegte Feuer**
166	Filtern von Giftstoffen durch Pilze: **Mycoremediation**
168	Land Imprinting: **Wiederbegrünung von erodiertem Boden**
170	Naturaire® Systems: **Bio-Luftfilter für Innenräume**
171	TXActive®, Photokatalytischer Zement: **Selbstreinigender Beton mit Anti-Smog-Wirkung**
172	BioHaven™ Wild Floating Islands: **Schwimmendes Habitat**
174	Nitratreduktion durch Zeitungspapier: **Bioretentionsmedium**
175	Datenbrunnen: **Vergleichende Informationsanzeige**
176	Sandscape und Illuminating Clay: **Taktile geografisch-räumliche Analyse**
177	Nebelsysteme im Außenraum: **Dampf- und Nebelsysteme**

Vorwort

Innovative Materialtechnologien stehen seit einem Jahrzehnt im Vordergrund des Gestaltungsdiskurses. Hieran wird deutlich, dass Berufspraktiker wie Lehrende das Wissen um Materialeigenschaften und -prozesse als grundlegend für innovatives Entwerfen begreifen, und dass die Landschaftsarchitektur sowohl von interdisziplinärer Zusammenarbeit als auch vom Zugriff auf Daten außerhalb ihres traditionellen Berufsfeldes profitiert und sich darüber weiter entwickelt. Als Ergebnis dieser Materialkultur richten sich konzeptionelle und praktische Ansätze in der Entwurfsfindung und der fachlichen Diskussion zunehmend auf einen von umfassenden Recherchen begleiteten Gestaltungsprozess hin aus, der Möglichkeiten und Grenzen von Material und Konstruktionstechnik als integralen Bestandteil des Gestaltungswillens auffasst.

Weltweit entstanden in den vergangenen Jahren Recherche- und Beratungsdienste, Materialbibliotheken, Online-Datenbanken, Bücher, Zeitschriften, Konferenzen und Ausstellungen, sie richten den Blick auf neue Methoden des Sammelns, der Kategorisierung und Distribution von Daten über Materialien. Solche Austauschforen fördern ein weit verbreitetes Interesse an innovativen Materialanwendungen, die eine erweiterte Leistungsfähigkeit, höhere Umwelteffizienz und ähnliche Qualitäten verfolgen.

Dieses neue Vorgehen erleichtert den Wissenstransfer zwischen unterschiedlichen Fachgebieten in Praxis und akademischer Lehre und fördert einen auf Zusammenarbeit basierenden Planungsprozess. Gründlicher Materialforschung und methodologischen Gestaltungsansätzen werden bereits in einem frühen Projektstadium deutlich mehr Raum gegeben. Doch dieses neue Modell benötigt auch eine neue Sprache, die das Fachvokabular vieler unterschiedlicher Fachbereiche zusammenführt und in sinnvolle, allgemein verständliche Begriffe fasst. In diesem Sinne konzentrieren sich Veröffentlichungen und Datenbanken auf die Schaffung neuer Kategorisierungssysteme und das Prägen einer klaren begrifflichen Terminologie.

In diesem Kontext der ständig wachsenden Bedeutung von Material bietet Living Systems einen Überblick über zeitgenössische Ansätze beim Umgang mit Materialien im Bereich der Landschaftsarchitektur. Trotz zahlreicher interessanter theoretischer Aufsätze als auch technologischer Innovationen wurden Theorie und Praxis bislang noch nicht in einer Veröffentlichung zusammengeführt. Der vorliegende Band diskutiert daher die Materialität von Landschaftsgestaltung im Kontext unterschiedlicher Fallstudien, um zu zeigen, wie Technologie zu einem integralen Bestandteil des konzeptionellen Rahmens wird.

Die Arbeit an diesem Buch bestand primär darin, terminologisch wichtige Begriffe zu sichten und zusammenzustellen, um die Breite der gedanklichen und praktischen Ansätze von heute darzustellen, sowie in der Einführung von Kategorien für eine griffige Beschreibung der Dynamik von landschaftlichen Systemen. Im einzelnen werden landschaftsarchitektonische Materialien und Methoden zunächst darauf hin untersucht, wie sie hinsichtlich einer Unterstützung und Förderung natürlicher Prozessabläufe – also vor allem hinsichtlich Phänomenen wie Austausch, Kreislauf, Stoffwechsel und Wachstum – operieren. Dann wird dargestellt, wie sie als interdependente Systeme – analog zu biologischen bzw. natürlichen Systemen wie etwa dem menschlichen Körper – agieren.

Die im Buch vorgenommenen Kategorien ergaben sich aus dem Verständnis von Landschaft als operativem Verfahren – nicht als Produkt. In diesem Sinne werden etwa Ökologie, urbanes Gefüge oder Raumerfahrung als choreografierte Ereignisse beschrieben, so dass Landschaft als Infrastruktur, als ein im Entstehen begriffenes (evolutives) organisches Ganzes oder als serielle (sequenzielle) Episode aufgefasst wird.

Living Systems fordert eine Abkehr vom traditionellen Planungsprozess, wo vorab Kriterien für Charakter und künftige Aufgabe einer Landschaft ermittelt und dann eine Reihe von Produkten und baulichen Lösungen dafür vorgeschlagen werden, und favorisiert statt dessen einen Gestaltungsablauf, bei dem das Wie von Anfang an Bestandteil des Entwurfs ist. Ohne die konventionellen Kategorisierungssysteme oder Richtlinien für Materialspezifikationen abschaffen zu wollen geht es um eine Ausweitung der Terminologie, um sowohl der Dynamik des Mediums als auch den anspruchsvollen Bewertungssystemen wie etwa LEED – Leadership in Energy and Environmental Design – und deren hohen Standards für Umweltverträglichkeit, Wirtschaftlichkeit und soziale Ziele gerecht werden zu können.

Living Systems ordnet in diesem Rahmen die Fachsprache von Praxis und Lehre neu und möchte auch als Einstieg für andere Aufgabenbereiche wie etwa Architektur, Stadtplanung, Baugewerbe, Ökologie und Geoinformatik dienen, um Wahrnehmung und Erwartungen an das neue Spektrum des Fachgebiets zu schulen. Das zunehmende Interesse an Landschaft in der Architektur soll hier entsprechend vertieft werden zu einem Verständnis für die Komplexität und das operative Potenzial von Landschaft als beeinflussbarem, funktionalen System.

Um Diskurs und Praxis von Landschaftsarchitektur heute in seiner ganzen Spannweite darzustellen, präsentiert dieses Buch eine breite Auswahl an Themen, Fallstudien, Dimensionen und Kontexten; die Bedeutung der Zusammenarbeit von Landschaftsarchitektur, Architektur, Wissenschaft und Ingenieurwesen ist gleichermaßen Thema wie eine Reflexion über die immer stärker verschwimmenden Grenzen zwischen den traditionellen Fachgebieten. Living Systems ist gedacht als Plattform für die Fachwelt, zu der Planungsbüros, Forschungsinstitute, Berater und Herstellerfirmen gezählt werden sollen.

Die Projekte sind in sieben Kapitel unterteilt, wobei jedes den Fokus auf einen operationalen Aspekt von Landschaft legt. Nach Formulierung der Inhalte und Themen für die geplanten Kapitel zu Living Systems wurde auf internationaler Ebene um Projektvorschläge gebeten. Die aus den mehr als 60 Einreichungen getroffene Auswahl von 36 Projekten soll die Bandbreite der Konzepte und Gestaltungsideen illustrieren. Die Reaktion der Planungsbüros aus aller Welt zeugt von der Bedeutung neuer Materialien für Praxis und Theorie der Landschaftsarchitektur. Jedes Kapitel stellt Projekte mit unterschiedlichen Dimensionen und Anforderungsprofilen vor, um das konzeptionelle Spektrum der gesetzten Schwerpunkte herauszuarbeiten und weiterführende Überlegungen anzuregen.

Die Projekte aus zwölf Ländern wurden zum großen Teil in der vergangenen Dekade realisiert, einige sind im letzten Jahr so gut wie fertig gestellt, andere befinden sich noch in der Ausarbeitungsphase oder sind konzeptionelle Entwürfe.

Ergänzend sind 23 Materialien und Verfahrenstechniken in einem eigenständigen Teil zusammengestellt, auf die in den sieben Kapiteleinführungen und den Fallstudien Bezug genommen wird. Zum Teil stellen die Materialtechnologien oder Experimente ganz neue Entwicklungen vor, für die Wege der Einbindung in Projekte noch gefunden werden müssen. In vielen Fällen sind die Materialien nicht unbedingt neu, sondern zeigen einen veränderten Diskussionsstand, unbekannte Definitionen, innovative Anwendungs- oder Kombinationsmöglichkeiten auf.

Die grafische Gestaltung schafft Querverweise zwischen Systemen und Anwendungen sowie Materialien und Technologien; die Konzeption ist darauf ausgelegt, Bezüge zwischen Produkten und Projekten anzuregen, indem unterschiedliche Kategorien entsprechend Funktion, Wirkung und Leistung eingeführt wurden. Diese Darstellungsform hebt Systeme und Konstruktionen heraus, die viele unterschiedliche Anwendungen ermöglichen und in mehrere Leistungskategorien passen. Entsprechend verweisen die Produktbeschreibungen auf unterschiedliche Kapitel, was deren breite Anwendungspalette deutlich macht. Alle umgerechneten Maße wurden gerundet und sind Annäherungswerte.

Das Register ist als Recherchewerkzeug für Prozesse und Qualitäten in der Landschaftsarchitektur angelegt. Statt Bauformen und Nutzungsprogramme, wie Plaza, Spielplatz, Uferbebauung oder Biotop, aufzulisten, ermöglicht es eine Analyse des Geländes hinsichtlich seiner Eigenschaften. Das Register ist nach zwei Hauptgesichtspunkten strukturiert: umweltbedingte Kräfte mit Relevanz für Entwurf und Gestaltung (wie Energie, Strömen, Wachstum) und Eigenschaften von Materialien und Konstruktionen, beispielsweise armiert, gespannt oder abbaubar. Die Umweltkräfte werden zudem in zwei Informationsebenen aufgeteilt: Die erste Unterkategorie führt die Energie schaffenden Elemente auf, wie Sonne, Vegetation, Wasser und Wind; die zweite Unterkategorie enthält die Technologien, diese Elementen für mögliche Entwurfslösungen zu nutzen. Hierzu gehören Begriffe wie zurückhalten, infiltrieren, verstärken, verhindern, reinigen und filtern.

Einleitung

In einer kürzlich erschienenen Ausgabe der Zeitschrift *Architecture Boston (AB)* zu den Preisträgern des Entwurfswettbewerbs 2006 bemerkt die Jury im Kommentar zu der Kategorie „Ungebaute Architektur", dass bei fast jedem Beitrag der begleitende Text auf die Nachhaltigkeit des Projektes einging; die vielen begrünten Dächer, Erdwärme-Brunnen und Nachnutzungen von Regenwasser vermittelten den Eindruck, als hätte es hier ein Formular zum Ankreuzen gegeben. Dies zeigt ein wachsendes Bewusstsein dafür, dass nachhaltige Gebäude und Landschaften wünschenswert sind, doch zugleich auch die Ratlosigkeit darüber, was dies für Entwurf und Gestaltung bedeuten kann. In erstaunlichem Ausmaß fehlen zu diesem Aspekt des architektonischen Denkens materielle Assoziationen oder eine Vorstellung der quantitativen Auswirkungen von Energieströmen, Niederschlagsmengen oder natürlicher Luftzirkulation und Lichtverhältnissen auf den Entwurf.[1]
Zu den ausgezeichneten Projekten gehören Energy Farm[2], bei der eine Matrix aus hängenden heliotropen Sky-Pins Energie erzeugt und in unterschiedliche Licht-, Farb- und Klangeffekte umsetzt, und Fog Harvester (Ökosystem für Autobahnraststätten in trockenem Agrarland[3]), bei dem eine Stahlgitterkonstruktion Nebel und Wind nutzt, um Erde, Samen und Feuchtigkeit festzuhalten und daraus eine Landschaft neu aufzubauen.
Ein derartiger Phantasiereichtum erscheint immer häufiger in der Diskussion um Gestaltungsmöglichkeiten und bestätigt den Sinn und den richtigen Zeitpunkt einer Veröffentlichung wie Living Systems. Doch dass diese Diskussion hauptsächlich in der Kategorie der nicht realisierten Projekte stattfindet, zeigt, wie das Interesse an Landschaftsarchitektur als einer operativen Infrastruktur sich erst zu entwickeln beginnt und für eine Neugestaltung der Konzepte und Umsetzungen noch offen ist.
Vor diesem Hintergrund leistet Living Systems einen Beitrag zur theoretischen wie technischen Diskussion über die Themen der Zukunft, wie etwa urbane Ökosysteme, Sanierung von belasteten Grundstücken, Oberflächenentwässerung, Energiegewinnung und Klimakontrolle. Das Buch stellt neue Ansätze für Materialtechnologien und Spezifikationen im Bereich Landschaftsarchitektur vor und richtet den Blick auf Aspekte der Quantifizierung bei Landschaftssystemen.

Living Systems definiert die konventionellen Grenzen von Landschaftsarchitektur neu und erweitert sie sowohl in konzeptioneller wie auch in berufspraktischer Hinsicht. Es sucht nach den verbindenden Elementen von Landschaftsgestaltung und Architektur, die entstehen, wenn die Grenzen von Funktionen und Bezügen verschwimmen: die Grenzen zwischen Innen und Außen (etwa bei der Klimakontrolle oder dem Recycling von Wasser), zwischen Landschaft und Technik (bei den Kapazitäten von Landschaftsbau im Überschwemmungsschutz, bei der Abwasseraufbereitung oder der Speicherung von Oberflächenwasser), zwischen Landschaftsgestaltung und Stadtplanung/Regionalplanung oder zwischen Landschaftsbau und dem Erhalt beziehungsweise Wiederaufbau von Ökosystemen.
Living Systems richtet seinen Fokus nicht ausschließlich auf die Thematik Umweltschutz und Ökologie, die heute zweifellos zu den meistdiskutierten Leistungskriterien bei Entwürfen zählen. Statt dessen erweitert Living Systems das Konzept der Materialität von Landschaft und bezieht die phänomenologische Immaterialität als atmosphärische, flüchtige, sich wandelnde Ereignisse in die Diskussion mit ein. Raum gegeben wird auch den Möglichkeiten, digitale Medien und das Speichern von Daten zu einem Teil der gestalteten Landschaft für ein Mehr an Kommunikation, Kontrolle und interaktivem Erleben werden zu lassen. Jenseits der quantitativen Aspekte stehen bei diesen immateriellen Systemen deren poetische/symbolische Eigenschaften, die Darstellung des Erlebens/Momenthaften oder die informative/didaktische Zielsetzung im Fokus der Aufmerksamkeit.
Living Systems definiert den Begriff der „Materialität" anhand von vier Leitgedanken. Der erste sieht Landschaftsarchitektur als Außenraum, als ein Medium, das lebende Materialien (Pflanzen, Wasser) im Bereich der natürlichen/biologischen Systeme einsetzt und deren komplexen Verhaltensmustern unterworfen ist.
Der zweite Leitgedanke fasst Landschaft eher als filmischen Ablauf denn als statisches Bild in einem festen Rahmen auf; Technologien, Material, Landschaft sind keine Objekte, sondern eher Prozesse, die in unterschiedlicher Maßstäblichkeit, zu verschiedenen Zeiten/Zyklen und je anderer räumlicher Präsenz verlaufen. Zwischen Tag und Nacht, von Jahreszeit zu Jahreszeit oder in der Spanne zwischen Dürre zu Überschwemmung ist Landschaft Bühne für zyklische und phasenweise Prozesse.

---

1 Architecture Boston, Januar/Februar 2007, Awards Issue, S. 92f
2 Entwurf: Future Cities Lab, S. 94f
3 Entwurf: Liminal Projects, S. 96f

| Aufbauen | Schichten | Leiten | Pflegen | Absorbieren | Übertragen | Reflektieren |

Materialität definiert sich entsprechend den Entwicklungspotenzialen: wachsen, zersetzen, austauschen, umwandeln, anpassen, speichern, versickern, verdampfen. Der dritte Leitsatz sieht diese Strukturen in einem stetigen Fluss, Austausch und Wandel; sie sind als voneinander abhängige Systeme zu betrachten und nicht als individuelle Materialkomponenten. Folglich muss die Materialspezifikation integraler Bestandteil von Entwurfsidee und Strukturierung der Landschaft sein, statt nur oberflächlich aufgetragener Anstrich im Nachhinein.

Der vierte Leitgedanke wendet sich gegen den konventionellen Naturbegriff als rein natürlichem Geschehen und arbeitet statt dessen die enge Verbindung zwischen Natur und Technologie heraus. Unabhängig vom Umgebungskontext ist Natur/Landschaft immer ein konstruiertes System, das in der heutigen ausgebauten Umwelt von technologischen Einflüssen betroffen ist und verändert wird. Living Systems stellt 36 realisierte und noch nicht realisierte Projekte vor; diese Auswahl soll eine breite Palette von Strategien für die Umsetzung der konzeptionellen Leitgedanken und vorgeschlagenen Kategorien illustrieren. Jedes Projekt wird als ein spezifischer Schnitt durch das jeweilige materielle System dargestellt. Material-Technologien werden im Zusammenhang der Entwürfe diskutiert, um zu zeigen, wie die in den einzelnen Kapiteln vorgestellten Gestaltungsgrundsätze in einer ganzen Bandbreite von Bedingungen und Maßstäben Anwendung finden können.

Die Klassifikation und das entsprechende Begriffssystem, die sich im Laufe der Arbeiten zu diesem Buch entwickelt haben, beschreiben Prozesse und Eigenschaften, was eine Abkehr von konventionellen Kategorisierungen gemäß vorgegebenen Anwendungen darstellt. Daraus folgt, dass Material-Technologien und Projekte entsprechend ihrer Funktion und nicht nach einer Produkttypologie angeordnet werden. Dieser Paradigmenwechsel im Entwurfsprozess soll zu innovativen Lösungen im Umgang mit Materialien und Konstruktionen inspirieren, die die bekannten Anwendungen hinter sich lassen.

Die Klassifikation nimmt mit Hilfe entsprechender Begriffe Bezug auf die komplexen körperbezogenen Zyklen von Menschen oder auch Tieren. Die Begriffe finden sich in den Projektkapiteln, dem Produktteil und dem Index wieder. Die sieben Kapitel beziehungsweise Kategorien sind weder absolut noch allumfassend gedacht; sie sind einfach ein Ausgangspunkt für eine neue Sprache für Definitionen und Klassifikationen im Zusammenhang mit Landschaft.

1. Im Kapitel **Aufbauen** geht es um das wachsende Interesse an vertikalen Landschaften wie hängende Gärten, berankte Spannkonstruktionen und mehrschichtige grüne Fassaden.[4] Herausgearbeitet wird auch die Synthese zwischen Landschaft und Architektur, etwa wenn lebendes Material zur Klimaregulierung in Gebäudefassaden integriert wird. Es geht um die Möglichkeiten von Pflanzen, ihr Wachstum anzupassen und neu zu orientieren. Vorgestellt wird eine Reihe von Tragkonstruktionen, die wie Baugerüste das Wachstum der Pflanzen entweder dauerhaft oder bis zum Erreichen einer eigenen Stabilität unterstützen und lenken. Unterirdische (z.B. Geotextilien) und überirdische (z.B. Spannkabel, Spaliere) Konstruktionen werden kombiniert, um ein Potenzial für eine konstruktive/formale Kontinuität und eine Erweiterung über die typische Anwendung hinaus darzustellen. Die in Aufbauen vorgestellten Konstruktionen können temporär/biologisch abbaubar, dauerhaft oder für eine symbiotische Weiterentwicklung angelegt sein und sich auf diese Weise an verschiedene Wachstumsphasen anpassen.

2. Das Kapitel **Schichten** definiert den Boden als ein dreidimensionales Profil und weicht damit von der üblichen Trennung zwischen Belag/Oberfläche und Boden ab.[5] Das System als Ganzes wird als Struktur nach dem Beispiel der menschlichen Haut betrachtet, in der unterschiedliche Schichten zum Atmen, Austauschen von Nährstoffen, Abwehren von Schadstoffen, Speicherung von Wasser dienen; sie bieten eine technische Infrastruktur, nähren die Vegetation und stellen stützende Funktionen bereit. Es wird untersucht, inwieweit modulare Systeme einen nahtlosen Übergang zwischen baulichem und pflanzlichem Anteil von Landschaft, zwischen biologisch aktiv und nicht aktiv sicherstellen können. So kann zum Beispiel ein Bodenpflaster nicht ausschließlich als begehbare oder befahrbare Oberfläche dienen, sondern zugleich Infrastruktur sein, die Feuchtigkeit speichert und langsam wieder freisetzt, um die Wasserversorgung der Bäume und Pflanzen in der Umgebung zu gewährleisten.

3. Das Kapitel **Leiten** konzentriert sich auf landschaftliche Strukturen, die flexibel zyklisch wiederkehrende und jahreszeitliche Schwankungen hinsichtlich Wasser-

---

4 „Launch" im englischen Original des Buches. Die deutschen Begriffe übertragen die englischen im Sinn der hier erläuterten Konzeption.
5 „Stratify"

menge, Durchfluss und Fließgeschwindigkeit bewältigen können.[6] Von Trockenheit bis Überflutung und von Erosion bis zum Abtransport von Schadstoffen: Die in diesem Kapitel vorgestellten Konstruktionen und Materialien können Wasser speichern, versickern lassen, umleiten/verteilen, kontrolliert abgeben oder seinen Fluss verlangsamen.

4. Das Kapitel **Pflegen** definiert den Begriff der Pflege einer Landschaft neu.[7] Es weitet den Bereich der Pflege über das Verwalten der Erhaltungsmaßnahmen nach dem Anlegen aus und schließt die Vorbereitung des Geländes sowie den Bauprozess als Teil eines kontinuierlichen Handlungsstrangs innerhalb eines übergeordneten Gestaltungswillens mit ein. So wird daraus eine Abfolge von choreografierten Ereignissen innerhalb des Lebenszyklus einer Landschaft oder eines Geländes, die einen je eigenen visuellen Ausdruck und Erfahrungswert aufzuweisen haben.

5. Das Kapitel **Absorbieren** betrachtet Landschaft als ein Stoffwechselsystem, in dem alle Materialien und Prozesse Input oder Output innerhalb eines Nahrungszyklus sind, ganz ungeachtet, ob es sich dabei um Stoffe handelt, die nährend, im Überfluss vorhanden oder schädlich sind.[8] In Absorbieren geht es um einmalige oder beständig ablaufende Prozesse, die Materialien hervorbringen, speichern, umwandeln oder biologisch abbauen. Solche Prozesse können praktischer Natur sein, etwa beim Abgraben und Auffüllen von Erde, oder biochemischer Natur, etwa bei der Bioremediation durch Pflanzen oder Pilze. Vorgestellt werden in-situ-Maßnahmen, deren Ziel es ist, keinen weiteren Abfall zu produzieren. Damit leiten sie eine Abkehr von der konventionellen Schadstoffabfuhr oder dem Abtransport von überschüssigem Material und der Deponie an zentralen Stellen oder auch der Klärung in entsprechenden Anlagen ein.

6. Im Kapitel **Übertragen** geht es um die Umwandlung und Interpretation von gesammelten Daten in unterschiedlichen Darstellungsmedien vor Ort sowie um das Übersetzen von natürlichen Kräften (Energie aus Wind, Sonne, Gezeiten, Bewegung) in neue mechanische Anwendungen.[9] Da die Dynamik von Energie immateriell ist und von einem Parkbesucher gewöhnlich nicht quantifiziert werden kann, stellt das Kapitel Konstruktionen vor, die diese Kräfte in einen verständlichen visuellen Ausdruck übersetzen oder in nutzbare Funktionen umwandeln. Die gesammelten Daten können sich auf den ökologischen, politischen, sozio-ökonomischen oder fachlichen Kontext eines Geländes beziehen. Sie können fernab vom eigentlichen Schauplatz bezogen werden oder von Sensoren vor Ort stammen. Erst dann werden sie verarbeitet, dekodiert, ausgewertet und in eine informative Darstellungsform, unter anderem etwa Anzeigentafeln, Lichtdisplays oder Klangsequenzen übertragen.

7. **Reflektieren** betrachtet, wie die Dynamik des Wetters zu einem Teil der erfahrbaren, gestalteten Landschaft werden kann.[10] Die Leitlinie für dieses Kapitel bildet die Frage, wie atmosphärische Phänomene und immaterielle Substanzen, die keine dauerhaft feste Gestalt haben – Wind, Regen, Nebel, Wolken, Licht und Klang etwa – technisch erzeugt und differenziert werden können. Die in Reflektieren vorgestellten Technologien können vertraute Wetterphänomene in einen neuen Rahmen stellen oder künstlich inszenierte Wetterszenarien schaffen. Diese Technologien reflektieren die vielschichtigen akustischen, optischen und kinästhetischen Eigenschaften des Wetters im Ablauf der Zeit. Im Fokus der Aufmerksamkeit stehen die flüchtigen Prozesse, die Landschaft im Großen ordnen, und der Verweis auf umfassende, globale Muster, die den unmittelbaren Schauplatz einer Landschaft prägen.

Auch wenn die einzelnen Fallstudien entsprechend der beschriebenen Kapiteleinteilung gruppiert wurden, lassen sich doch viele der verwendeten Material-Technologien von ihrer Funktionalität her durchaus mehreren Kapiteln zuordnen; dies suggeriert das Gegenteil einer starren Einteilung, fließende Übergänge zwischen den Systemen bewirken eine Multifunktionalität. Eine ganze Reihe von Projekten sind Beispiele für das, was die Architekten Weiss/Manfredi „Zonen von Intensität" nennen: ein Übereinanderlagern unterschiedlicher Operationen in verschiedenen maßstäblichen Ebenen und aufeinander aufbauenden Sequenzen, um so eine Ökonomie der Mittel, eine effiziente Nutzung von Ressourcen und eine insgesamt verbesserte Performanz zu erzielen.

Das auf dem Buchtitel abgebildete Projekt der Glasfaser-Marsch kombiniert ein System aus dem Kapitel Aufbauen – eine Trägerstruktur für Pflanzen und Habitat – mit einem System aus dem Kapitel Leiten für den Erosionsschutz des Küstenstreifens und noch einem weiteren System aus dem Kapitel Übertragen, das den Grad der Wasserverunreinigung misst und über das nächtliche Schauspiel der beleuchteten Glasfaserstäbe kommuniziert.

---

6 „Fluid"
7 „Grooming"
8 „Digestive"
9 „Translate"
10 „Volatile"

SYSTEME UND ANWENDUNGEN

Aufbauen

WÄHREND KONSTRUKTIONEN MIT SPANNKABELN FÜR GEWÖHNLICH NICHT MIT UNTERIRDISCHEN BEWEHRUNGSSYSTEMEN ZUSAMMEN GESEHEN WERDEN, STELLT DAS KAPITEL AUFBAUEN MÖGLICHKEITEN DAR, STÜTZKONSTRUKTIONEN ÜBER UND UNTER DER ERDE ZU EINEM VERTIKALEN KONTINUUM ZU VERBINDEN: EINEM GANZHEITLICHEN SYSTEM, DAS DIE ENTWICKLUNG DES GESAMTEN AUFBAUS DER PFLANZE STÜTZT UND LENKT.

Vom ersten Einsetzen bis zur reifen Pflanze ist das Wachstum von Pflanzen geprägt von einer stetigen Zunahme an Höhe, Masse und Kraft. Häufig besteht die Herausforderung darin, die Pflanze in ihrer Anfangsphase von außen zu unterstützen um sie wegen mangelnder eigener Kraft vor dem Zugriff von Wind und Erosion zu schützen. In Aufbauen geht es um das Konzept, lebende und anorganische Systeme miteinander zu kombinieren, also die Entwicklung der wachsenden Pflanze in Bezug zu setzen zu dem entsprechenden tragenden Gerüst, das sie für die Ausbildung ihrer Form und Wuchsrichtung benötigt, bis sie kräftig genug ist.

Das Gerüst kann eine temporäre – das heißt biologisch abbaubare – Konstruktion sein, es kann dauerhaften Charakter haben oder symbiotisch mit der Pflanze verschmelzen. Als Materialien bieten sich im Bereich der oberirdischen Aufbauten Spannkabel, Gitter und Skelettkonstruktionen an, an denen die Pflanzen befestigt werden; unter der Erde lassen sich zum Beispiel verschiedene Geotextilien einsetzen. Während Konstruktionen mit Spannkabeln für gewöhnlich nicht mit unterirdischen Bewehrungssystemen zusammen gesehen werden, stellt das Kapitel Aufbauen Möglichkeiten dar, Stützkonstruktionen über und unter der Erde zu einem vertikalen Kontinuum zu verbinden: einem ganzheitlichen System, das die Entwicklung des gesamten Aufbaus der Pflanze stützt und lenkt.

Pflanzen sind zwar durchaus zart, können aber zugleich raumgreifend sein und sich auf den unterschiedlichsten Oberflächen festsetzen. Beim MAK t6 VACANT Projekt nutzte man die Eigenart der Würgefeige und setzte eine Gerüstkonstruktion als Wirt für diese parasitäre Pflanze ein. Damit wird der natürliche Entwicklungsprozess der Feigenart nachgeahmt, die einen Baum langsam einhüllt, sich fest mit ihm verbindet und ihn stark schwächt, um schließlich als unabhängige Pflanze selbstständig über der Hohlform der Wirtspflanze zu leben. Bei MAK t6 dient die architektonische Form als Schablone, die das kräftige Wachstum der Feigen so lenkt, dass daraus neue Rampen und Plattformen entstehen.

Aufbauen geht auch auf die zunehmend auf Interesse stoßenden vertikalen Landschaften ein. In der Landschaftsgestaltung und der Architektur entspringt dieses Interesse an hängenden Gärten, berankten Spannkonstruktionen oder geschichteten Grünfassaden dem Wunsch, den Landschaftsbegriff über die Vorstellung einer horizontalen Bodenebene hinaus auszuweiten und die Potenziale der Fähigkeit von Pflanzen zu nutzen, ihr Wachstum jeder tragenden Oberfläche anzupassen und auf jede Nahrungs-, Licht- oder Wasserquelle zuzuwachsen.

Vertikale Landschaften bedeuten einen Konzeptwechsel und eine Hinwendung zu einer Synthese von Landschaft und Architektur; Gebäudefassaden als ein Beispiel dafür lassen sich in wachsende aktive und reaktive Hüllen kleiden. Die anorganische architektonische Konstruktion kann Stütze für die wachsende Pflanze, erhöhte Wegesysteme und die Verankerung von Bewässerung, Beleuchtung und technischen Ausstattungselementen sein. Im Gegenzug reguliert die grüne Epidermis Gebäudetemperatur, Luftqualität und Lichteinfall, außerdem sorgt sie für eine jahreszeitliche Färbung.

Der Zürcher MFO-Park und das Londoner Feuertreppen-Ökosystem sind Beispiele für solcherart Schichtungen. Über Spannkabelkonstruktionen, Loggien, Stege, Treppen und das Bewässerungssystem entwickelt der MFO-Park eine feingliedrige Matrix für bepflanzte Stützen und lebende Wände. Die Wände des Gebäudes sind ein lebendiger, ständig in Veränderung begriffener Verbund, dessen Färbung sich je nach Jahreszeit verändert und der mit der Zeit immer kräftiger wird. Die ehema-

■ VERTIKALE LANDSCHAFTEN BEDEUTEN EINEN KONZEPTWECHSEL UND EINE HINWENDUNG ZU EINER SYNTHESE VON LANDSCHAFT UND ARCHITEKTUR; GEBÄUDEFASSADEN ALS EIN BEISPIEL DAFÜR LASSEN SICH IN WACHSENDE AKTIVE UND REAKTIVE HÜLLEN KLEIDEN.

lige Feuertreppe dient nun als Tragwerk für Pflanztröge und Bewässerung und setzt eine lebendige Fassade vor ein Londoner Mietshaus. Bei beiden Projekten ist die scharfe Trennung zwischen Architektur und Landschaft aufgehoben und gegensätzliche Elemente ergänzen sich zu einem komplementären Ganzen.

In vergleichbarer Weise gehen Palio de Bougainvilleas oder die Pergola im Parque de Diagonal Mar auf den örtlichen Kontext ein. Die Spannkonstruktion für die Ranken des Palio de Bougainvilleas entstand in Reaktion auf die Wetterbedingungen des Standorts, die in sich verdrillte hyperbolische Form hält auch starken Stürmen stand. Kühlung für Parkbesucher an einem heißen Sommertag bietet die Pergola im Parque de Diagonal Mar, ein Sprühsystem ist in der Rohrkonstruktion integriert, die gleichzeitig die Wasserzufuhr für die daran hängenden Pflanztröge übernimmt. Für den Blick des Fußgängers oder aus einem vorbeifahrenden Auto heraus definieren diese in die Höhe strebenden Konstruktionen eine neue Landschaftsebene.

Zu den auf das Kapitel Aufbauen bezogenen, im hinteren Teil des Buches beschriebenen Produkten und Materialien gehören Systeme für grüne Wände, Spannkonstruktionen und Geotextilien. Earth Cinch zum Beispiel bedeutet eine Abkehr vom konventionellen Einsatz von Geotextilien. Diese modularen, mit Erde und Samen gefüllten textilen Elemente sind als temporäre, biologisch abbaubare grüne Teppiche für Stadtbrachen konzipiert, lassen sich an Gebäudefassaden hängen oder auf Dächern auslegen.

Flexible Wachstumsmedien (Flexible Growth Media, FGM), Fasergemische (Bonded Fiber Matrix, BFM) und weitere biologisch abbaubare Geotextilien für den Erosionsschutz sind Systeme für eine zeitbegrenzte Bodenstabilisierung. Die zum Teil mit Samen versetzten Faserstoffe werden entweder hydraulisch angespritzt oder mit Agraffen verankert; sobald die neue Bepflanzung ihr Wurzelwerk ausgebildet hat und für langfristigen Erosionsschutz sorgt, bauen sie sich innerhalb einer vorgegebenen Zeit biologisch wieder ab.

G-Sky und Naturaire® bieten die Möglichkeit zum Aufbau grüner Wände. Das konstruktive Prinzip ist bei beiden recht ähnlich: Sie kombinieren eine Rahmenkonstruktion aus Metall mit einem perforierten Vliesgewebe für die Pflanzen, die zu einer dichten grünen Wand heranwachsen. Darüber hinaus kann Naturaire® die Schadstoffe aus der Raumluft herausfiltern; über eine entsprechende Pflanzenauswahl werden Gifte absorbiert oder zu unschädlichen Bestandteilen verstoffwechselt. Auch aus energetischer Sicht ergeben sich Vorteile, da sich die Raumluft beim Passieren der Pflanzenschicht abkühlt; wenn sie dann über die Klimaanlage des Gebäudes wieder eingespeist wird, trägt sie zur Regulierung der Temperatur bei und spart damit Energie zur Kühlung der Luft ein.

Geschichteter Park mit Rankpflanzen //
Raderschall Landschaftsarchitekten AG + Burckhardt & Partner AG

MFO-Park, Zürich, Schweiz

Im MFO-Park, dem zweiten von insgesamt vier neuen Quartierparks für ein großes Stadterneuerungsgebiet, setzt der Entwurf komplexe räumliche Konstruktionen mit offenen Rankgittern ein und schafft daraus einen innerstädtischen Park auf mehreren Ebenen. Mit Bezug auf die industrielle Vergangenheit dieses Ortes entsteht unter Verwendung einer Spannkonstruktion aus Stahlseilen für Rankpflanzen und Stegen eine architektonische Form von über 100 m Länge und 17 m Höhe. MITTELS EINES KUNSTVOLLEN GEFLECHTS AUS STAHLTROSSEN UND PFLANZTRÖGEN NUTZT DIE KONSTRUKTION GANZ EINFACH DEN WUCHS VON KLETTERGEWÄCHSEN UM EINE ABFOLGE SPEKTAKULÄRER LEBENSRÄUME ENTSTEHEN ZU LASSEN.

Zwei Wände oder Hüllen aus Pflanzen umschließen nach innen und außen hin das Stahlgerüst und definieren so den Kern der außergewöhnlichen Anlage. Zwischen diesen grünen Hüllen verlaufen Stahltreppen und Stege, über die man in die oberen Bereiche sowie zu den Loggien und auf die Dachterrasse gelangt. Wie eine Art nach innen gerichteter Balkons bieten die mit Holz ausgelegten Loggien die Möglichkeit, in den dreidimensionalen, aus dem filigranen Geflecht von Ranken und Stahlkonstruktion gebildeten Raum einzutauchen. Im Innenhof stehen Sitzmöglichkeiten aus grünem Glassplitt um einen Brunnen, hier sind die Spaliere am Boden in der Form von umgekehrten konischen Stützen gebündelt.

Der grüne Pelz besteht aus einer Vielzahl von Kletterpflanzen, die sich an einem Gerüst aus Stahlseilen emporranken. Diese Seile sind in einem Abstand von 50 cm frei vor der Hauptkonstruktion gespannt um deren Bewachsen zu verhindern. Im Sockelbereich ahmen die Seile den bukettartigen Wuchs der Rankengewächse nach und nehmen eine Form an, die den natürlichen Wuchs abstrahiert und vorwegnimmt; durch dieses Zusammenfassen entstehen zudem mehr Durchgänge in der unteren Ebene.

Damit die Begrünung über die gesamte Höhe von 17 m im Lauf der Zeit keine kahlen Stellen bekommt, wurden auf der zweiten Ebene der Anlage Rankpflanzen in Trögen eingesetzt, die an einem eigenen Netz aus dünneren Seilen emporwachsen.

Man wählte unterschiedliche Spezies und verteilte sie entsprechend ihrer Wuchshöhe und ihres Blattwerks um einen durchgehenden Bewuchs zu erhalten. Insgesamt wurden 104 mehrjährige Arten von Rankpflanzen eingesetzt, darunter kräftig wachsende Pflanzen wie Glyzinie (Wisteria), Weinrebe (Vitis), Doldenrebe (Ampelopsis) und Wilder Wein (Parthenocissus). Jedem einzelnen vertikalen Spannseil ist nur je eine Pflanzenart zugeordnet, so dass die entstehenden Formen vom dynamischen Charakter der jeweiligen Pflanze bestimmt werden und die konstruktiven Elemente zunehmend in den Hintergrund treten.

Die Bewässerung erfolgt über ein System, das den einfallenden Regen nutzt. Der untere Bereich des Parks wird in die Pflanzgruben der Ranken entwässert, wobei auch hier überschüssiges Wasser abfließen kann, damit die Pflanzen nie im Wasser stehen. Der Überschuss wird in einer Zisterne gesammelt und in die Pflanztröge auf der zweiten Ebene gepumpt. Auch das Wasser aus Starkregenphasen fließt in Zisternen und speist in trockeneren Phasen das Bewässerungssystem.

Die Gesamtlast der Rankpflanzen, die die Unterkonstruktion jetzt und zukünftig zu tragen hat, ist schwer zu berechnen. Faktoren wie Windwiderstand, Wachstumsgeschwindigkeit und Eigenstabilität verholzter Ranken führen zu letztlich nicht vorhersehbaren Lasten, so dass eine beständige Kontrolle der Anlage notwendig ist. Durch regelmäßige Untersuchungen wird auch sichergestellt, dass sich keine Pflanzen direkt am tragenden Stahlskelett festsetzen.

Die Gestaltung des MFO-Parks schafft dank der Matrix aus Stahlseilen eine symbiotische Verbindung aus Vegetation und klarer räumlicher Wirkung. DIE DARAUS ENTSTEHENDEN EFFEKTE SIND VIELFÄLTIG, ABER DEN WOHL GRÖSSTEN EINDRUCK HINTERLASSEN DIE SAISONALEN VERÄNDERUNGEN DES GRÜNEN BAUKÖRPERS, IN DEN DER STAUNENDE BESUCHER FÖRMLICH EINTAUCHEN KANN. Mit den Jahreszeiten wandelt sich die Konstruktion von einem nüchternen Stahlgerüst in einen spektakulären Raum aus Blättern und Blüten. Und mit jedem Jahr erobert sich die Vegetation einen größeren Teil der Tragkonstruktion, die atmet, raschelt, sich verfärbt und wächst.

1 Zwei grüne Wände hüllen den Innenraum ein und umschließen Stahltreppen und Stege. **2** Die Ostansicht zeigt die Beziehung zwischen Stahlkonstruktion und Rankpflanzen.

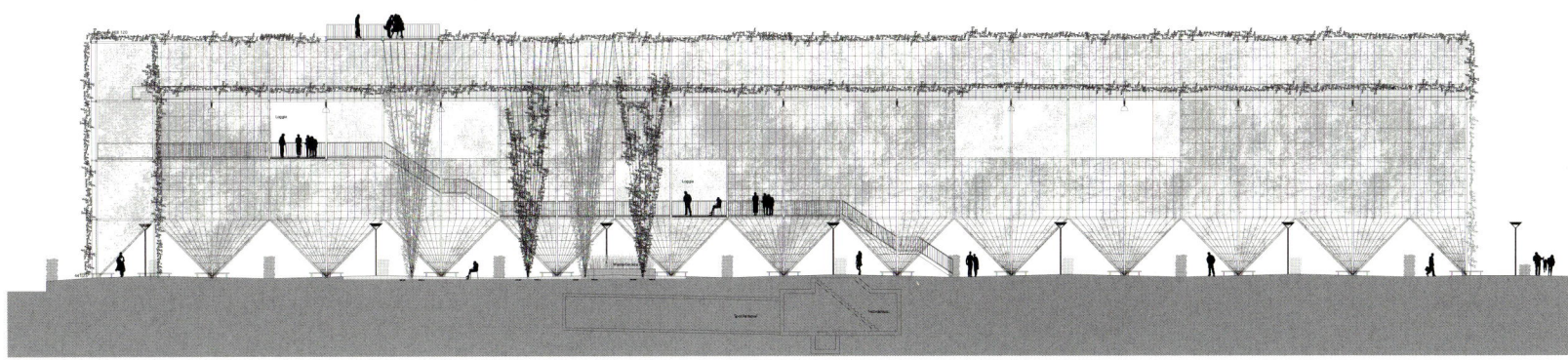

1
2

Aufbauen // 17

1 Der Plan für die Bepflanzung verzeichnet die Höhenentwicklung der einzelnen Spezies und Subspezies (insgesamt 104 Arten von Rankpflanzen), jede einem bestimmten Spannkabel zugeordnet.

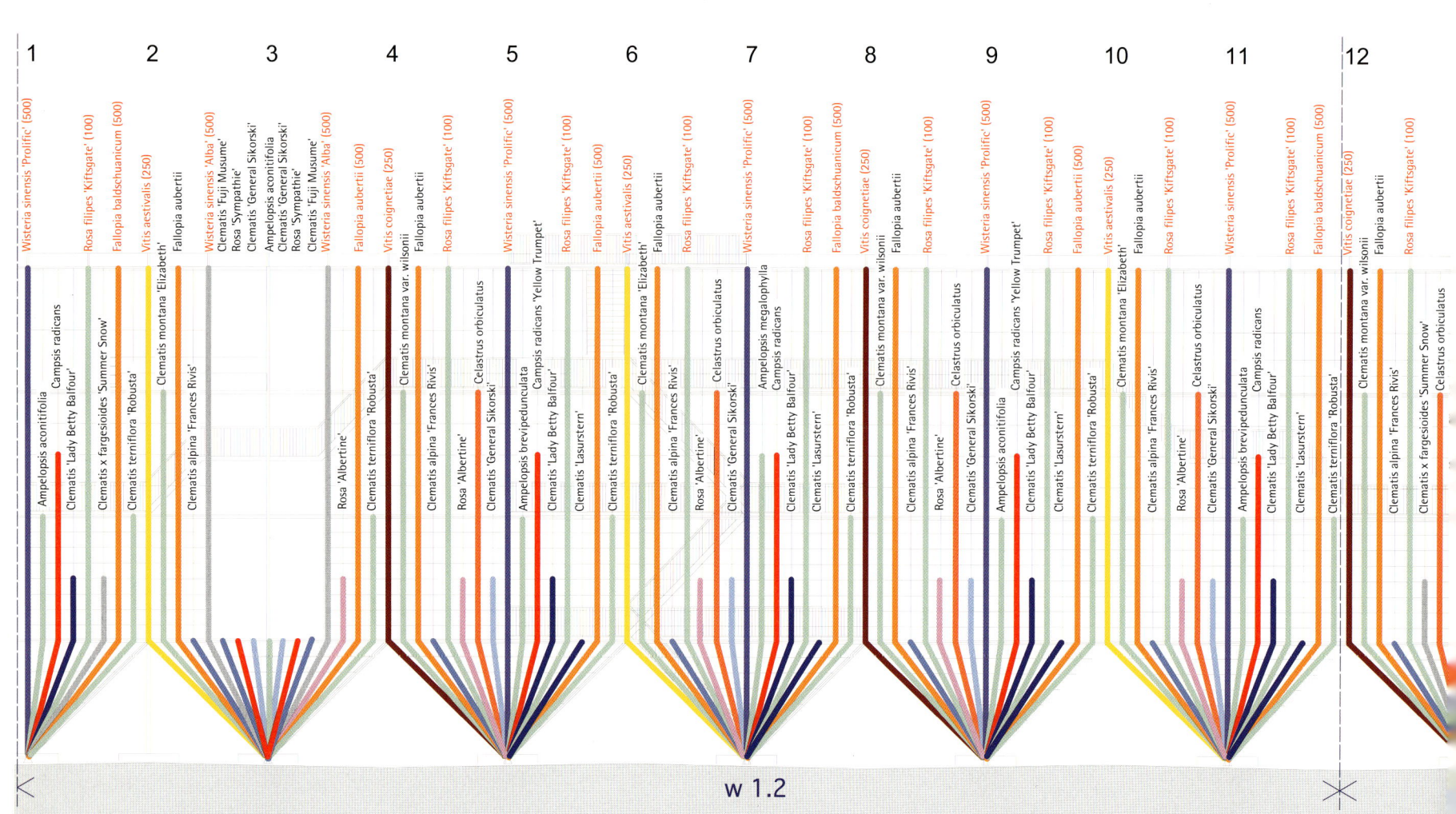

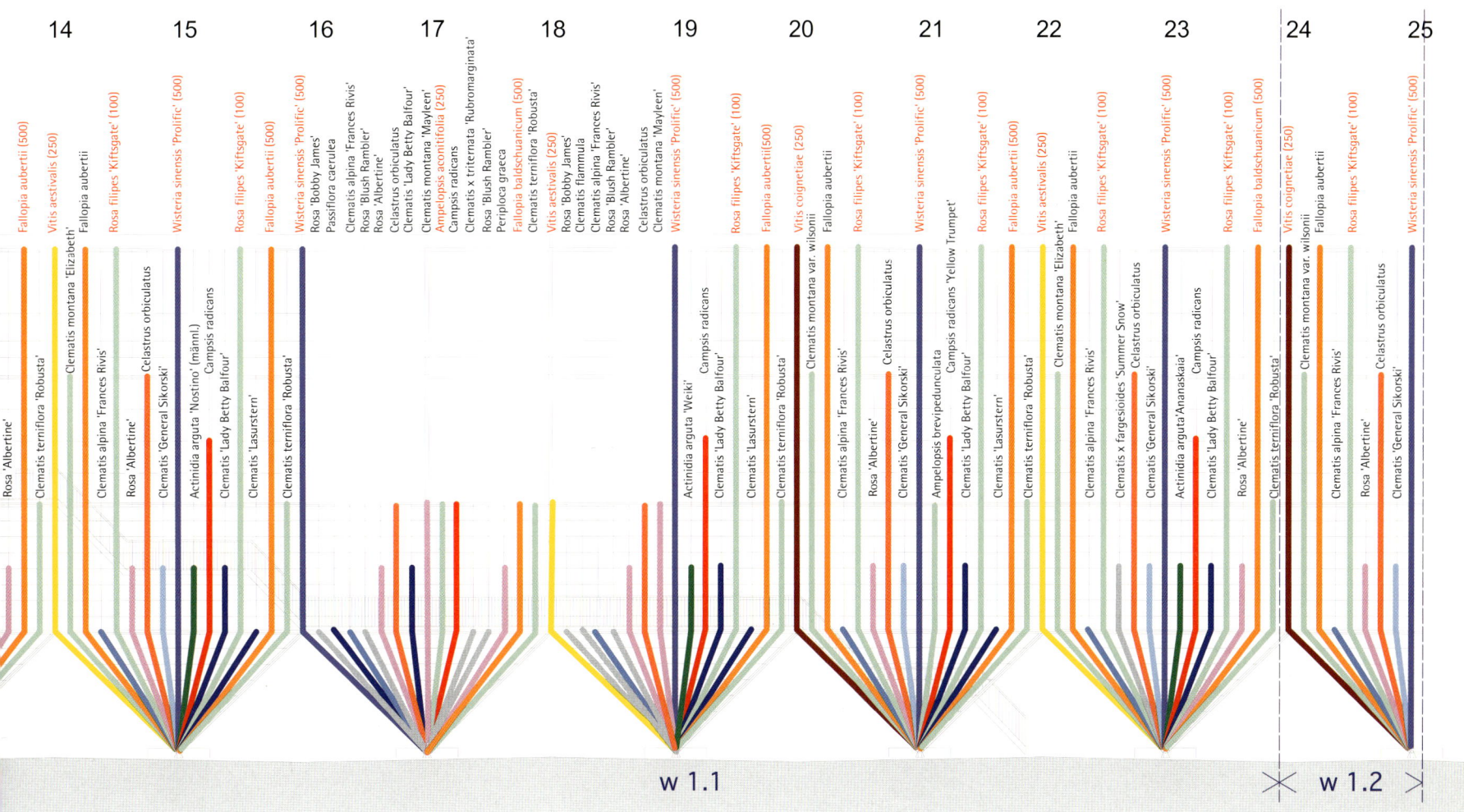

■ **1** Im Verlauf der Jahreszeiten verwandelt sich das nüchterne Stahlgerüst in eine spektakuläre Konstruktion aus Blattwerk und Blüten. **2** Schnittdetails: Pflanzbereiche der Ranken und Fundament. **3** Gründung der Spannkabel.
4 Radial angeordnete Spannkabel streben bukettartig empor, es entstehen offene Durchgänge auf der unteren Ebene.
5 Detail des Rankgerüsts mit Stahlrahmen und Spannkabeln. **6** Eingehängte Stahltreppen und -stege erlauben ein Flanieren zwischen den grünen Wänden.

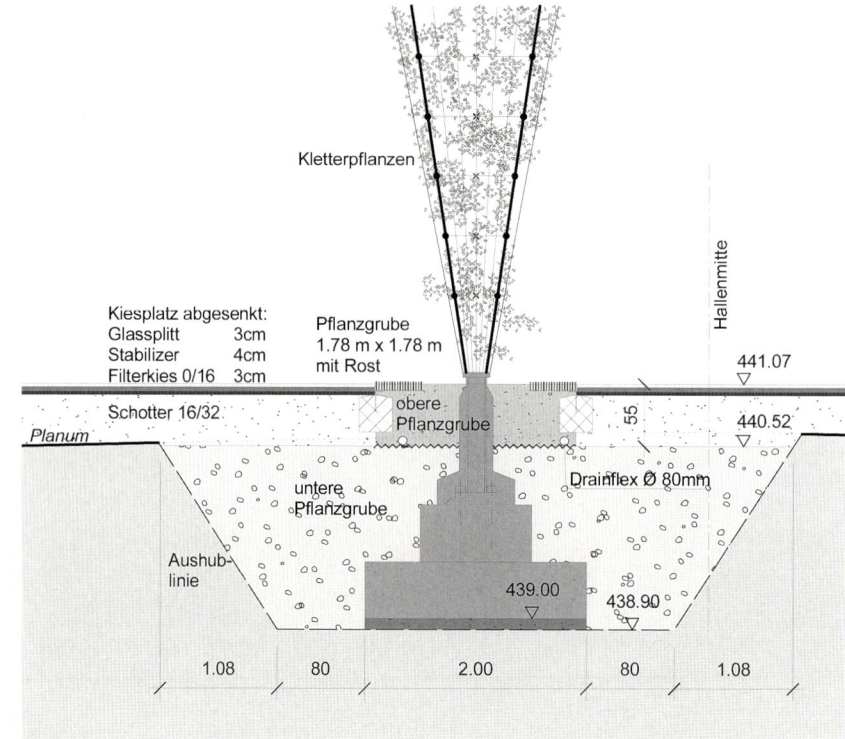

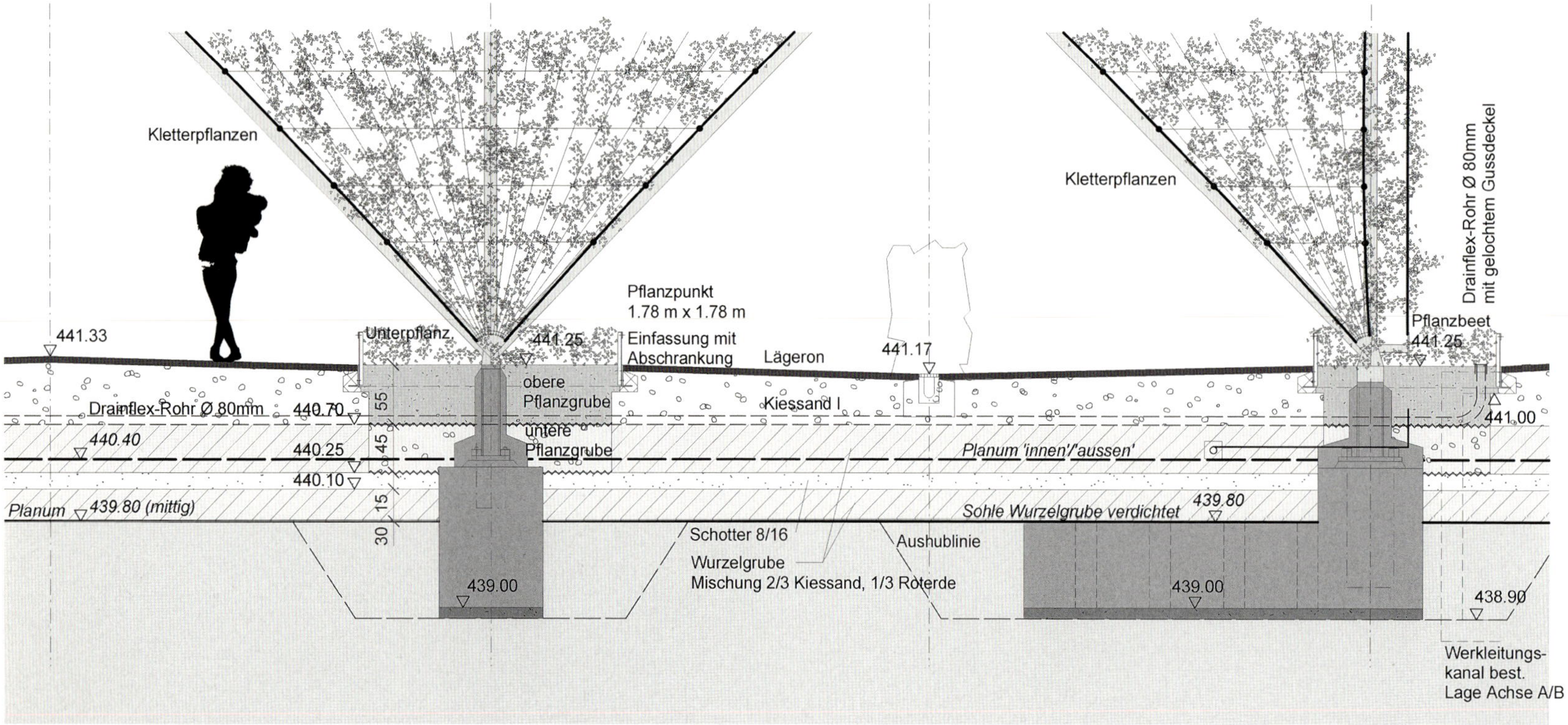

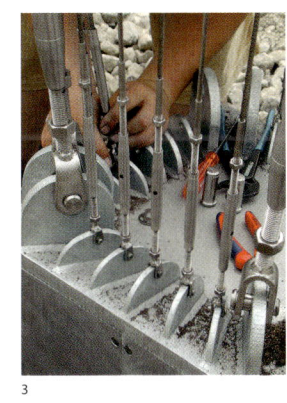

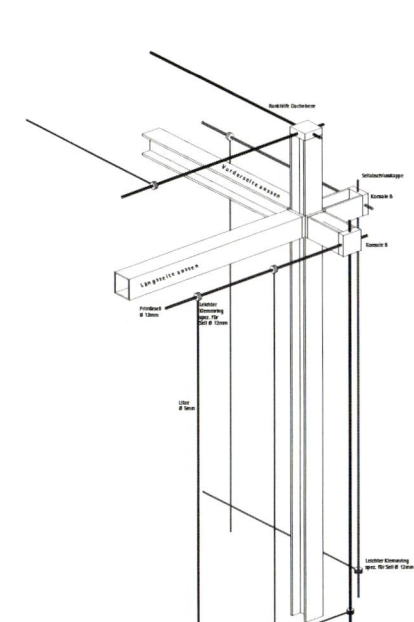

Aufbauen // 21

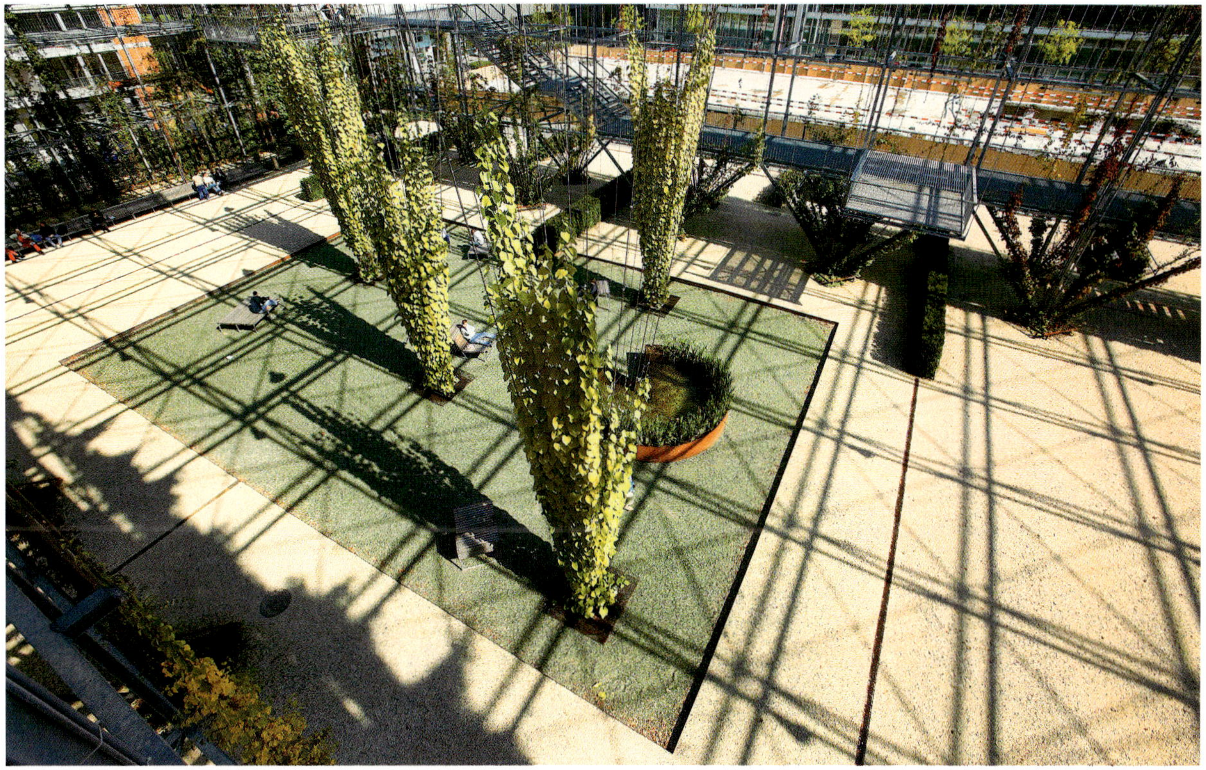

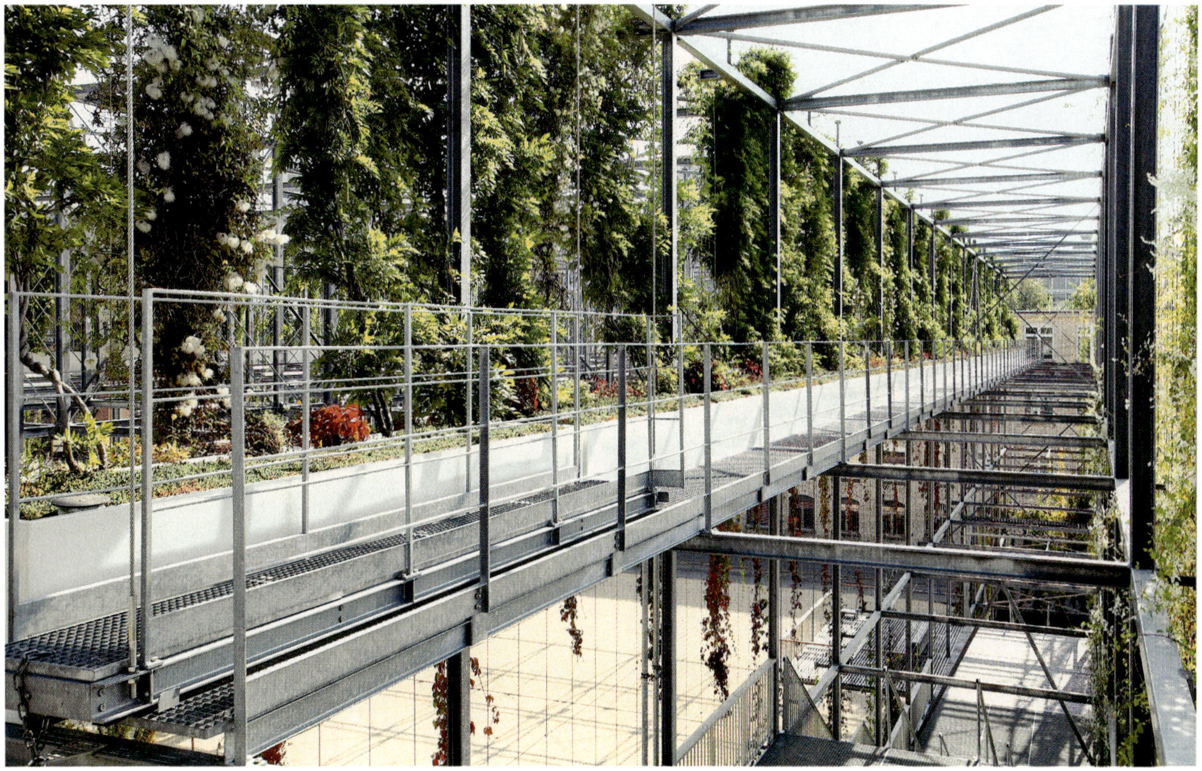

Sprühnebel erzeugende Pergola //
Enric Miralles Benedetta Tagliabue, EMBT Arquitectes Associates

Parque de Diagonal Mar, Barcelona, Spanien

Die Pergola im Parque de Diagonal Mar windet sich durch und über die unterschiedlichen Binnenlandschaften der Anlage. Den zufälligen Besucher erinnert ihre Form vielleicht an eine wuchernde Liane, an die Flugbahn eines Gummiballs oder an einen verdrillten Ast. Gerade diese Assoziation kommt der ursprünglichen Idee am nächsten: Die Pergola sollte als eine Art Baum aus dem Wasser wachsen, Park und Küste miteinander in Bezug setzen und natürliche Formen in die urbane Landschaft hinein bringen. Das Motiv der verzweigten Formen zieht sich durch den gesamten Park und ist gestalterisches Grundelement für Wege, Pergola, Geländer und Zäune. Besonders als Pergola entwickelt diese Formidee eine große Dynamik, sie löst sich vom Boden und mäandert frei über Land und Wasser. Die dramatischen Konturen definieren unterschiedliche Binnenbereiche und modellieren die Skyline des Parks.

DIE ROHRKONSTRUKTION DER PERGOLA IST JEDOCH NICHT NUR FORMALES GESTALTUNGSELEMENT DES PARKS, SONDERN SORGT AUSSERDEM FÜR KÜHLE UND SCHATTEN. ÜBER DER PLAZA SIND DRAHTSEILE ZWISCHEN DEN EINANDER KREUZENDEN RÖHREN VERSPANNT – HALT FÜR SCHATTEN SPENDENDE KLETTERPFLANZEN, DIE IN ÜBERDIMENSIONALEN TÖPFEN WACHSEN. Wie Trauben hängen diese mit bunten Tonscherben verzierten Töpfe im Geflecht der Pergolakuppel. An einigen Stellen trifft die Pergola auf kleine Wasserbecken, hier versetzen eingebaute Düsen die Luft mit feinem, kühlendem Sprühnebel als klimatisches Zitat der nahe gelegenen Küste. Das Wasser für die Nebeldüsen, die Bewässerung und die Becken des Parks wird aus einer Wasser führenden Bodenschicht abgepumpt, die andernfalls den angrenzenden U-Bahnschacht zu fluten drohen würde.

1

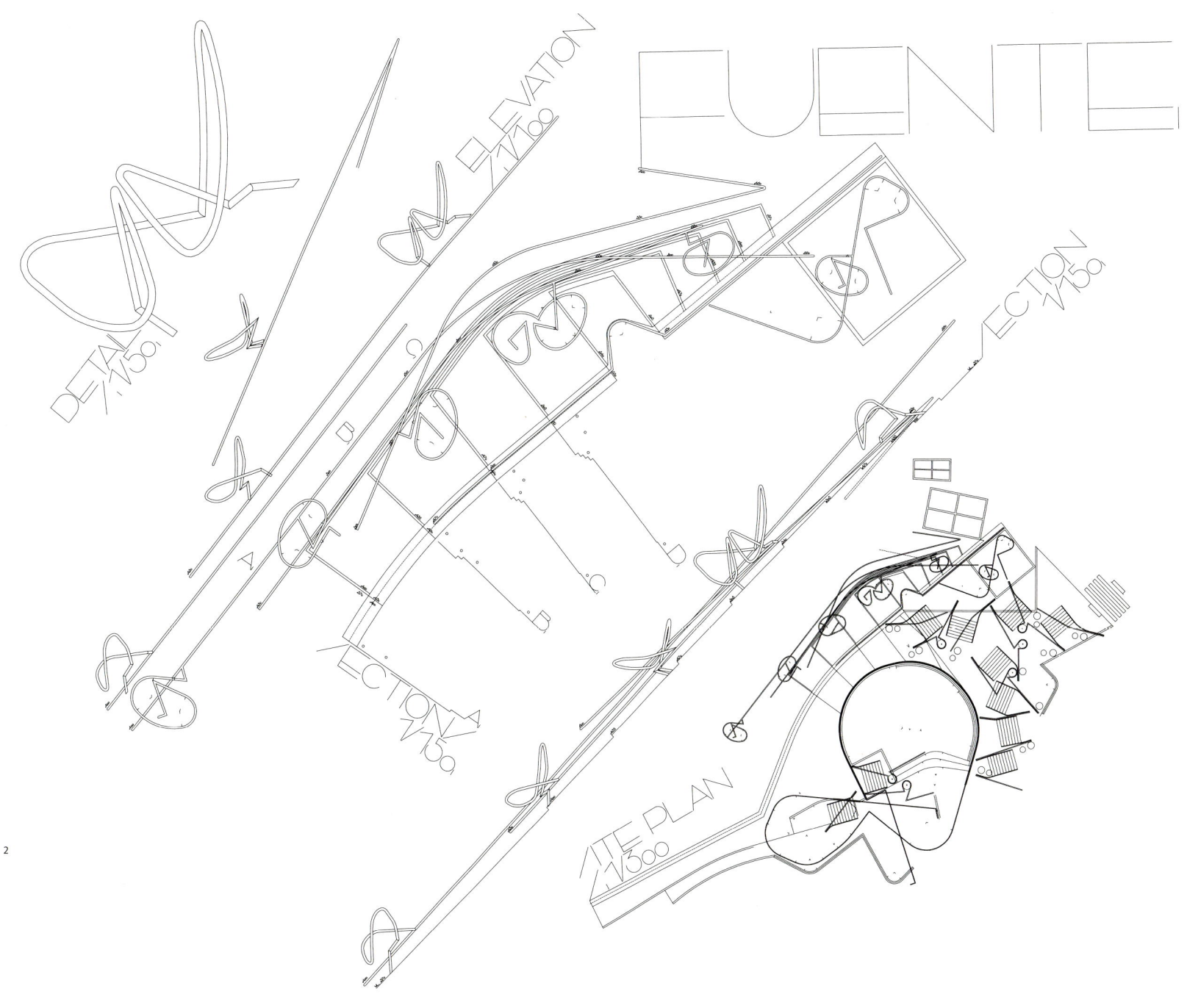

2

■ **1** Pergola und vasenförmige Pflanztröge, im Hintergrund Nebeldüsen.
2 Lageplan, Schnitte und Ansicht der Pergola (verkleinert).

1

■ **1** In die Pergola sind Nebeldüsen integriert. **2** Ranken wachsen aus hängenden Pflanztrögen an der Spannkonstruktion entlang.
3 Die im Becken verankerte Konstruktion spiegelt sich im Wasser.
4 Kabel spannen zwischen den kreuzenden Röhren.

2

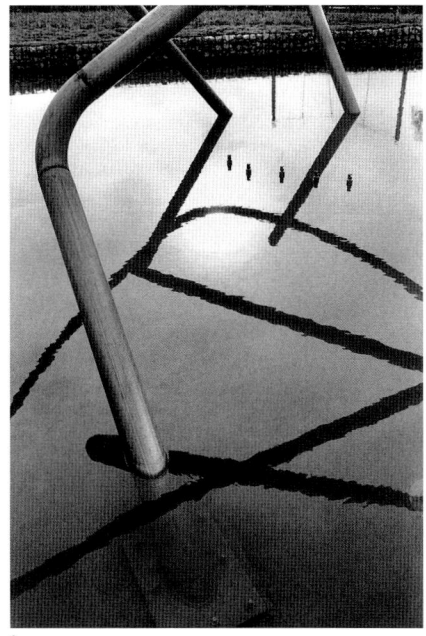

3

4

Aufbauen // 25

Sturmfeste Straßenüberdachung //
West 8

Palio de Bougainvilleas, Avenida Roosevelt, San Juan, Puerto Rico

Rötlich beschichtete Stahlstützen stehen in Reih und Glied entlang des gut 100 m langen Mittelstreifens einer Magistrale. Zwischen den weit ausgebreiteten Seitenarmen spannen sich berankte Stahlseile und formen ein markantes Gestaltungselement der belebten Avenida Roosevelt in San Juan. Dieser Bougainvillea-Baldachin ist in erster Linie als markantes „ökologisches Logo" konzipiert, das sich mit dem Kontext der Straßensituation und der örtlichen Kultur auseinandersetzt; für die hiesigen Wetterbedingungen erwies sich die konstruktive Morphologie der Struktur als besonders geeignet.

ÜBERKREUZ VERSPANNTE STAHLSEILE FÜR DIE RANKEN BILDEN EIN DURCH DIE UNTERSCHIEDLICHEN NEIGUNGSWINKEL DER KRAGARME IN SICH VERDRILLTES NETZ. DURCH DIE ANORDNUNG DER KABEL ENTSTEHT EINE HYPERBOLISCH GEFORMTE MATTE VON EXTREMER STABILITÄT, DIE SELBST DEN WINDLASTEN EINES HURRIKANS STANDHÄLT. Damit sorgt der Baldachin während der heißen Sommermonate von San Juan für Schatten, ohne bei den häufigen Tropenstürmen Schaden zu nehmen.

Ergänzend zu ihrer Funktion als Schattendach bietet die hyperbolische Konstruktion ein abwechslungsreiches visuelles Schauspiel. Aus dem fahrenden Auto gesehen wirken die unterschiedlich abgewinkelten Querstreben wie winkende Arme mit weiten, flatternden Ärmeln. Zusätzlich unterstreicht das scheinbar zufällige Muster der Spannseile die filigrane Schattenzeichnung der Ranken auf dem Asphalt.

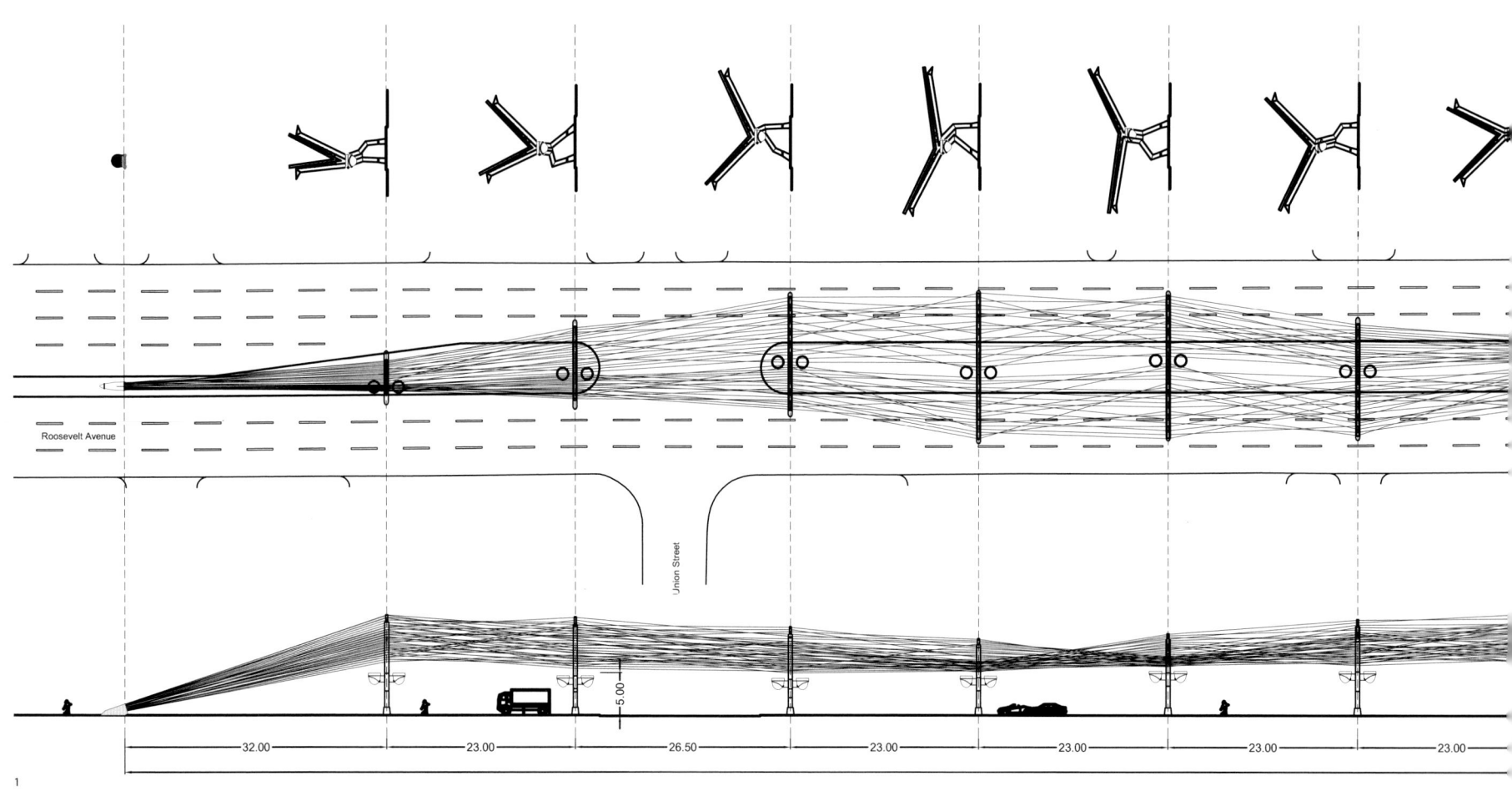

1

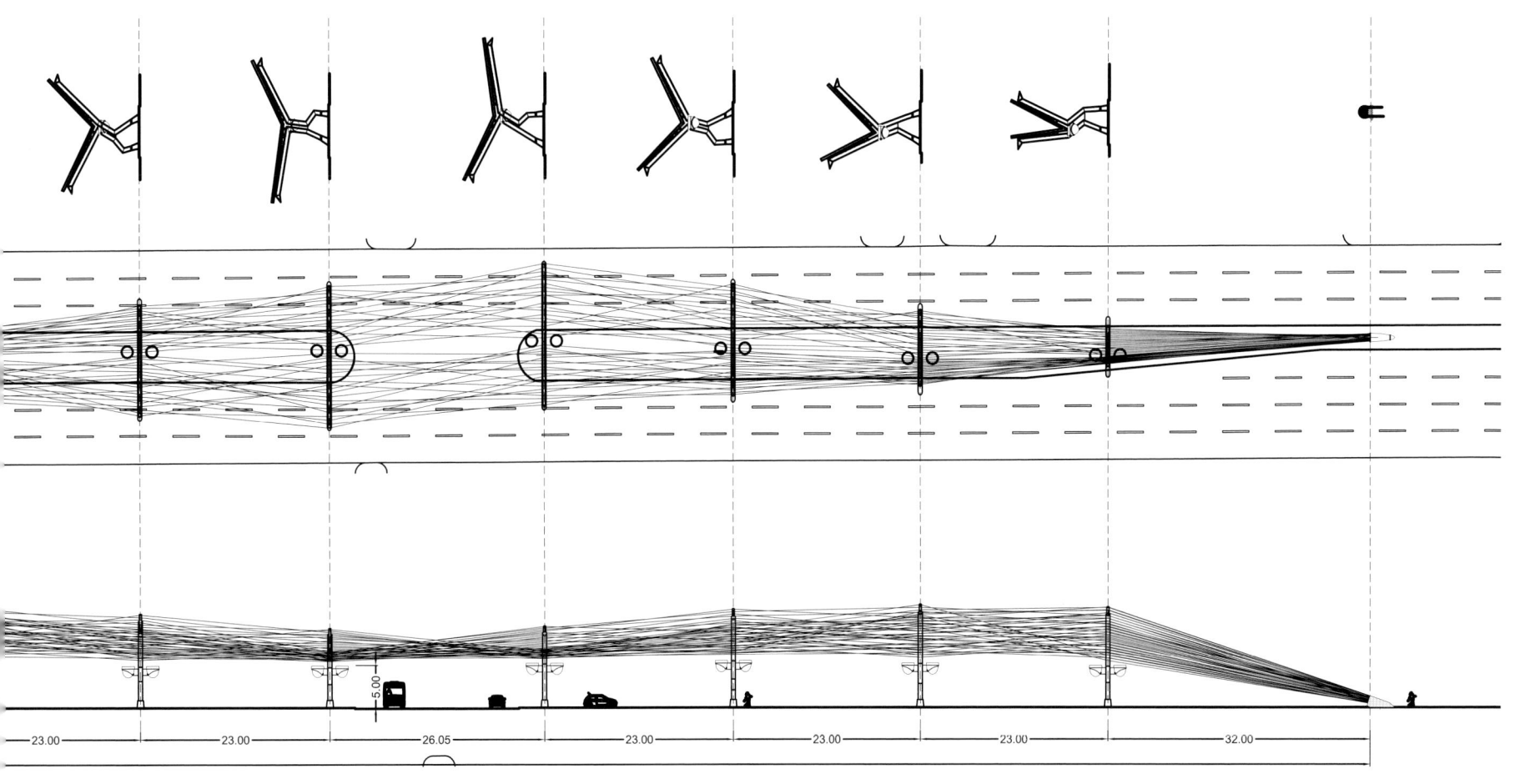

1 Abwicklung (Schnitte, Aufsicht, Ansicht): Die Anordnung der Spannkabel ergibt eine in sich verdrehte Hyperbel und hält damit auch den Windlasten eines Hurrikans stand.

1 Schnittansichten des Baldachins mit Pflanztrögen. **2** Aus einem fahrenden Auto heraus gesehen erwachen die abgewinkelten Stützen zum Leben und werden zu winkenden Armen.

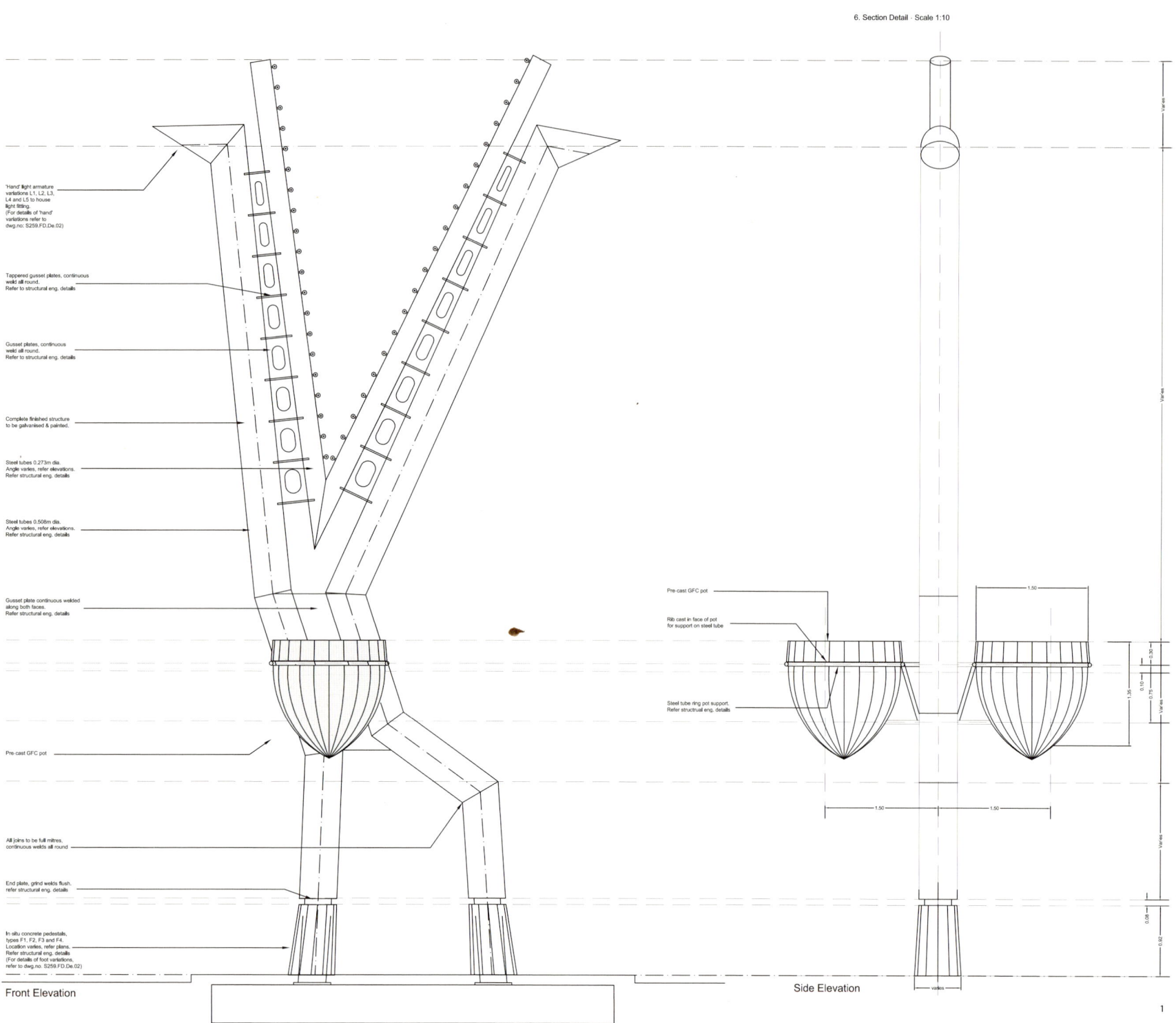

Ökosystem für Feuertreppen //
GROSS.MAX + Mark Dion

Vertical Garden, Wohnanlage Fair Street, London, Großbritannien

GROSS.MAX und Mark Dion haben einen „schwindelerregenden Piranesi in Blüte" entworfen, einen vertikalen Garten an der Außenwand eines Londoner Miethauses von 1890. Dieser von einer ehemaligen Feuertreppe herabhängende Garten aus heimischen und exotischen Pflanzen wurde in Schichten auf den einzelnen Geschossen angelegt. Vor der Fassade entwickelt sich so ein neues, geschichtetes Ökosystem, das, wie GROSS.MAX es formuliert, die „Künstlichkeit von zeitgenössischer Natur" deutlich macht.

Die alte Feuertreppe ist hier sowohl von konstruktiver wie auch von symbolischer Bedeutung. SIE BIETET EIN RAHMENDES GERÜST FÜR EINE MODULARE STRATEGIE DER BEPFLANZUNG. DIE TRÄGER UND LEITERN ERMÖGLICHEN DIE BEPFLANZUNG UND PFLEGE UND DIENEN ALS BEFESTIGUNGEN FÜR DAS BEWÄSSERUNGSSYSTEM. Als Symbol für die kulturelle Vielfalt der Stadt bildet sich in den hängenden Lagen an der Außenfassade die innere Geschossgliederung des Gebäudes ab und die üppige Pracht wird zur Metapher für die sehr unterschiedlichen Bewohner.

Jede Pflanzebene repräsentiert einen anderen Vegetationstypus mit dem entsprechenden Boden. Kriterium für die Pflanzenauswahl waren starkes Wachstum, kultureller Wert und Attraktivität für die Tierwelt. Die Palette reicht vom Schmetterlingsflieder (*Buddleja davidii*) bis zur London Rocket oder Glanz-Rauke (*Sisymbrium irio*), einer Pflanze, die in Bauschutt wächst und viele katastrophische Ereignisse der Großstadt überlebt. Einen kulturellen Bezug zu den örtlichen Brauereien schafft der Hopfen (*Humulus lupulus*), der an den Stützstreben der Feuertreppe emporranken wird. Andere Pflanzenarten stehen für die importierten Kräuter und Gewürze, die in früheren Zeiten auf den Handelsschiffen des British Empire an den nahe gelegenen Docks ankamen. Die verschiedenen Pflanzen wachsen auf unterschiedlichen Böden, von Sand-Humus-Mischungen bis zu schwerem Lehm als Vertreter der mäandernden Themseufer.

Alle Pflanzen werden über ein einfaches Tropfbewässerungssystem und teilweise mittels der perforierten Schläuche einer Sprühbewässerung versorgt. Die Bewässerungsarten reichen von trockenen Böden bis zu stark gewässerten Bereichen für Feuchtpflanzen. Feine Düsen sprengen eine üppige Bepflanzung von Farnen und Moosen; auf diese Weise entsteht ein Mikroklima, das dem berühmten Londoner Nebel nicht unähnlich ist. Künstliche Elemente wie Vogelhäuser und Regentonnen bilden einen Blickfang.

Die Konstruktion der Feuertreppe gibt die aufsteigende Abstufung der Bepflanzung vor und bietet zugleich Durchlässigkeit für Wasser und Wind, so dass sich Pflanzen und Tiere auch zwischen den Ebenen ausbreiten können. Auf dieser künstlichen Plattform kann die ökologische Vielfalt zu ihrem eigenen Gleichgewicht finden.

1

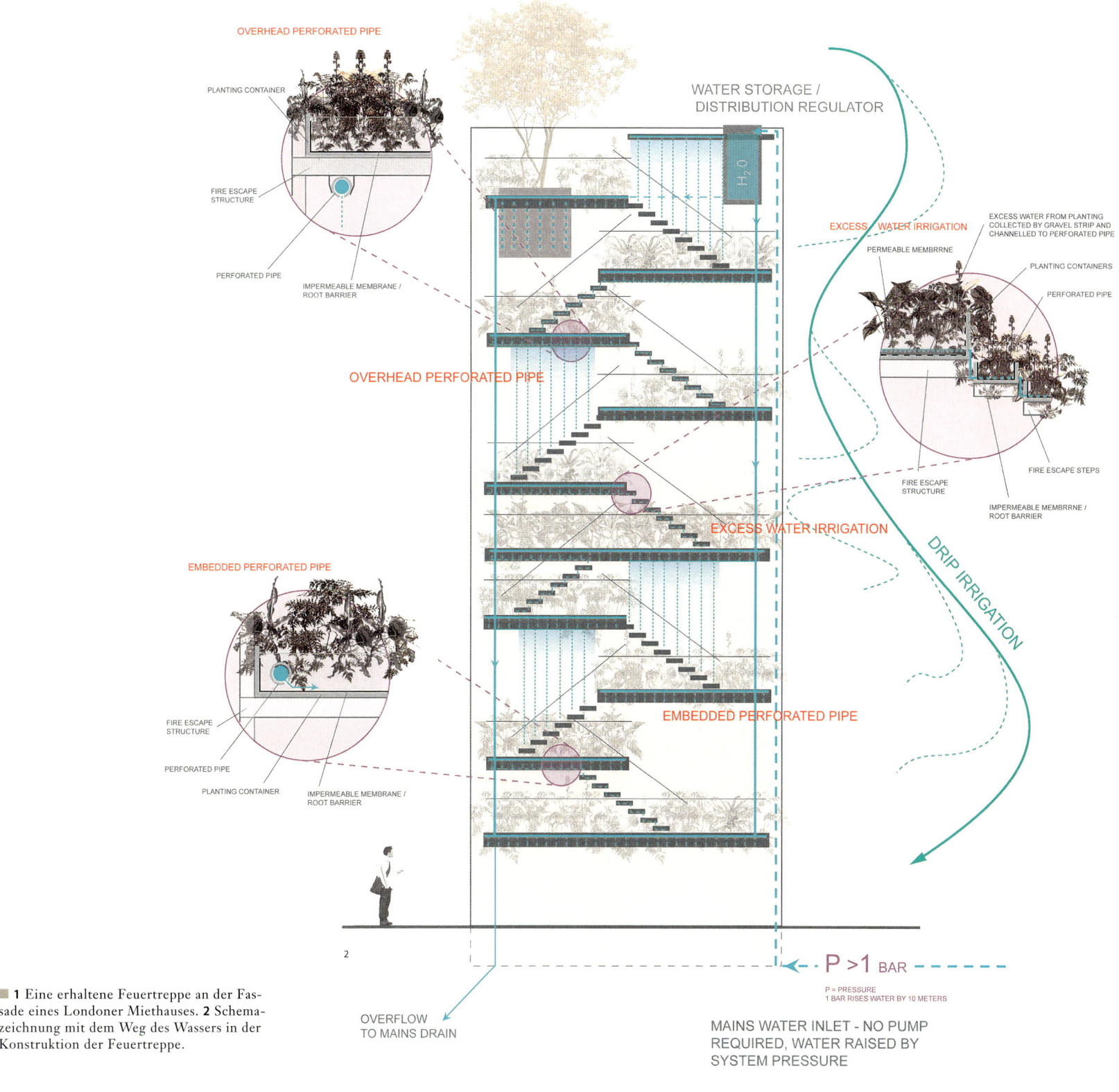

1 Eine erhaltene Feuertreppe an der Fassade eines Londoner Miethauses. **2** Schemazeichnung mit dem Weg des Wassers in der Konstruktion der Feuertreppe.

1

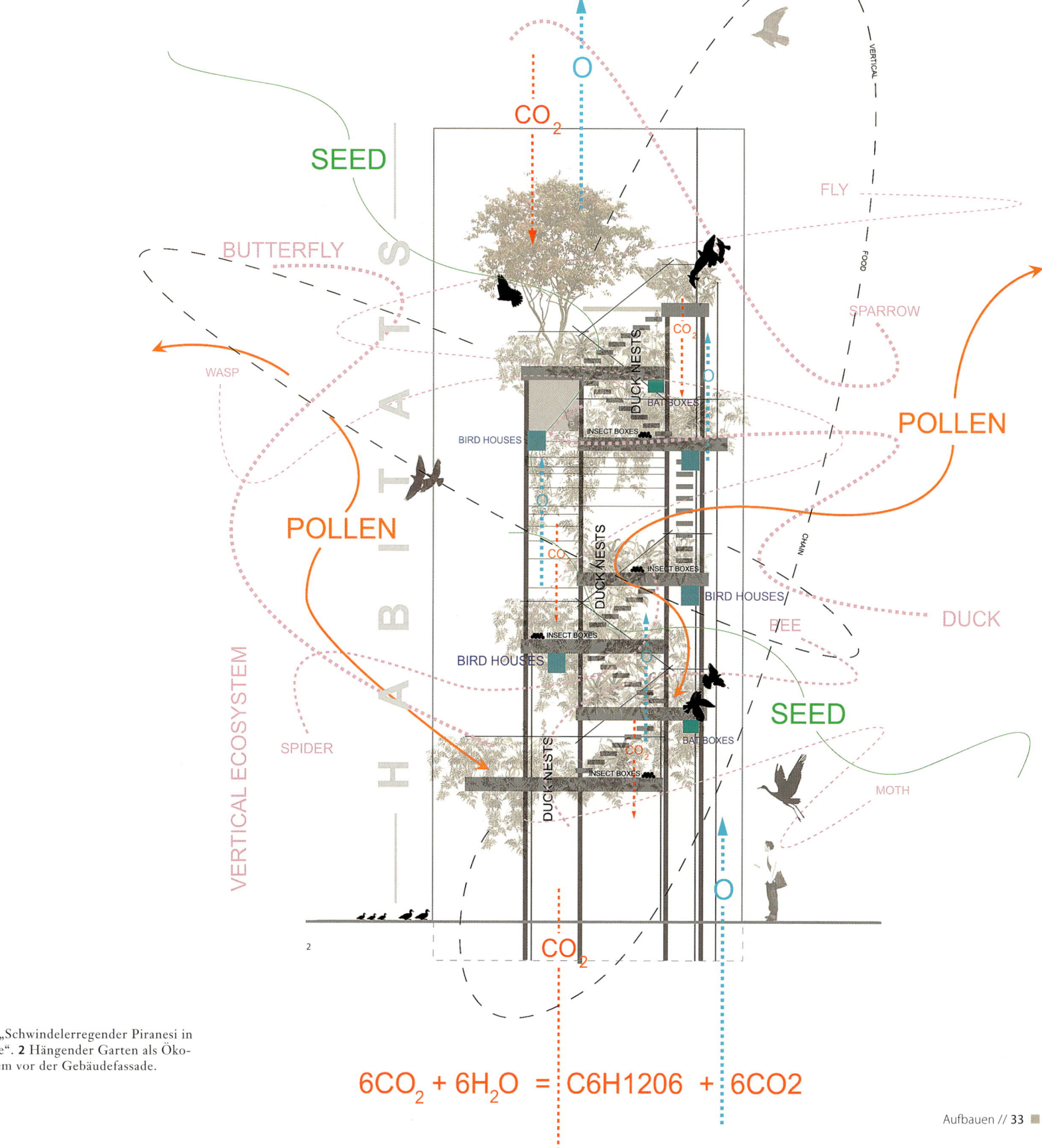

1 „Schwindelerregender Piranesi in Blüte". 2 Hängender Garten als Ökosystem vor der Gebäudefassade.

$$6CO_2 + 6H_2O = C6H1206 + 6CO2$$

Parasitäre grüne Konstruktion //
David Fletcher + Juan Azulay

MAK t6 VACANT, The MAK Center und SCI-Arc, Los Angeles, Kalifornien, USA

Bei einem gemeinsamen Werk eines Landschaftsarchitekten und eines Architekten, wie es das MAK t6 VACANT-Projekt ist, gehen beide Partner bis an die Grenzen ihres Arbeitsbereichs – und beide machen Zugeständnisse. LANGFRISTIG SOLLEN ARCHITEKTUR UND LEBENDES MATERIAL BEI DIESEM PROJEKT DIE KONSTRUKTIVEN ROLLEN TAUSCHEN; DIE ARCHITEKTUR ZIEHT SICH ZURÜCK UND ÜBERLÄSST DIE AUFGABE DER TRAGENDEN KONSTRUKTION DEM LEBENDEN MATERIAL, DAS SIE URSPRÜNGLICH EINMAL GESTÜTZT HATTE.

Als vages Vorbild für den architektonischen Entwurf diente das Konzept des Zytoskeletts, des veränderbaren Zellgerüsts, das die äußere Form und die Bausteine einer Zelle enthält. Der VACANT-Entwurf interpretiert diese gegenseitige Beziehung weniger gutmütig, indem die architektonische Struktur gleichsam zur Wirtspflanze für die Würgefeigen (Ficus citrifolia) wird, welche sie langsam absorbieren, allmählich Form und Funktion der Architektur übernehmen und eine eigene, hybride Welt entstehen lassen.

Der Entwurf ist das Ergebnis eines vom MAK Center for Art & Architecture ausgeschriebenen Ideenwettbewerbs: Das denkmalgeschützte Haus Schindler des Centers sollte vor dessen „immer weiter in die Höhe wachsenden Nachbarn" in Schutz genommen werden. In diesem Zusammenhang formulierte die Ausschreibung, für das „untrennbar mit seinem Garten" verbundene Haus könnten neue „Landschaftsdimensionen" den aus der Balance geratenen Bezug zu den neuen Hochhäusern in der Nachbarschaft wieder herstellen.

In der Umsetzung dieses Pufferkonzeptes arbeitet MAK t6 VACANT mit zwei grundlegenden Dimensionen von Landschaft: Ressourcen und Zeit. Als Maßnahme zur „Neuordnung des Bodenniveaus" werden sehr widerstandsfähige Würgefeigen, die mit ihren Wurzeln an Bäumen haften und ohne Verbindung zum Boden wachsen können, weit oben in ein einfaches Gerüst aus Stahlseilen gehängt. Im Innern führen mehrere Rampen nach oben. DIE ÜBER EIN BEWÄSSERUNGSSYSTEM IM GERÜST GENÄHRTEN FEIGEN NUTZEN DIE NATÜRLICHE RESSOURCE DES LUFTRAUMS UM DAS GEBÄUDE UND BILDEN EINEN KÖRPER AUS LUFTWURZELN, IN DAS SIE DAS HAUS SCHINDLER EINSCHLIESSEN. Die hybride Struktur aus ineinander verfilzten Pflanzen und architektonischem Skelett bietet Raum für Tiere, Besucher und sogar Bewohner. MAK t6 VACANT ist als Prozess konzipiert, der sich über 30 Jahre hinweg entwickelt. In dieser Zeit wachsen die Kletterfeigen langsam in Richtung Boden, schlagen dort Wurzeln, überwuchern die Stützkonstruktion und erreichen schließlich selbst konstruktive Autonomie, wenn die Einzelpflanzen zu einer organischen Masse zusammenwachsen. Fletcher + Azulay beschreiben dies so: „Die Feigen implantieren sich in die nicht-organische Konstruktion, es entsteht ein Mischsystem aus organischem und nicht-organischem Material, das in seiner Gesamtheit andere Eigenschaften haben wird, als jedes der beiden Systeme für sich." Dieser Allofusion genannte Prozess baut den bestehenden architektonischen Rahmen zu einem dreidimensionalen Komposit-Verbund aus und entwickelt eine neue Form der Raumnutzung.

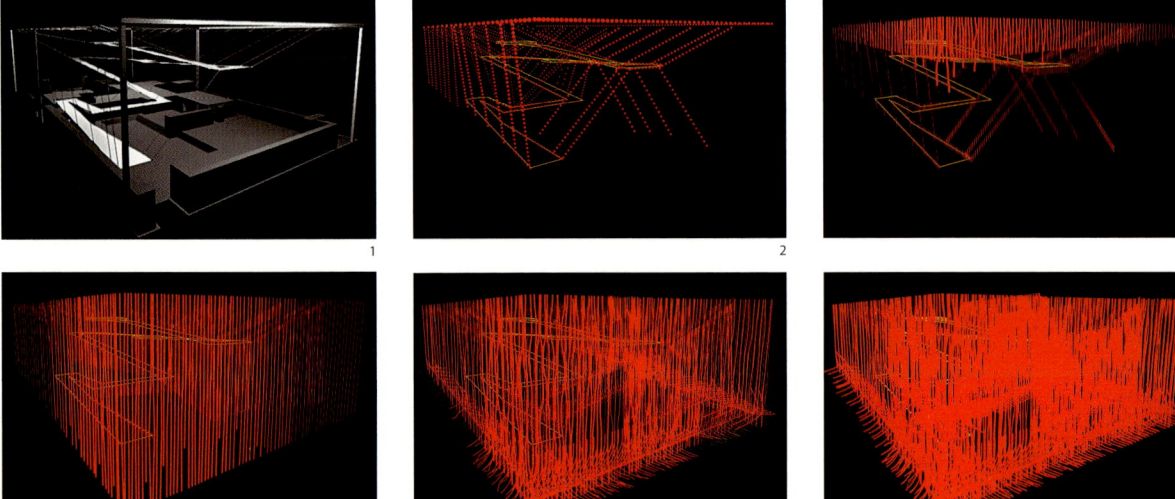

1 Rahmen: Spannkabelkonstruktion mit Rampen. **2** Aussaat: Samen von Würgefeigen werden im oberen Teil der Konstruktion in Nachahmung der natürlichen Verbreitung von Epiphyten verteilt. **3** Keimung: ein Netz von Luftwurzeln, die sich suchend in Richtung Boden strecken. **4** Entwicklung von Bodenwurzeln: raschere Entwicklung der Pflanzen. **5** Entstehung eines Strebewerks: Die Wurzelmasse verwächst zu einer tragenden Konstruktion. **6** VACANT: Die dicht verwobenen Wurzeln machen das Zytoskelett überflüssig und schaffen einen neuen konstruktiven Verband. **7** Der Pflanzenverbund stärkt die konstruktiven Eigenschaften seines Wirts und macht daraus ein Urwaldgebäude aus Ranken.

7

■ Schichten

DER AUS SCHICHTEN AUFGEBAUTE BODEN WIRD ALS EIN DREIDIMENSIONALES PROFIL AUFGEFASST, INNERHALB DESSEN LEBENDE DYNAMISCHE SYSTEME – PFLANZENWACHSTUM, WASSERKREISLAUF UND MIKROORGANISMEN – ENTSTEHEN, SICH ENTWICKELN, HINDURCH FLIESSEN ODER ENTHALTEN SIND. DIE SCHICHTUNGEN BESCHRÄNKEN SICH NICHT AUF EINE DECK- ODER ZWISCHENLAGE, SONDERN ERSTRECKEN SICH ÜBER EINE GANZE REIHE EINANDER ÜBERLAGERNDER SCHICHTEN, DIE IHRE RESSOURCEN ZUR GEGENSEITIGEN STÄRKUNG SYMBIOTISCH AUSTAUSCHEN.

Boden, Untergrund, Basis: In diesem Kapitel ist der Boden von Landschaft im heutigen Sinn als aktives Element und Medium des Wandels neu ins Blickfeld gerückt, als ein ganzheitliches System, das vielfältige Prozesse und Bauprogramme aufnehmen kann. Innerhalb dieses konzeptuellen Rahmens ist Boden kein Objekt oder Begriff mehr wie etwa in Oberfläche, Deckmaterial, Erde. Statt dessen wird Boden aufgefasst als Agens mit ganz unterschiedlichen Handlungsoptionen, bei denen lebende und anorganische Elemente geschichtet, kombiniert und verknüpft werden. Ziel ist eine systemische, integrative Einheit, deren Komponenten und Eigenschaften interagieren und einander befruchten. Hier geht es nicht um die Frage nach dem Was, sondern um Fragen nach dem Wozu und Wofür.

Das Kapitel Schichten untersucht die Verschiebung in der Definition von Boden, bei der nicht mehr eine traditionelle Auffassung (als Oberfläche oder Erde) gilt, sondern die Fähigkeit, dynamische Prozesse zu ermöglichen und zuzulassen, im Vordergrund steht. Häufig setzen sich diese Prozesse aus unterschiedlichen, einander verstärkenden und überlagernden Kräften zusammen, etwa Wachstum und physikalische Phänomene, Teile des Bauprogramms und Wetterzyklen.

Die in diesem Kapitel vorgestellten Projekte führen vielfältige Funktionen in einem einzigen System zusammen und integrieren Themen wie Drainage, Speicherung und Versickern von Wasser, Vegetationsformen und technische Belastbarkeit in einen umfassenden Entwurf. Dieser Ansatz führt zu Gestaltungen, die sich durch Einschränkungen im Budget nicht verwässern oder korrumpieren lassen, da sie bereits auf ökonomische Effizienz angelegt sind. Bei den Projekten mit mechanisch stabilisierter Bodenform, elastischen Erdhügeln und invertierten Ebenen ist es jeweils ein einziges, wenn auch komplexes, System, das zwischen Bauprogramm, Topografie, Verschmutzungsgrad, konstruktiver Stabilität und Drainage-Maßnahmen vermittelt.

Der aus Schichten aufgebaute Boden wird als ein dreidimensionales Profil aufgefasst, innerhalb dessen lebende dynamische Systeme – Pflanzenwachstum, Wasserkreislauf und Mikroorganismen – entstehen, sich entwickeln, hindurch fließen oder enthalten sind. Die Schichtungen beschränken sich nicht auf eine Deck- oder Zwischenlage, sondern erstrecken sich über eine ganze Reihe einander überlagernder Schichten, die ihre Ressourcen zur gegenseitigen Stärkung symbiotisch austauschen. Innerhalb eines Verbundsystems können Materialien atmen, Nährstoffe austauschen, Verschmutzungen versiegeln, Drainage ermöglichen, Wasser speichern und wieder abgeben, technologische Infrastruktur stützen, Pflanzen nähren, als Trägerkonstruktion dienen und die unterschiedlichsten Bauprogramme umsetzen.

Übergänge zwischen Gebaut und Gepflanzt, zwischen Schale und Fleisch, zwischen biologisch aktiven und inaktiven Elementen gehören zum System, fügen sich nahtlos und sind „functionally graded" – ein Begriff aus der Materialwissenschaft, der Verbundmaterialien (die menschliche Haut zum Beispiel) beschreibt, die ihre Zusammensetzung oder Eigenschaften graduell verändern können.

Das Grundstück wird zu einem entscheidenden Aspekt bei der Bestimmung der unterschiedlichen Anforderungen und dynamischen Kräfte, denen sich ein Boden stellen muss. Innerhalb des zeitgenössischen urbanen Umfelds muss Boden nicht mehr Erdboden bedeuten: Es kann auch ein Teilstück ohne Bodenhaftung sein, Deckschicht über einer versiegelten Deponie, die Fläche eines Dachaufbaus oder ein schwimmendes Element auf einem Gewässer. Solche Lagebestimmungen fordern Entwürfe, die das Ausschnitthafte des geschichteten Bodens zum Ausdruck bringen: gestalterische Eingriffe, die den geschichteten Charakter von Boden explizit oder implizit thematisieren, Denkansätze, die Anpassungen an dynamische Prozessabläufe aus einem einzigen System heraus bewältigen können.

DAS GRUNDSTÜCK WIRD ZU EINEM ENTSCHEIDENDEN ASPEKT BEI DER BESTIMMUNG DER UNTERSCHIEDLICHEN ANFORDERUNGEN UND DYNAMISCHEN KRÄFTE, DENEN SICH EIN BODEN STELLEN MUSS. INNERHALB DES ZEITGENÖSSISCHEN URBANEN UMFELDS MUSS BODEN NICHT MEHR ERDBODEN BEDEUTEN: ES KANN AUCH EIN TEILSTÜCK OHNE BODENHAFTUNG SEIN, DECKSCHICHT ÜBER EINER VERSIEGELTEN DEPONIE, DIE FLÄCHE EINES DACHAUFBAUS ODER EIN SCHWIMMENDES ELEMENT AUF EINEM GEWÄSSER.

Im High-Line-Projekt geht es um ein modulares System, das sich an viele Nutzungen und Konfigurationen anpassen lässt. Die multifunktionale, integrierte synthetische Oberfläche wurde auf eine nicht mehr genutzte Güterbahntrasse aufgesetzt, wobei das extrem variable einheitliche Oberflächensystem fast alle Parknutzungen übernehmen kann; aus integrierten Modulen entstehen Deckenbelag, Pflanztrog, Abflussrinne und Parkbank. Der Charakter der Plankenelemente als Teilstücke wird durch den nahtlosen modularen Entwurf nur umso deutlicher. In vergleichbarer Weise verfährt die flache Rasen-Scheibe des Wonder-Holland-Entwurfes, dessen aufgeständertes Stahl-Tablett sich um die fragilen Ruinen der archäologischen Ausgrabungsstätte arrangiert.

Der Ansatz, den Boden in Schichtungen aufzubauen, ist für viele auch in den anderen Kapiteln vorgestellten Projekte relevant. Insbesondere wo es um Wasserkreisläufe oder die Sanierung von verseuchtem Boden geht, liegt die Aufteilung in unterschiedliche Schichten zum Leiten von Wasser oder zum Versiegeln von Schadstoffen nahe.

Im Kapitel Leiten wird mit dem Starkregenpark ein Projekt vorgestellt, bei dem der Geländeaufbau sowohl die Speicherung als auch die reinigende Filterung des Niederschlagswassers ermöglicht. Für das Einlaufbauwerk am Shop Creek nutzte man zusätzlich Bodenzement, um die oberste Bodenlage vor Erosion zu schützen und eine Energiedissipation für die hohen Fließgeschwindigkeiten des Wassers zu erreichen. Bei der Umgebungsgestaltung der Allianz Arena in München sorgt eine Neigung der Oberfläche in Kombination mit der Durchlässigkeit des Deckmaterials für Absorption, Speicherung und Weiterleitung des Oberflächenwassers und übernimmt gleichzeitig Funktionen der Besucherführung und Begrünung. Der Westergasfabriek-Park im Kapitel Absorbieren begegnet der kontaminierten Bodenlage mit einem speziellen Bauprogramm und besonderen Planungsstrategien. Im Umbau des Werftgeländes für Urban Outfitters dagegen wurde die vorhandene Betonoberfläche in eine neue, durchlässige Oberfläche umgewandelt, die ein Pflanzenwachstum ermöglicht.

Die im Produktteil des Buches vorgestellten Materialien können mit ihren technischen Fähigkeiten Aufgaben wie Bodenretention, Stoßdämpfung, Durchlässigkeit oder die Eigenschaften eines chemischen Reagens kombinieren.

Land.Tiles sind modulare Erosionsschutzelemente, die Wasser kanalisieren und Wachstum ermöglichen. Strukturböden können die Lasten viel begangener Wege tragen und trotzdem die Entwicklung von Wurzelwerk unterstützen. Envirogrid ist eine dreidimensionale Bodenzelle, die Erosion verhindert und auf der Schwerlastverkehr, Drainage und Pflanzenwachstum möglich ist. Flexible Wachstumsmedien (FGM) und Fasergemische (BFM) sowie biologisch abbaubare Geotextilien für den Erosionsschutz werden als Auflage für Hänge oder Flussufer zum temporären Erosionsschutz eingesetzt; sie ermöglichen eine Durchdringung des Bodens mit Wurzeln und tragen so zum Aufbau einer dauerhaften Hangbefestigung bei.

Erdbeton als Festigung des Bodens mit Zement lässt eine starre, tragende und undurchlässige Oberfläche zur Stabilisierung von Hängen und ebenen Flächen entstehen. Poröser Beton und Asphalt eignet sich für Fuß- und Fahrwege und ermöglicht zugleich das Einsickern (und damit das Auffangen) von Oberflächenwasser. TXActive® ist ein photokatalytischer Zement, der Schmutzpartikel in der Luft in unschädliche Bestandteile aufspaltet. EnduraSafe™, Mulch aus wiederverwertetem Gummi, ergibt eine durchlässige und federnde Oberfläche, auf der kein Unkraut wachsen kann.

Mechanisch stabilisierte Bodenform //
Weiss/Manfredi Architects

Olympic Sculpture Park, Seattle Art Museum, Seattle, Washington, USA

Das künftige Gelände für den Olympic Sculpture Park von Seattle ist Herausforderung und Chance zugleich. Eine Eisenbahnlinie und eine Hauptverkehrsstraße zerschneiden das zur Felsenküste hin steil abfallende Areal in drei isolierte Parzellen, zudem hatten umfangreiche Maßnahmen zur Bodensanierung ihre Spuren hinterlassen und die bröckelnde Uferbefestigung bedurfte dringlich der Reparatur.

Die Lage als solche ist atemberaubend. 12 m Höhenunterschied überbrückt das Gelände zwischen der benachbarten Wohnbebauung und dem halbindustriell erschlossenen Küstenstreifen der Elliott Bay und bietet Besuchern einen weit in die Ferne schweifenden Blick über natürliche und urbane Panoramen. An wolkenlosen Tagen reicht die Sicht bis zu den Schnee bedeckten Gipfeln der Olympic Mountains jenseits des Puget-Sundes, über den Fährschiffe und Überseetanker kreuzen.

DER ENTWURF VON WEISS/MANFREDI NUTZT DAS RÜSTZEUG EINER KONSTRUKTIVEN TOPOGRAFIE, UM MIT DEN VIELEN GELÄNDEVORGABEN FÜR DEN PARK NICHT NUR EINFACH ZURECHT ZU KOMMEN, SONDERN LETZTLICH DAVON ZU PROFITIEREN. Ihre als großes Z ausgebildete Geländeformation überbrückt Straße und Schiene nahtlos und schafft einen neuen, einheitlichen Zusammenhang zwischen dem Gelände, seinen Nutzungen und deren Erleben. Um aus der Monostruktur ein Maximum an Performanz herauszuholen, erfanden Marion Weiss und Manfred Manfredi ihre „Chameleon Sections". Jede Sektion – zugleich Schnitt und Abschnitt – verdeutlicht, wie die Geländestruktur im Rahmen der vielen komplexen Bezüge operiert, ohne dabei ihr einheitliches gestalterisches und optisches Design aufzugeben. Diese Chamäleon-Eigenschaften waren die Voraussetzung dafür, dass zwischen dem Skulpturenpavillon und dem Meeressaum eine ungebrochene Linie aus Bewegung und Erleben verlaufen kann.

Um die hohen konstruktiven Anforderungen einlösen zu können, die die Bewältigung der Höhendifferenz und die verlangte Infrastruktur mit sich brachten, wurde die Geländeform mit Hilfe eines Systems aus mechanisch stabilisiertem Boden oder bewehrter Erde (MSE – Mechanically Stabilized Earth) aufgebaut. Durch das MSE-Prinzip war es möglich, eine durchgehende und zugleich ökonomische Trasse für die vielfältigen Aspekte des Parks zu realisieren. Hieraus ergaben sich eine Reihe topografischer Reaktionen (die durch MSE überhaupt erst möglich wurden); sie machen den Hauptanteil an den „Chameleon Sections" aus.

Das MSE-System besteht aus aufeinander geschichteten Stahlkörben oder Gabionen, in die Steine und Kies gefüllt werden und die an wechselnden Lagen aus Geotextilien und hoch verdichteter Erde verankert werden. BEWEHRTE ERDWÄLLE ERSCHIENEN ERDBEBENSICHERER ALS BETONWÄNDE UND SIND WEITAUS KOSTENGÜNSTIGER ALS DIE STÜTZMAUERN, PFÄHLE UND ABDECKUNGEN AUS STAHLBETON, DIE FÜR EINE TRADITIONELLE STÜTZMAUERKONSTRUKTION BENÖTIGT WERDEN.

Die MSE-Gabionenkonstruktion erreicht eine Höhe von bis zu 9 m über den Straßen- und Gleistrassen. Die Hohlräume zwischen den Steinen könnten zu einem unerwünschten Lebensraum von Tieren und Pflanzen werden, was eventuell zu Mängeln am System und zu einer Instabilität der Wände führt. Daher wurden speziell für diesen Zweck angefertigte Betonfertigplatten verbaut. Sie sollen die offen liegende Gabionenkonstruktion schützen, sich wie ein Panzer über die wichtigen Oberflächenbereiche der Geländeform legen und außerdem, wo nötig, eine Schutzbrüstung bilden. Da die Platten überlappen, sind kontrollierte Verschiebungen bei kleineren Erdbeben möglich und das Risiko, dass die Platten brechen oder kollabieren könnten, wird minimiert. Die Platten werden auch zu einem plastisch-gestaltenden Element, dessen Formgebung auf die Geschwindigkeit des durchfahrenden Verkehrs abgestellt ist.

Die Z-förmige Geländegestalt vermittelt zwischen den unterschiedlichen Höhen und schafft eine Reihe neuer, prägnanter Bereiche und variantenreicher Abschnitte. Jeder Bereich zeichnet sich durch eine eigene, charakteristische Gestaltung und Bepflanzung aus. Darüber hinaus regulieren, sammeln und reinigen die Geländeformationen und die bepflanzten Abschnitte das bei starkem Niederschlag auftreffende Wasser, bevor es über das Gelände in die Elliott Bucht eingeleitet wird.

Die Geländeform bietet außerdem eine Infrastruktur für praktische ebenso wie kreative Aspekte. Unter dem Weg sind die Leitungen für Wasser, Strom und Kommunikationstechnik verlegt, die die Künstler für Installationen nutzen können. Der Skulpturenpavillon und ein Parkhaus sind im oberen Teil des Geländes integriert und runden die Gesamtheit aus Grundstück, Topografie und Programm ab.

Mit der letzten „Chameleon Section" reicht die Geländeformation bis ins Meer hinein und wird zu einem gezeitenabhängigen Strand mit flachem Profil und Lachsgründen in der Bucht. Die Geländeführung reicht über die Stützmauer der Uferbefestigung hinaus und schafft dort eine sanft geneigte Oberfläche, auf der sich unterschiedliche maritime Ökosysteme entwickeln können.

Die „Chameleon Sections" von Weiss/Manfredi finden ganz unterschiedliche Antworten auf die Gegebenheiten und Möglichkeiten des disparaten Geländes. Entstanden ist nicht nur eine kontinuierliche Topografie, sondern auch eine Geländeform, die einen aktiven Part für das gesamte Nutzungsspektrum des Parks übernimmt. Die Parklandschaft wiederum stellt eine künstlich geschaffene Einheit zu Gunsten der kulturellen, urbanen und ökologischen Anforderungen dar, denen sie gerecht werden soll.

■ **1** Die stabilisierte Bodenform vereint die kulturellen, urbanen und ökologischen Anforderungen zu einem Ganzen. **2** Die Geländeformation führt in großzügigem Zickzack einen Steilhang über Bahn- und Straßentrassen hinunter. **3** Die wechselnden „Chameleon Sections" bewältigen die unterschiedlichen Situationen von Hang, Schnellstraße und Bahnlinie.

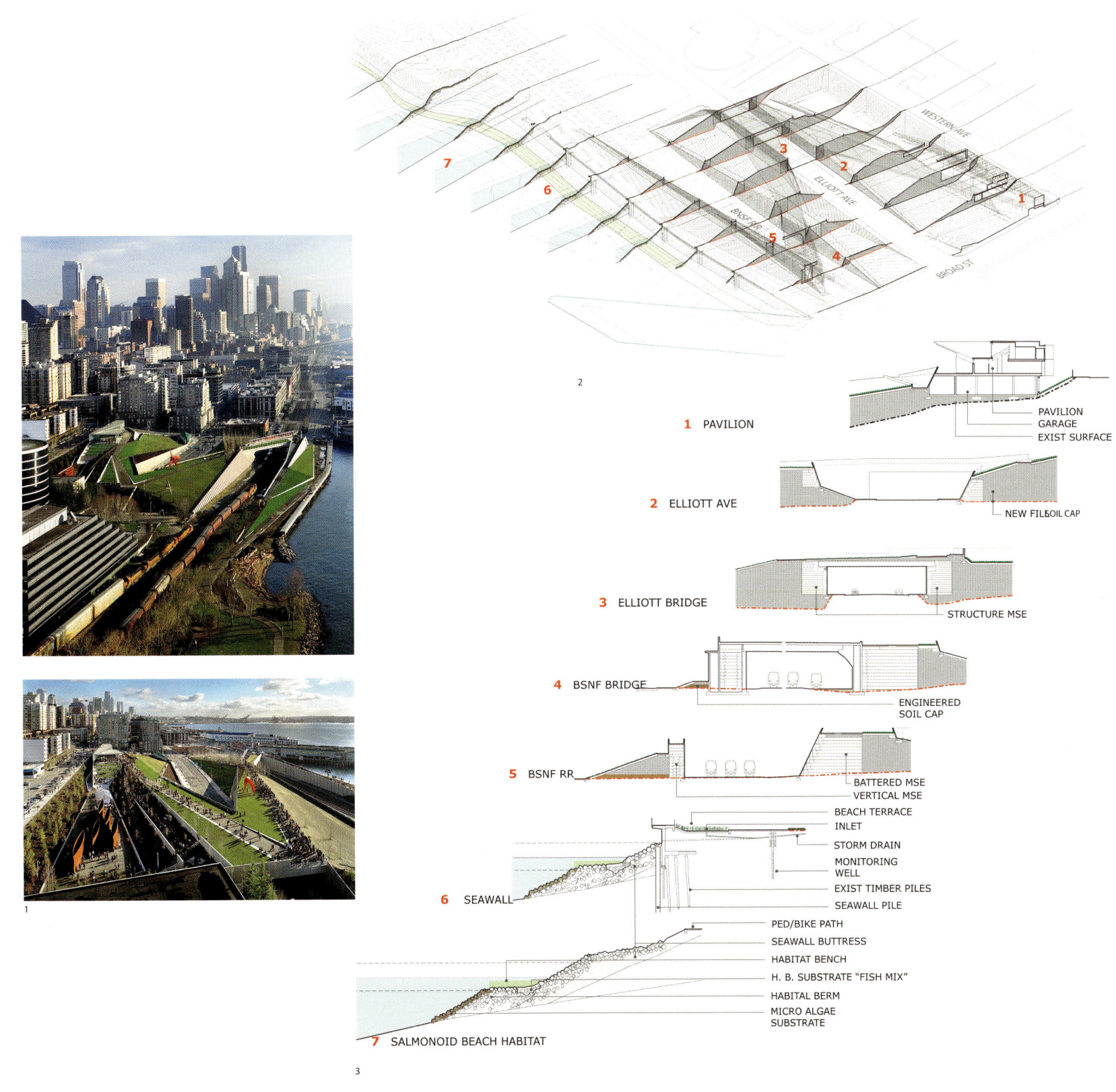

1	PAVILION
2	ELLIOTT AVE
3	ELLIOTT BRIDGE
4	BSNF BRIDGE
5	BSNF RR
6	SEAWALL
7	SALMONOID BEACH HABITAT

Schichten // 39

GRAVEL
ROCKS
FABRIC
CONTAINMENT BACKET

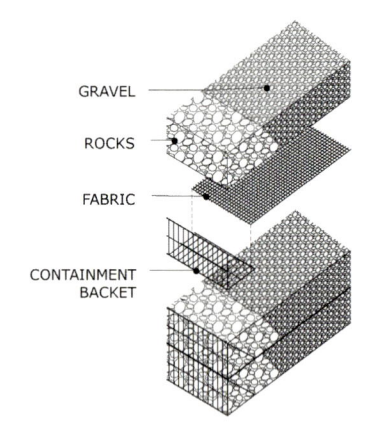

MECHANICALLY STABILIZED EARTH (MSE)

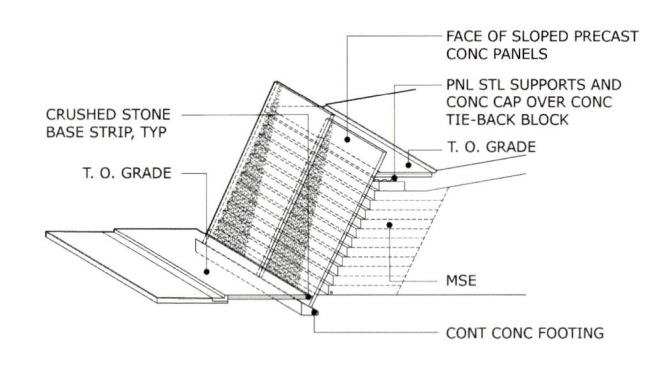

FACE OF SLOPED PRECAST CONC PANELS
PNL STL SUPPORTS AND CONC CAP OVER CONC TIE-BACK BLOCK
CRUSHED STONE BASE STRIP, TYP
T. O. GRADE
T. O. GRADE
MSE
CONT CONC FOOTING

MECHANICALLY STABILIZED EARTH (MSE) WALL

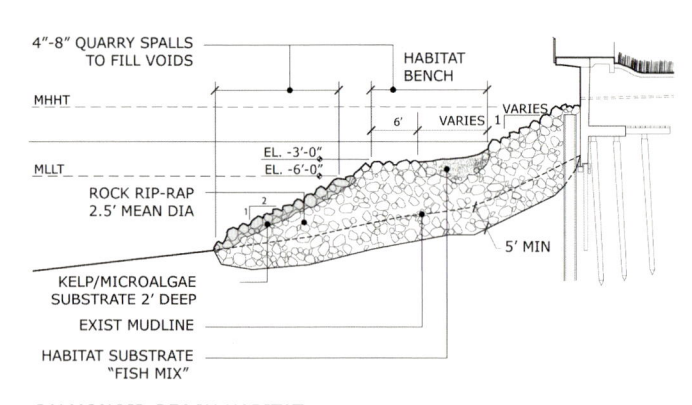

4"-8" QUARRY SPALLS TO FILL VOIDS
HABITAT BENCH
MHHT
VARIES
6' VARIES 1
MLLT
EL. -3'-0"
EL. -6'-0"
ROCK RIP-RAP 2.5' MEAN DIA
5' MIN
KELP/MICROALGAE SUBSTRATE 2' DEEP
EXIST MUDLINE
HABITAT SUBSTRATE "FISH MIX"

SALMONOID BEACH HABITAT

■ 1 Die Geländeformation setzt sich aus unterschiedlichen Typen von Abschnitten („Chameleon Sections") zusammen, die eine Vielzahl von Vorgaben aus Gelände und Bauprogramm bewältigen: Bewehrte Erde (Mechanically Stabilized Earth, MSE), MSE-Wand, Forellen- und Lachshabitat, Grabung am Pavillon, tragende MSE an der Elliott Bridge, verdichtete MSE an Straße und Bahngeleisen, senkrecht gestellte MSE an der BNSF Bridge.

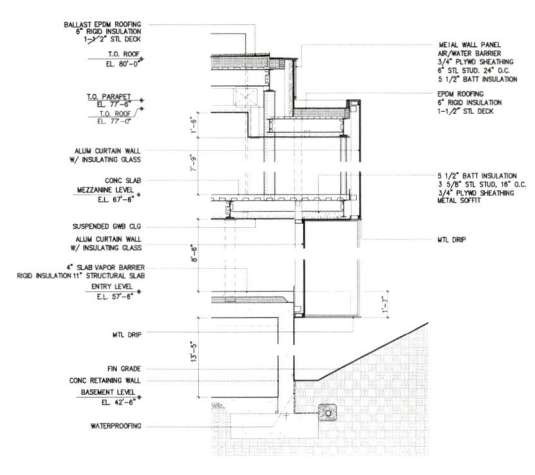

PAVILION EXCAVATION

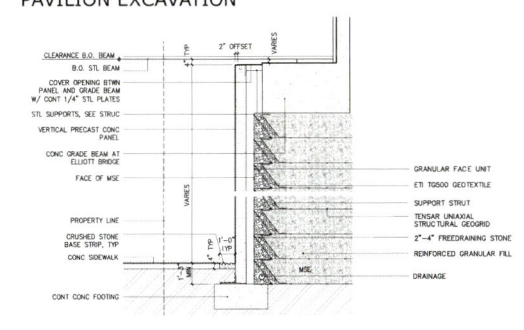

STRUCTURAL MSE AT ELLIOTT BRIDGE

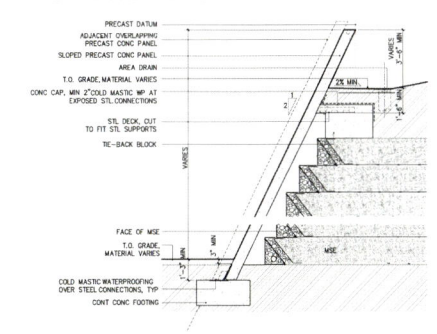

BATTERED MSE AT ROAD AND TRAIN TRACK

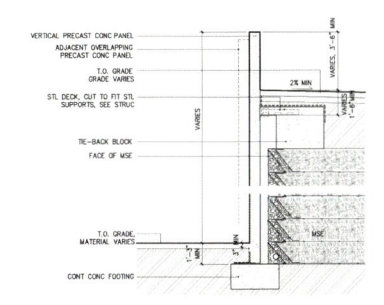

VERTICAL MSE AT BNSF BRIDGE

Schichten // 41

Schwebendes Rasenplateau //
West 8

Wonder Holland, Niederländische Botschaft, Mercati di Traiano, Rom, Italien

Die Wiederbelebung der archäologischen Grabungsstätte der antiken Trajansmärkte ist an sich schon ein außergewöhnlicher Eingriff. Aber der Versuch, eine gestaltete Landschaft für die Niederländische Botschaft auf diesem Gelände zu schaffen, während die oberste Denkmalbehörde Roms keinerlei Berührung, geschweige denn Beschädigung der Ruinen zulässt, erscheint schlichtweg verrückt.
West 8 löste die Aufgabe mit einem entsprechend unkonventionellen Entwurf. ZWISCHEN ALTEN RÖMISCHEN RUINEN SCHWEBT NUN EINE BODENPLATTE WIE DIE VISION EINES „JUNGFRÄULICHEN TEPPICHS AUS FRISCHEM NIEDERLÄNDISCHEN GRÜN". Die Unterkonstruktion bildet ein einfacher aufgeständerter Stahlcontainer, der mit Rasen bepflanzt wurde. Wie ein Leerdammer Käse hat er kreisrunde Löcher, die um bestehende Ruinenteile herum ausgeschnitten sind. Die Aussparungen fügen das Rasenplateau visuell in sein Umfeld ein und verweisen zugleich auf die niederländische Kultur. Die Anmutung eines schwebenden Teppichs wird durch eine auffällige rote Beleuchtung entlang der Kante noch verstärkt. Die Pflege der Anlage beschränkt sich auf Gießen und „den gelegentlichen Einsatz eines Rasenmähers".

■ **1** Schwebendes Rasenplateau zwischen antiken römischen Ruinen. **2** Wonder Holland leuchtet. **3** Die Pflege der Anlage beschränkt sich auf Gießen und „den gelegentlichen Einsatz eines Rasenmähers". **4** Längsschnitt des aufgeständerten Plateaus.

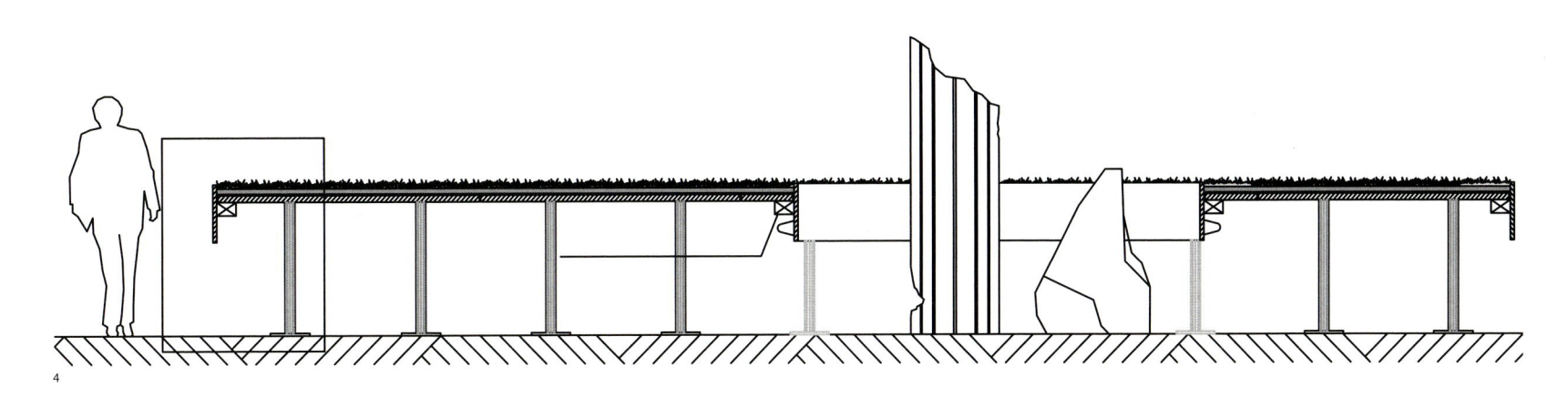

3

4

Schichten // 43

Multifunktionale modulare Oberfläche //
Field Operations

The High Line, Section I, New York City, New York, USA

Für die Umgestaltung eines aufgelassenen Bahngeländes im Westen Manhattans in eine öffentliche Parkanlage mussten die Vorstellungen darüber, wie ein Park funktioniert, neu überdacht werden. Ein Anliegen der Beteiligten war, die Pioniervegetation, die sich auf der Brache angesiedelt hatte, zumindest vom Erscheinungsbild her zu belassen. Berücksichtigt werden mussten zudem die besonderen Nutzungsanforderungen an eine öffentliche Anlage auf höher gelegenem Gelände. Vor diesem Hintergrund präsentierte das Entwurfsteam eine Gestaltung mit einem Maximum an Funktionen im Rahmen des begrenzten, künstlich gestalteten Raums. Kernstück des Entwurfs ist ein Bodenbelag aus Betonwerkelementen, die unterschiedliche Funktionen übernehmen können.

Die Form der Beplankung mit 3,70 m langen und 0,30 m breiten Elementen ist von den Parallelen der noch vorhandenen Trasse inspiriert, sie betont die Linearität und erleichtert ein Wiedereinsetzen von Schienenelementen. Die langen Planken unterscheiden sich deutlich von üblicherweise verwendeten Bodensteinen, sie erinnern an den industriellen Charakter der Anlage und passen gut zu den noch vorhandenen Bahnschwellen. Das System ist auf die Wirkung als einheitliche Oberfläche hin konzipiert, setzt sich aber aus vielen Einzelelementen zusammen, die unterschiedlichste Oberflächengrade – von Nutzflächen (100 % hart) bis hin zu grünen Pflanzbereichen (100 % weich) – abdecken. Spezielle schmale Elemente unterteilen die Pflanzbeete und führen die Anmutung der einheitlichen Oberfläche auch in diesen Bereichen fort – vergleichbar etwa mit einem fein gewebten Teppich. Man entschied sich für Betonfertigteile, da die entsprechenden Gießformen einfach herzustellen sind, Austauschelemente lassen sich schnell fertigen, eine gleich bleibende Qualität kann mühelos erzielt werden und auch der Einbau ist mit Hilfe eines Krans ohne Schwierigkeiten möglich – ein wegen des schmalen Damms der High Line wichtiges Argument. Die Unterkonstruktion des Systems besteht aus in einem Abstand von ca. 1,80 m gesetzten Kniewänden, auf der die Planken aufliegen und in der Waagrechten austariert werden.

UM EINE BRUCHLOS INTEGRIERTE, MULTIFUNKTIONALE SYNTHETISCHE OBERFLÄCHE ZU SCHAFFEN, WURDEN ZEHN UNTERSCHIEDLICHE PLANKENMODULTYPEN ENTWICKELT. Randeinfassungen mit leicht angeschrägtem Profil verhindern ein Stolpern und versehentliches Niedertreten der Pflanzen. Für eine Entwässerung der Oberfläche sind keine Abflussrinnen vorgesehen, statt dessen werden die Betonplanken mit offenen Fugen von etwa 0,6 cm verlegt; Niederschläge sickern auf darunter liegende Drainagematten, die das Wasser in die Beete weiter leiten. In die Beplankung integriert sind zudem Sitzgelegenheiten aus Betonguss, die ohne Bruchkante aus dem Boden heraus gebildet werden und sich zu einer auskragenden Bank entwickeln.

Das Integrieren vielfältigster Funktionen innerhalb einer einheitlichen Oberfläche eröffnet der Gestaltung viele Möglichkeiten, die insbesondere auf die speziellen Rahmenbedingungen des Bahnumfeldes passen. Da das multifunktionale Beplankungssystem auch die bepflanzten Bereiche integriert, entsteht ein einheitliches Aussehen, der Eindruck von Unruhe, der bei so vielen unterschiedlichen Elementen auf derart engem Raum leicht entstehen könnte, wird vermieden. DIE INTEGRATION DER UNTERSCHIEDLICHEN FUNKTIONALEN ELEMENTE VERDICHTET DIE INFRASTRUKTUR DES PARKS UND LÄSST ZUSÄTZLICHEN NUTZUNGS- ODER VEGETATIONSPROFILEN MEHR RAUM OHNE DEN VON DEN BETEILIGTEN GEWOLLTEN „WILDEN LOOK" AUFGEBEN ZU MÜSSEN.

1

2

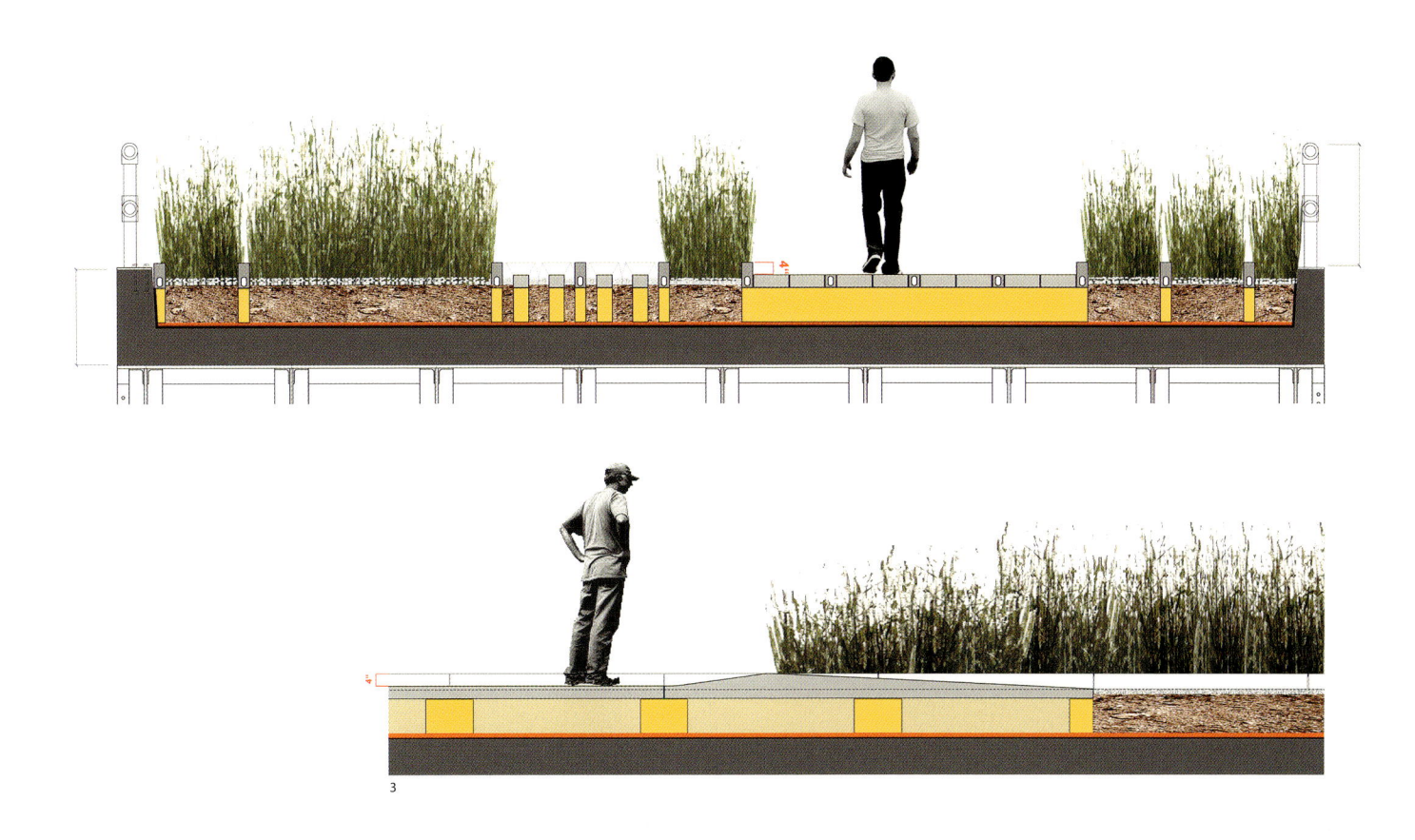

1 Die Beplankung des aufgelassenen Bahndamms fungiert als integriertes multifunktionales System für Bepflanzung, Bewässerung, Bodenpflaster und Sitzmöglichkeiten. **2** Modellstudie. **3** Die offenen Fugen von 0,6 cm Breite sichern Drainage, Speicherung von Oberflächenwasser und Bewässerung der Anlage. **4** Schnitte: Die Sitzbänke wachsen aus dem Boden heraus, ein darunter eingepasstes Stahlgitter sorgt für Halt.

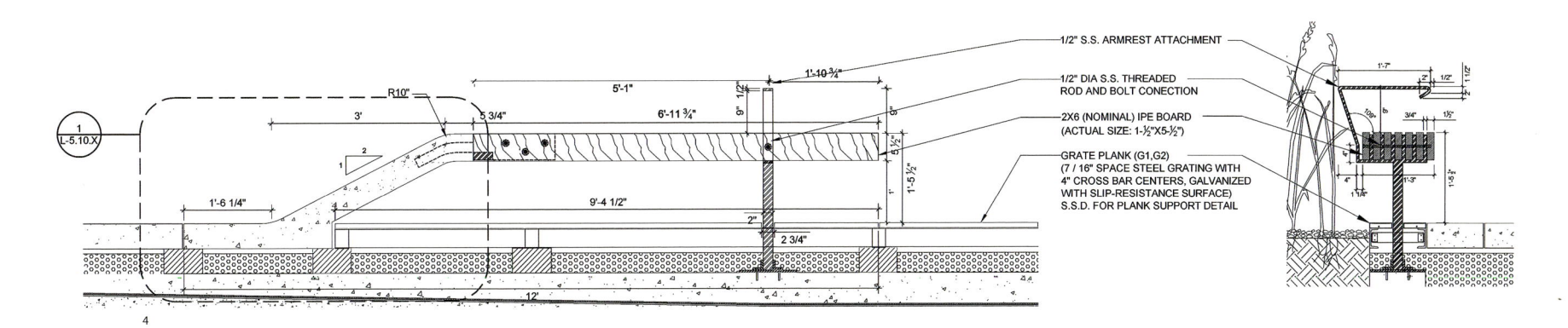

Schichten // 45

STRAIGHT PLANKS

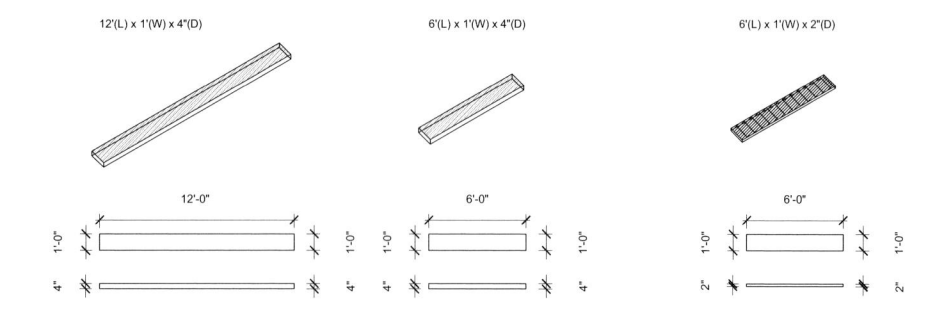

12'(L) x 1'(W) x 4"(D)

6'(L) x 1'(W) x 4"(D)

6'(L) x 1'(W) x 2"(D)

TAPERED PLANKS

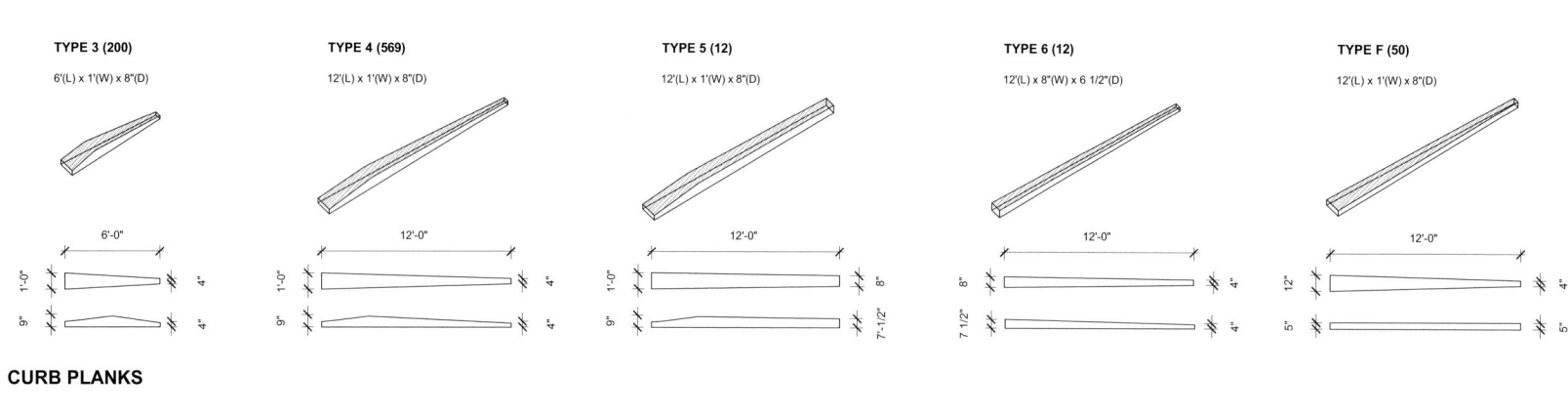

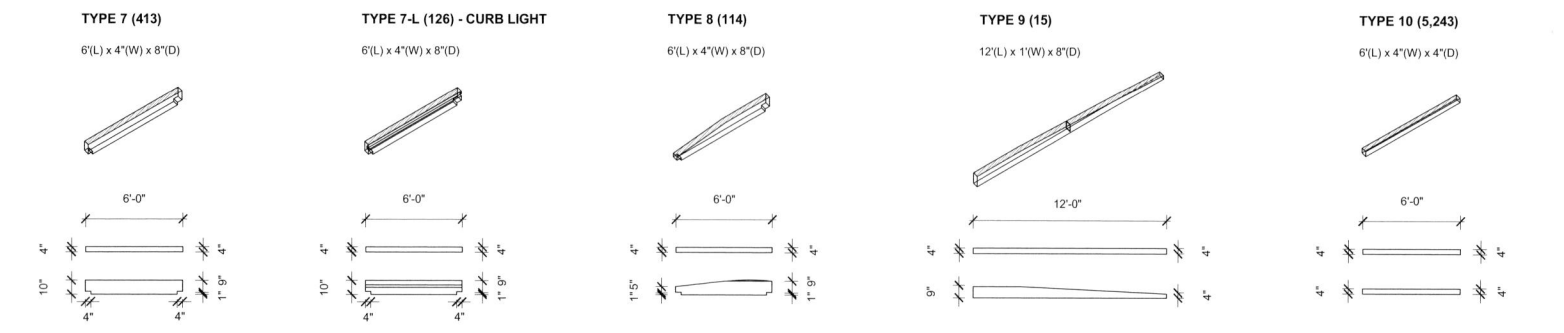

TYPE 3 (200)
6'(L) x 1'(W) x 8"(D)

TYPE 4 (569)
12'(L) x 1'(W) x 8"(D)

TYPE 5 (12)
12'(L) x 1'(W) x 8"(D)

TYPE 6 (12)
12'(L) x 8"(W) x 6 1/2"(D)

TYPE F (50)
12'(L) x 1'(W) x 8"(D)

CURB PLANKS

TYPE 7 (413)
6'(L) x 4"(W) x 8"(D)

TYPE 7-L (126) - CURB LIGHT
6'(L) x 4"(W) x 8"(D)

TYPE 8 (114)
6'(L) x 4"(W) x 8"(D)

TYPE 9 (15)
12'(L) x 1'(W) x 8"(D)

TYPE 10 (5,243)
6'(L) x 4"(W) x 4"(D)

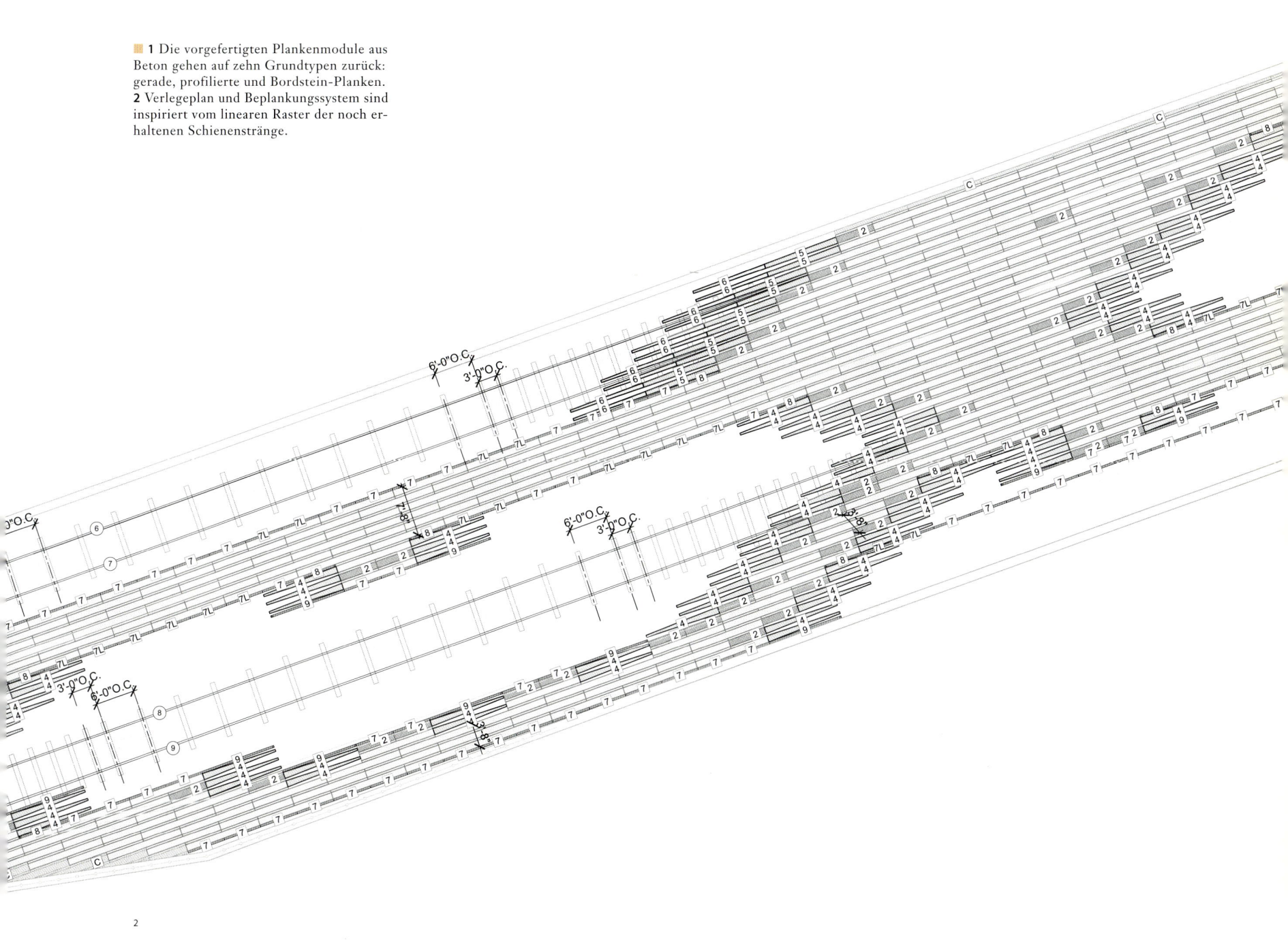

1 Die vorgefertigten Plankenmodule aus Beton gehen auf zehn Grundtypen zurück: gerade, profilierte und Bordstein-Planken.
2 Verlegeplan und Beplankungssystem sind inspiriert vom linearen Raster der noch erhaltenen Schienenstränge.

Elastische Erdhügel //
StoSS Landscape Urbanism

Safe Zone, 7. Internationales Gartenfestival, Reford Gardens, Grand-Métis, Quebec, Kanada

Inmitten des Waldes stülpt sich eine synthetische Haut aus Gummi aus der Laubschicht am Boden heraus. SIE BILDET EINE, WIE DIE LANDSCHAFTSARCHITEKTEN ES NENNEN, „FLÜSSIGE TOPOGRAFIE". ALS HÜGELLANDSCHAFT WURDEN DIE NAHTLOSEN LAGEN DIREKT VOR ORT GEGOSSEN. Die Schichten sind unterschiedlich stark, entsprechend variiert ihre Elastizität, so dass sie mehr oder weniger kräftig nachfedern.

Der Unterbau ist ein Gemisch aus den vor Ort vorhandenen Lehmböden und groben (1,9 cm) sowie feinen Zuschlägen, die zu unterschiedlichen Hügelformen mit Neigungen zwischen 3:1 und 1:1 verdichtet wurden. Klein gemahlener Styrol-Butadien-Kautschuk (SBR) aus Altreifen und Turnschuhsohlen (Korngröße des Granulats 0,25 – 0,3 mm) wurde in einem Mörtelmischer mit einem Polyurethan-Bindemittel (14 % des Kautschukgewichts) vermengt und in Schichten von etwa 2,5 bis 7,5 cm Stärke aufgebracht. Der Kautschuk wurde mit einer Walze ausgerollt, mit Schaufeln festgeklopft und an den Rändern aufgebogen. Diese Kanten dienten als Schalung für das Eingießen der letzten, 2,5 cm starken Lage, einem Granulat-Gemisch aus gelbem Ethylen-Propylen-Dien-Terpolymer (EPDM, 3 mm Korngröße) oder wiederverwerteten, klein gemahlenen Reifenlaufflächen aus SBR (1 – 3 mm) mit Polyurethan-Bindemittel (22 % der Kautschuk-Gewichtsanteile). In die Mulden zwischen den Hügeln wurde loser Kautschukmulch gefüllt, „zum Buddeln oder zum Hineinspringen". Die Kautschukoberfläche ist überall wasserdurchlässig, so dass Niederschläge in das Erdreich darunter durchsickern können.

Der Grad der Elastizität richtet sich nach der Stärke der Kautschukschicht. Entsprechend der Sicherheitsauflagen für Kinderspielplätze ergibt sich die benötigte Materialstärke aus dem Verhältnis zwischen „kritischer Fallhöhe" (von einem Spielgerät) und der Eigendämpfung. Safe Zone von StoSS übernimmt dieses Verhältnis als Ausgangspunkt für die Bestimmung der Materialstärke. WÄHREND KINDER SONST AUF EINER GLEICHMÄSSIG DICKEN AUFLAGE HERUMSPRINGEN, VERÄNDERT SICH HIER DIE MATERIALSTÄRKE ENTSPRECHEND DER TOPOGRAFIE. Der Kautschukauftrag auf der Hügellandschaft weist an den Gipfelpunkten eine geringere Stärke auf und wird zum Grund der Mulden hin immer dicker. Beim Laufen über diese „flüssige Topografie" erzeugen die unterschiedlichen Elastizitäten überraschende Effekte; laut StoSS fühlt es sich an, als würde man in ein kippliges kleines Boot klettern oder auf einer Matratze herumspringen.

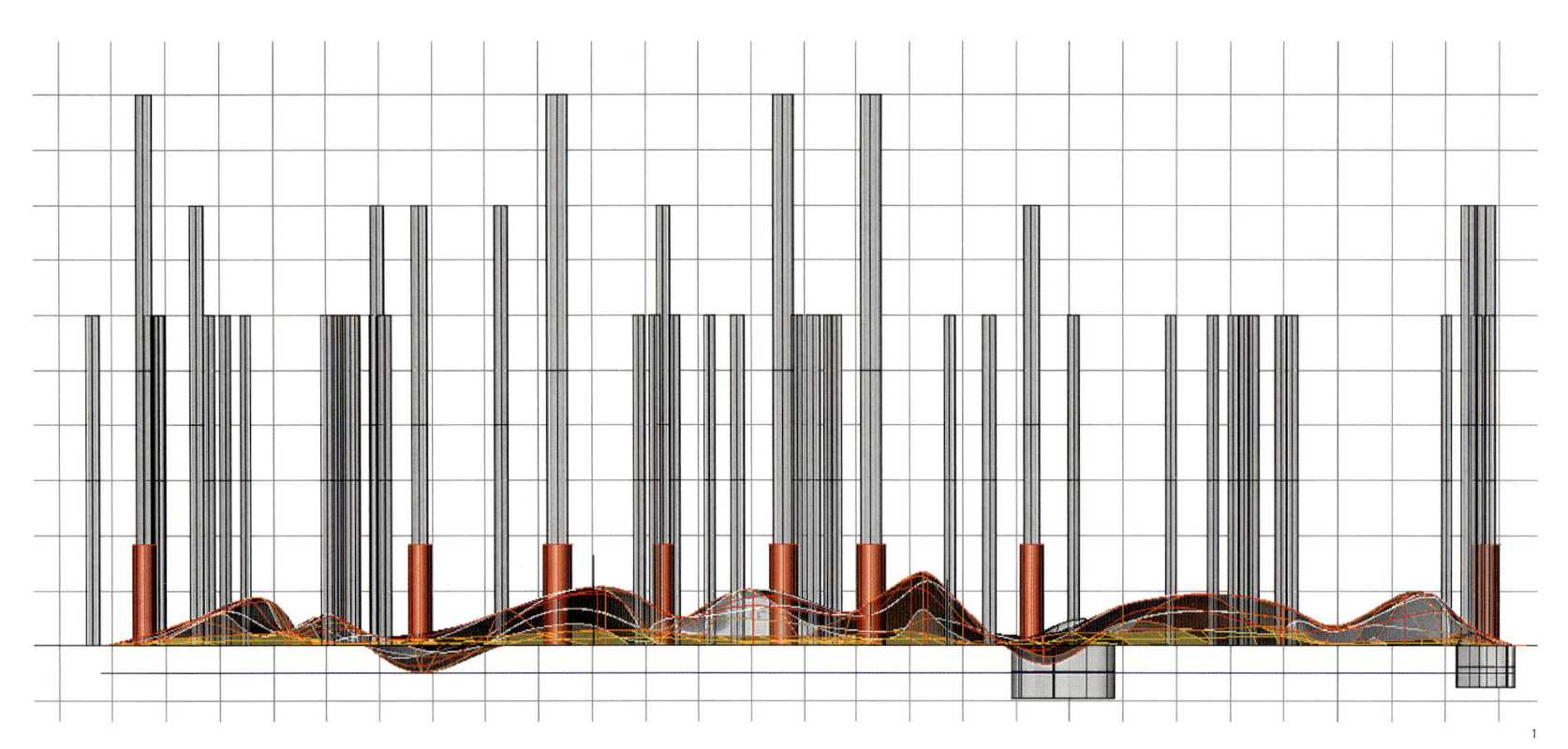

1

1 Die topografische Studie des Geländes kartografiert auch den Baumbestand. **2** Die vor Ort gegossene Kautschukoberfläche stülpt sich im Wald aus dem herabgefallenen Laub.

1 Die Dicke der Schichten variiert, sie sind daher unterschiedlich elastisch und federn mehr oder weniger stark nach. In der Randleiste sind die vergleichbaren kritischen Fallhöhen eingetragen. **2** Schnittansicht: Vor Ort gegossene Kautschuktopografie. **3** Damit das Wasser abfließen kann, sind die Tiefpunkte mit durchlässigem Kautschuk-Mulch gefüllt.

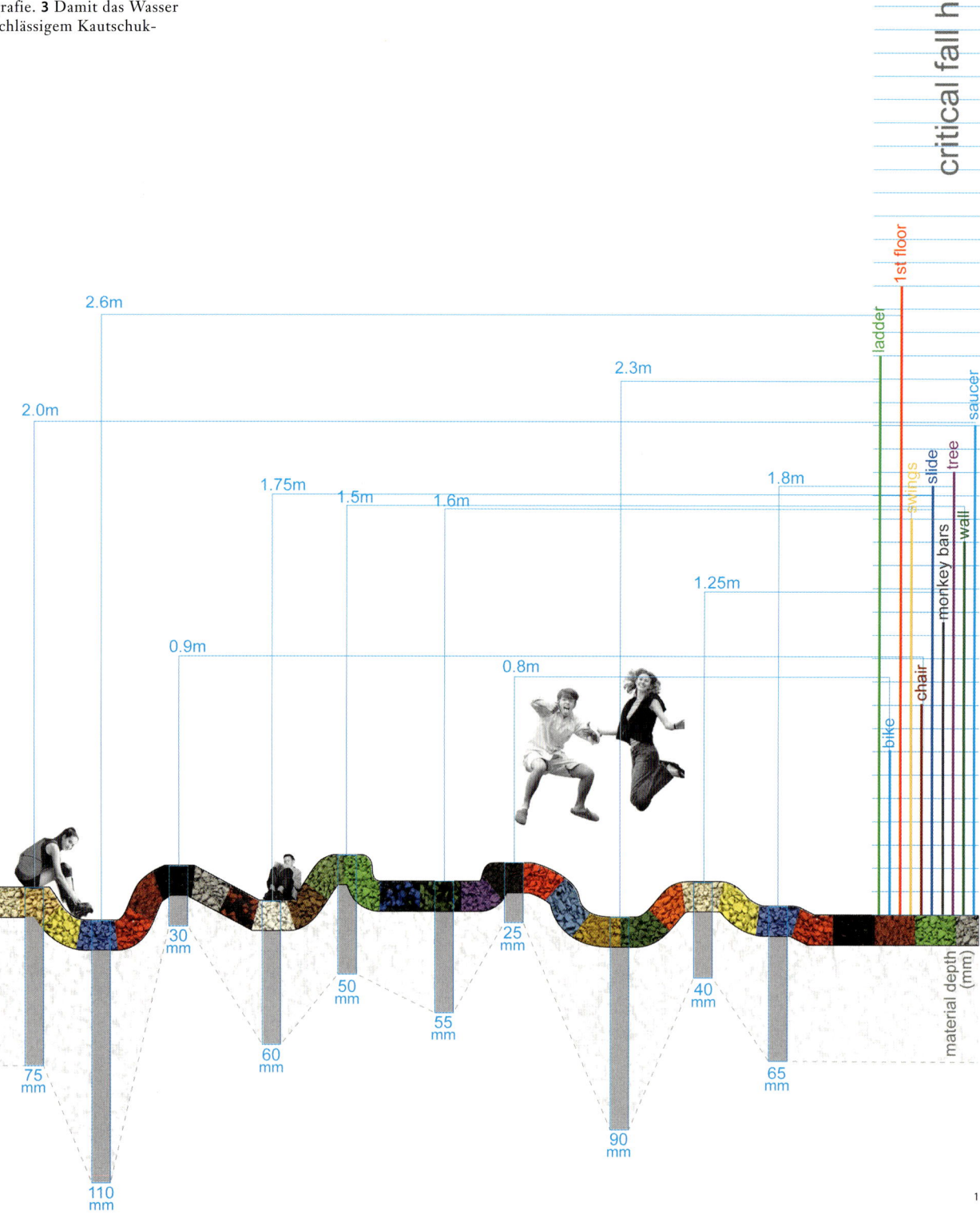

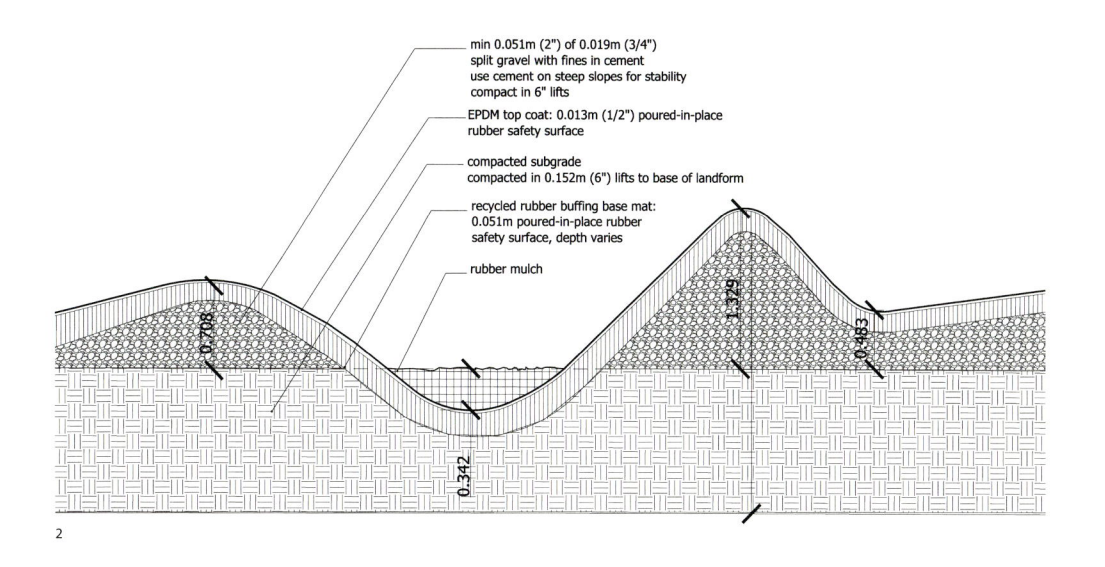

min 0.051m (2") of 0.019m (3/4")
split gravel with fines in cement
use cement on steep slopes for stability
compact in 6" lifts

EPDM top coat: 0.013m (1/2") poured-in-place
rubber safety surface

compacted subgrade
compacted in 0.152m (6") lifts to base of landform

recycled rubber buffing base mat:
0.051m poured-in-place rubber
safety surface, depth varies

rubber mulch

Schichten // 51

Invertierte Ebenen //
PLOT=BIG+JDS

Jugendhaus am Meer, Sundby Havn, Kopenhagen, Dänemark

Um den Aufenthalt auf dem Gelände ohne Kontakt zum verunreinigten Boden zu ermöglichen, überspannt ein hölzernes Bootsdeck das Grundstück. Unter Verwendung einer ansonsten recht konventionellen Baumethode erhielt die Fläche eine interessante Topografie, die expressive Architektur ist Boden und Dach zugleich. Das Deck löst sich vom Boden, schiebt sich über die Gebäude und fällt sacht ins Hafenbecken ab. DANK DER AUSGETÜFTELTEN KONSTRUKTION DES DECKS LASSEN SICH DIE ENTSTANDENEN RÄUME FÜR VIELE UNTERSCHIEDLICHE ZWECKE GLEICHZEITIG NUTZEN. IM ABLAUF EINES TAGES ERLEBT MAN DIE BODENKONSTRUKTION ALS DACH, AUFFAHRT, TREPPE, BODEN, RUTSCHBAHN, AUSSICHTSPLATTFORM, SPIELPLATZ UND ALS BOOTSRAMPE.

Aufgrund von Auflagen, den kontaminierten Boden zu reinigen, sowie der Wünsche zweier Bauherren musste die Konstruktion zwischen vielfältigen Rahmenbedingungen und potenziell konkurrierenden Bauprogrammen vermitteln. Das Jugendhaus wollte eine Sporthalle sowie einen Außenspielbereich für Kinder, hinzu kamen besondere Vorsichtsmaßnahmen wegen der Verunreinigungen. Der Segelclub benötigte eine große Halle für die Boote und eine Rampe, um sie zu Wasser lassen zu können.

Da eine Dekontaminierung des Bodens fast ein Viertel des gesamten Budgets verschlungen hätte, schlugen die Architekten eine Alternative vor: die Errichtung einer Spielfläche mit Holzboden über dem gesamten Gelände (1.600 m²) und den Einbau von Gebäuden und Lagerräumen unter diesem Deck, so dass die gesamte Oberseite Freizeitzwecken dienen könnte. Ein Raster aus senkrechten Stützpfosten hebt das Deck unterschiedlich hoch an, und entsprechend der jeweiligen Nutzungsprofile entstehen Räume darunter oder darüber. Die über die Pfosten verlegten Planken schaffen fließende Übergänge zwischen den einzelnen Bereichen.

Wo der Boden nach oben schwingt, treten die unterschiedlichen Situationen von Oben und Unten an den Tag und zugleich wird zwischen den konfligierenden Ansprüchen an das gemeinsame Innen und Außen vermittelt. Anstatt den verschiedenen Nutzungsprogrammen getrennte Bereiche zuzuweisen, binden Material und Gestaltung verschiedene Funktionen und Anforderungen zusammen und bieten endlose Spielmöglichkeiten.

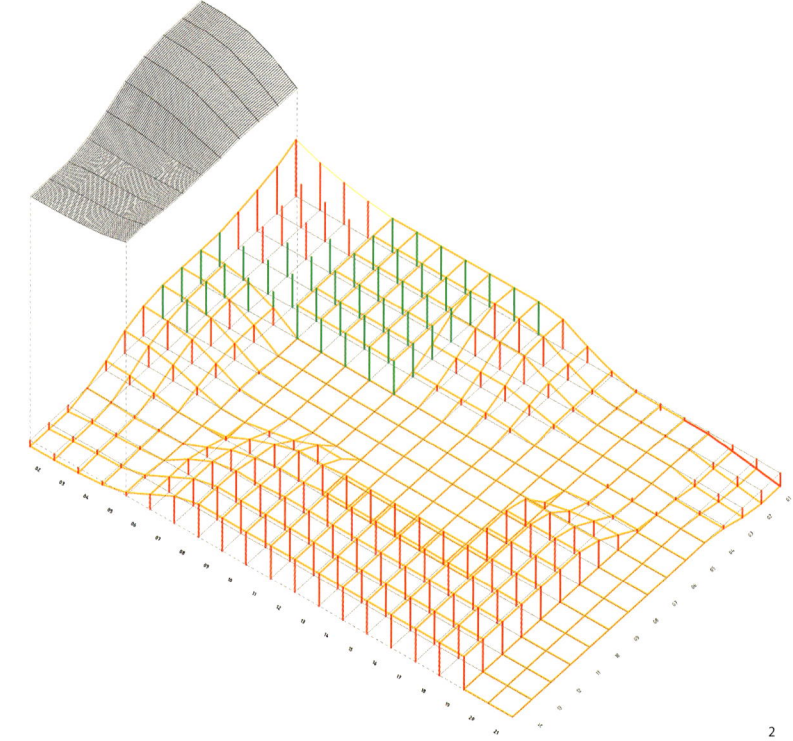

1 Die Ebenen wurden aus Baugrund und Bauprogramm heraus entwickelt. **2** Das dreidimensionale Gerüst der hölzernen Hügellandschaft. **3** Das Oberdeck dient als Dach, Auffahrt, Treppe, Boden, Rutschbahn, Aussichtsplattform, Spielplatz und Bootsrampe. **4** Das Jugendhaus am Meer brauchte eine Sporthalle und einen Außenspielbereich für die Kinder.

54

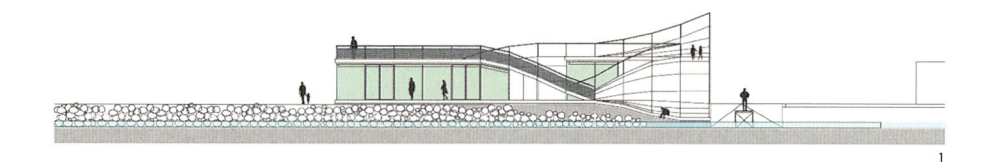

1 Schnitte: Das Spiel-Deck aus Holz legt sich über Gebäude und Bootshaus. **2** Der Deckaufbau löst sich vom Boden, schiebt sich über die Gebäude und fällt dann sacht zum Hafenbecken ab. **3** Mit traditionellen Baumethoden entstand eine hybride Fläche, die Boden und Dach zugleich ist.

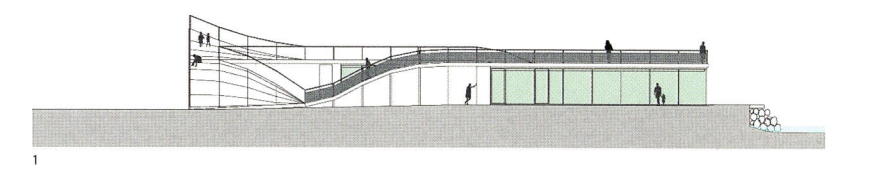

Schichten // 55

Leiten

IN DIESEM KAPITEL GEHT ES UM LANDSCHAFTSSTRUKTUREN, DIE FLEXIBEL AUF DIE SAISONAL BEZIEHUNGSWEISE ZYKLISCH VARIABLEN WASSERMENGEN REAGIEREN UND GESAMTVOLUMEN, PERIODISCHE HOCH- ODER TIEFWASSERSTÄNDE UND ENTSPRECHENDE STRÖMUNGSGESCHWINDIGKEITEN REGULIEREN.

Wasser ist eine sowohl lebenserhaltende als auch zerstörende Kraft. Und: Wasser ist unberechenbar, Niederschläge unterliegen den Wetterzyklen und reichen je nach Jahreszeit von sanftem Nieseln bis zu sintflutartigen Regenfällen, lösen Dürre oder Hochwasser aus.

In diesem Kapitel geht es um Landschaftsstrukturen, die flexibel auf die saisonal beziehungsweise zyklisch variablen Wassermengen reagieren und Gesamtvolumen, periodische Hoch- oder Tiefwasserstände und entsprechende Strömungsgeschwindigkeiten regulieren. Vorgestellt werden Konstruktionen und Materialien, die Wasser speichern, allmähliches Versickern ermöglichen, die Feuchtigkeit langsam wieder abgeben und Fließgeschwindigkeiten verlangsamen können, um Bodenerosion, das Ausschwemmen von Schadstoffen oder Überflutungen wirksam zu verhindern. Zudem werden Strategien des Rückstaus und der Steuerung des Wasserflusses auf ihr Potenzial zur Schaffung von Lebensräumen, Erholungsgebieten und visuellen Bezugspunkten untersucht.

Wasser als Quelle, Medium oder Kreislauf ist in jedem einzelnen Kapitel des vorliegenden Buches Thema: Im Kapitel Schichten geht es um Durchlässigkeit, im fünften Teil Absorbieren um den biologischen Abbau von gelösten Schadstoffen, im Kapitel Übertragen um den Umgang mit Verschmutzungsgraden oder Überflutungsrisiken, und Reflektieren handelt von flüchtigen Aggregatzuständen des Wassers, wie Nebel oder Dunst.

Alle in Leiten vorgestellten Projekte haben etwas mit Spitzenwassermengen bei Starkregenfällen zu tun. Aber jedes Mal geht es um eine andere Form der Fließdynamik, um große und kleine Bereiche, um das Fließverhalten in einem definierten Flussbett oder um Oberflächenwasser auf innerstädtischen Flächen. Die Projekte stehen beispielhaft für unterschiedliche Standortbedingungen und Größenverhältnisse, das Spektrum reicht von der Großstadt bis zum Meeresdelta, vom begrenzten Dachaufbau bis hin zu ganzen Flussabschnitten.

Im städtischen und vorstädtischen Umfeld ist Landschaft meist so angelegt, dass Wasser rasch von gebauten Strukturen abgeleitet wird. Heutige Ansätze verfolgen einen anderen Zugang zu der Dynamik fließenden Wassers. Eine Sorge gilt dem Einleiten von verschmutztem Oberflächenwasser in Gewässer; statt dessen soll das Wasser vor Ort aufgefangen und gereinigt werden. Wenn auch viele Bauvorhaben in dieser Hinsicht die Vorschriften erfüllen, fehlt häufig die landschaftsarchitektonische Gestaltung in der Entwurfsplanung.

Die hier vorgestellten urbanen Projekte eines Starkregenparks und eines Gehwegs mit einer integrierten Reihe von Sickermulden zeigen nachträgliche Eingriffe, die an bestehende, räumlich begrenzte urbane Strukturen und Infrastrukturen angepasst wurden. Der Starkregenpark besteht aus mehreren Bodensenken, die die etwa alle drei Monate vorkommenden starken Regenfälle 72 Stunden lang speichern können und auf diese Weise 90 % der jährlichen Niederschlagsmenge abfangen und filtern. In der Southwest 12th Street wurde in einen bestehenden Gehweg ein serielles Rückhaltesystem für Regenwasser integriert. In das Trottoir eingelassene Sickermulden nehmen 60 % der jährlich fallenden Niederschläge auf, ohne den Auto- und Fußgängerverkehr zu stören, und sind außerdem bepflanzt. Würden derartige Maßnahmen im gesamten städtischen und vorstädtischen Bereich realisiert, hätten sie eine enorme Auswirkung auf die Wasserqualität und könnten Überschwemmungen verhindern. Kombiniert mit Maßnahmen zum Schadstoffabbau (etwa der von Allen P. Davis untersuchten Verwendung von Zeitungspapier zum Herausfiltern von Nitraten in Bioretentionsbecken) kann solche Biofiltration hoch effizient sein.

DIESE KLEINRÄUMIGEN VERFAHREN ZUM SPEICHERN UND LANGSAMEN VERSICKERN VON WASSER HABEN DAS POTENZIAL, DEN DURCH BODENVERSIEGELUNG VERURSACHTEN WEGFALL NATÜRLICHER STRUKTUREN WIE OFFENER ERDKRUME ODER FEUCHTGEBIETE ZU KOMPENSIEREN UND DEREN FUNKTION BEI ÜBERFLUTUNGEN ODER FÜR DEN GRUNDWASSERHAUSHALT ZU ÜBERNEHMEN.

Diese kleinräumigen Verfahren zum Speichern und langsamen Versickern von Wasser haben das Potenzial, den durch Bodenversiegelung verursachten Wegfall natürlicher Strukturen wie offener Erdkrume oder Feuchtgebiete zu kompensieren und deren Funktion bei Überflutungen oder für den Grundwasserhaushalt zu übernehmen. Um solche schwammartig arbeitenden Bereiche in städtischen und vorstädtischen Gebieten wieder aufzubauen, wird unter diesem neuen Blickwinkel das Speichern und Versickern von Wasser auf jedem Grundstück und an jeder Bordsteinkante ins Auge gefasst. Entsprechend entstehen neue Typen von Landschaft – was vor einiger Zeit noch undenkbar war, gehört heute zum allgemein üblichen gestalterischen Vokabular. Das Gründach ist solch ein Beispiel, es entstehen Landschaften auf Gebäuden, die wie Tiefgaragen angelegt werden.

Die Landschaft um die Allianz Arena München ist als extensiver Typus des Gründachs über einer Parkgarage konzipiert. Die Oberfläche aus zweierlei Belägen nimmt das Oberflächenwasser des Daches auf und leitet es zum Versickern in einen Regengarten ab. Während die Fußwege mit nicht durchlässigem Asphalt versiegelt sind, absorbieren die durchlässigen Partien die Niederschläge und bilden grüne Inseln aus.

Deckmaterialien wie ineinander greifende Pflastersteine, Beton, Asphalt und Strukturböden werden heute speziell entwickelt, um Oberflächenwasser ableiten zu können; unterschiedliche Struktur und Materialzusammensetzung ermöglichen Speichern und Versickerung. So gehört zum Landschaftsentwurf für die Allianz Arena ein durchlässiges Asphalt-Lava-Gemisch, das die wasserbindende Wirkung der Oberfläche erhöht und eine Abgabe des Wassers verzögert. Strukturböden enthalten häufig superabsorbierende Polymere (SAP), die zum Teil das 400-fache ihres Gewichts an Feuchtigkeit aufnehmen können, was die Speicherkapazität des Bodens erhöht und das Wasser für die Baumwurzeln über längere Zeiträume hinweg verfügbar hält, da bei einer Austrocknung des Bodens über osmotischen Druck absorbiertes Wasser (plus Dünger) wieder abgegeben wird.

Um zwischen den Extremen von Trockenheit und sporadischen Unwettern zu vermitteln, wurden am Río Besòs in regelmäßigen Abständen Luftkissendämme gesetzt, die das ganze Jahr über im Einsatz sind. Im aufgepumpten Zustand stauen sie das wenige Wasser in regelmäßigen Abständen auf, die Kette hintereinander liegender Becken verhindert ein Trockenfallen des Flusslaufes; sobald ein Unwetter aufzieht, wird die Luft aus den Dämmen abgelassen und die Wassermassen können ungehindert abfließen.

An Flussufern oder im Mündungsbereich der Küsten kann Wasser aufgrund seiner Strömung stark erodierend wirken. In der Fallstudie der Delta In-Channel Islands werden biotechnische Aufbauten für den Wellen- und Überflutungsschutz im Mündungsdelta eingesetzt um die Erosionskraft der vom Meer hereinkommenden Wellen abzuschwächen, mögliche Überflutungen zu regulieren und die Uferstabilität sowie den Deichschutz zu erhöhen.

Am Shop Creek wurden sechs Einlaufbauwerke im Wasserlauf angelegt, um die zerstörerische Energie der Strömung nach Unwettern zu verringern. Die Bauwerke sind wie breite Halbmonde geformt, die die Fließrichtung in sich umkehren und damit die Geschwindigkeit reduzieren. Um die Erosion der Aufbauten zu verhindern, wurde eine Mischung aus undurchlässigem Bodenzement verwendet, der eine feste, schützende Schale bildet. Auch einige der im zweiten Teil des Buches vorgestellten Materialien wie Geotextilien, Fasergemische (BFM) oder Geozellen werden häufig für den Erosionsschutz verwendet, wobei sie außerdem frisch angesiedelten Pflanzen Halt bieten und damit zur langfristigen Befestigung von Flussufern beitragen.

Wegestruktur mit durchlässigen und undurchlässigen Oberflächen //
Vogt Landschaftsarchitekten + Herzog & de Meuron

Allianz Arena, München, Deutschland

Vor jedem Spiel leitet ein Geflecht von Wegen etwa 70.000 Besucher zur Allianz Arena, dem von den Architekten Herzog & de Meuron entworfenen Stadion. Das Wegenetz fasst die Besucher, die an den Bahn- und Bushaltestellen sowie von den Parkplätzen rund um das Stadion ankommen. Zahlreiche Pfade mäandern über das weite Gründach der Parkgarage zum Stadion hinauf.

Vogt Landschaftsarchitekten haben das Gründach als eine durchgängige Fläche entworfen, die in mehrfacher Hinsicht ein kanalisierendes Medium ist: Sie nimmt Besucherströme und Regenwasser gleichermaßen auf.

Der Aufbau des Gründachs besteht aus durchlässigem und undurchlässigem Material, das, um den Eindruck einer nahtlosen Fläche entstehen zu lassen, bündig zueinander verlegt wurde. Die visuell einander sehr ähnlichen Bereiche unterscheiden sich in den Eigenschaften des Belags. Auf den Fuß- und Radwegen ist undurchlässiger Asphalt aufgebracht, während das wasserdurchlässige Lavasubstrat daneben zwar genauso schwarz aussieht, doch hier können Niederschläge einsickern und das gespeicherte Wasser ermöglicht das Wachstum von Pflanzen. IM ERGEBNIS WIRKEN DIE ANGELEGTEN WEGE SO ORGANISCH, ALS SEIEN SIE VON BEWEGUNGSSTRÖMEN WIE SPONTAN ENTSTANDENE TRAMPELPFADE DURCH EINE WEITLÄUFIGE WIESE GEZOGEN WORDEN. Der durchlässige Materialmix besteht aus mit Kompost und Bimsstein gemischter Lava und kann einen Großteil des Oberflächenwassers aufnehmen. Drainagerohre sind in das Substrat eingearbeitet und leiten überschüssiges Wasser an den Rand des Parkdecks, von wo es in einen mit Bäumen bepflanzten Bereich weiterfließt. Aufgrund der begrenzten zulässigen Lasten ist das Dach extensiv und nicht intensiv bepflanzt, die Gesamtstärke der Auflage beträgt durchschnittlich 20 cm. Das Betondach der Tiefgarage wurde gegen Eindringen von Feuchtigkeit abgedichtet und eine 9–15 cm starke Asphalt-Grundlage aufgebracht. Die Deckschicht besteht aus weiteren 3 cm Asphalt, der zur Abriebfestigkeit mit Basalt und Kreidegesteinsplitt bewehrt ist.

DIE DURCHLÄSSIGEN, ABSORBIERENDEN OBERFLÄCHENANTEILE BIETEN EINE GANZE REIHE VON VORTEILEN. DANK DER MÖGLICHKEIT DER WASSERSPEICHERUNG KONNTE KONVENTIONELLE DRAINAGE AUF EIN MINIMUM REDUZIERT WERDEN, WAS ZU KOSTENEINSPARUNGEN FÜHRTE. AUS ÖKOLOGISCHER SICHT POSITIV IST DAS ABPUFFERN VON SPITZENWASSERMENGEN BEI STARKREGEN, WODURCH EIN EINLEITEN VON VERSCHMUTZTEM WASSER IN NAHE GELEGENE BÄCHE UND FLÜSSE VERHINDERT SOWIE DAS HOCHWASSERRISIKO VERRINGERT WERDEN KONNTE. Schließlich sorgt die Nachnutzung der Niederschläge für gutes Pflanzenwachstum und damit zu einer – für die Baufreigabe des innovativen Systems durch die Baubehörde ausschlaggebenden – Reduktion des Wärmeinsel-Effekts.

■ **1** Unterschiedliche Oberflächenbeläge aus durchlässigem und undurchlässigem Asphalt bilden ein ineinander verwobenes Geflecht. **2** Dank der beiden unterschiedlichen Asphaltarten wachsen auf der nahtlosen Fläche auch Pflanzen.

2

1 Die weitläufigen Wege nehmen die an Bahn- und Bushaltestellen oder auf dem darunter liegenden Parkdeck ankommenden Besucher auf. **2** Die 20 cm starke Substratauflage und die Vegetation speichern das Oberflächenwasser des Daches. **3** Überschüssiges Oberflächenwasser versickert im Boden. **4** Die Porosität des Asphaltbelages ermöglicht bei starken Regenfällen ein Ableiten und Speichern des Wassers.

3

4

Leiten // 61

Pneumatische Dämme //
Barcelona Regional Agència Metropolitana de Desenvolupament Urbanístic i d'Infraestructures S.A.

Ökologische Restauration des Río Besòs, Barcelona, Spanien

Charakter und Wassermenge des Río Besòs sind vom mediterranen Niederschlagsmuster bestimmt. Fast das gesamte Jahr über fällt sehr wenig Regen, doch dann verwandeln heftigste Regenfälle das trockene Flussbett in einen reißenden Strom. Die Kraft dieser periodisch auftretenden Schwemme ist erheblich; oft richtet sie Schaden im sonst wenig beanspruchten Flussbett an und führt zu einer weiteren Erosion der kargen Landschaft. Der Charakter der geplanten Parkanlage im Bett des Río Besòs ist im Wesentlichen von diesen extremen Bedingungen geprägt.

Mit Hilfe von pneumatischen Dämmen, mechanischen Einbauten im Flussbett, lassen sich die Auswirkungen solcher Überflutungen abfangen. DIESE UNAUFFÄLLIG IN DIE LANDSCHAFT EINGEBETTETEN DÄMME SIND EXTREM FLEXIBEL, SO DASS DIE PARKANLAGE ALS GANZE AUF DIE SPRUNGHAFTEN VERÄNDERUNGEN DES FLUSSES REAGIEREN, SICH INNERHALB VON MINUTEN ANPASSEN UND DIE FLUTEN BEWÄLTIGEN KANN.

Auf einen Abschnitt des Río Besòs, der durch dicht besiedeltes Gebiet führt, kommen elf Dämme. Bei niedrigem Wasserstand lassen sie eine Kette von jeweils zwischen zwei Staukissen liegenden Becken entstehen. Über ein ferngesteuertes zentrales Kontrollsystem werden die pneumatischen Dämme so reguliert, dass die Wassermenge in den Becken und der Wasserdurchfluss auch bei großer Trockenheit ausgewogen sind. So erhalten die Dämme in diesem Abschnitt, bevor sich das Flussbett weitet, die Fließeigenschaften des Flusses.

Mit den Staustufen wird zugleich der parkähnliche Charakter der Flussufer gestützt, da sich niedrige Wasserstände zumindest visuell ausgleichen lassen. Dank der in Abständen von 400 m gesetzten Dämme entsteht ein scheinbar durchgehendes Wasserband von 44 m Breite und 4 km Länge. Dieses flexible Regulativ prägt die Parkanlage, die sonst durch die seltene Situation bei Hochwasser bestimmt würde. Wegen der Spitzenwassermengen beschränkt sich die Landschaftsgestaltung im erweiterten Flussbereich auf eine schlichte befestigte Grasnarbe und niedrige Bodendecker, die Randbegrenzungen bilden hohe Betonmauern.

Die Staudämme sind zylindrische Gummikissen, die aus einer Reihe von Pumpstationen im Flussbett mit Druckluft gefüllt werden können. Innerhalb von 20 Minuten erreichen die Kissen bei einem Druck von zwei Atmosphären eine Höhe von 1,34 m. 80 % der Luft ist nach nur zwei Minuten wieder abgelassen, nach insgesamt 15 Minuten sind die Kissen vollständig leer. DIE FUNDAMENTE FÜR DIE VERANKERUNG WURDEN 14 CM TIEF IN DAS FLUSSBETT EINGEPASST; SOLANGE SIE NICHT AUFGEPUMPT SIND, LIEGEN DIE DÄMME UND DER GESAMTE MECHANISMUS GÄNZLICH FLACH IM FLUSSBETT, SO DASS WASSER UND SCHWEMMGUT UNGEHINDERT ABFLIESSEN.

Bei hohen Pegelständen werden die Kissen – beginnend bei dem am weitesten flussabwärts stehenden Damm – nacheinander entleert; damit wird verhindert, dass die entstehende Scheitelwelle einen der nachfolgenden Dämme beschädigt. Sind alle Dämme leer, entsteht ein tieferer Flussquerschnitt, der das Wasser eines Unwetters aufnehmen kann.

1

1

1 In trockenen Zeiten stauen die aufgepumpten Dämme das Wasser. Wird die Luft abgelassen, kann der Fluss binnen Minuten auf Hochwasser reagieren. **2** Im Abstand von 400 m gesetzte Dämme schaffen ein scheinbar durchgehendes Wasserband von 44 m Breite und einer Länge von mehr als 4 km. **3** Elf Dämme liegen in diesem Abschnitt des Río Besòs, der durch dicht besiedeltes Gebiet fließt. **4** Detail pneumatischer Damm und Fundament.

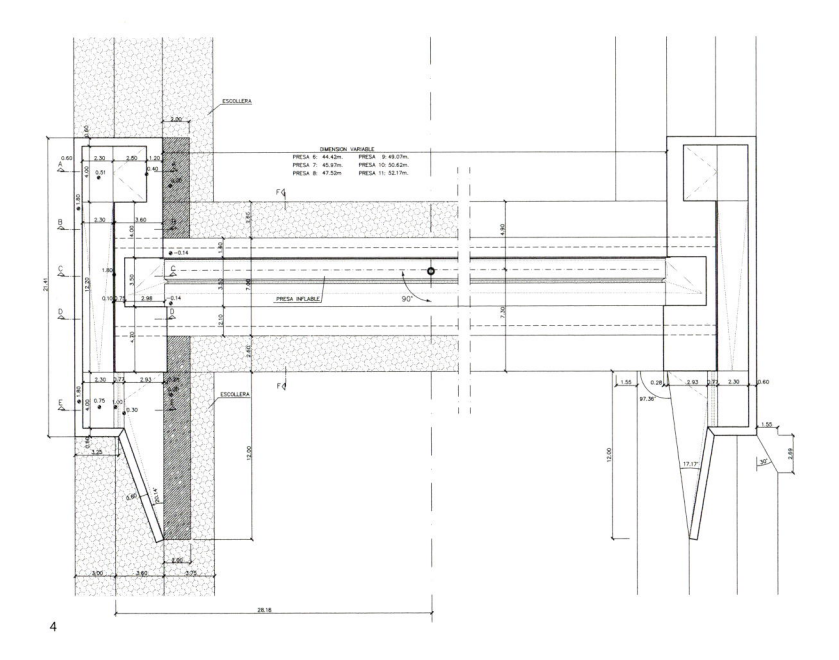

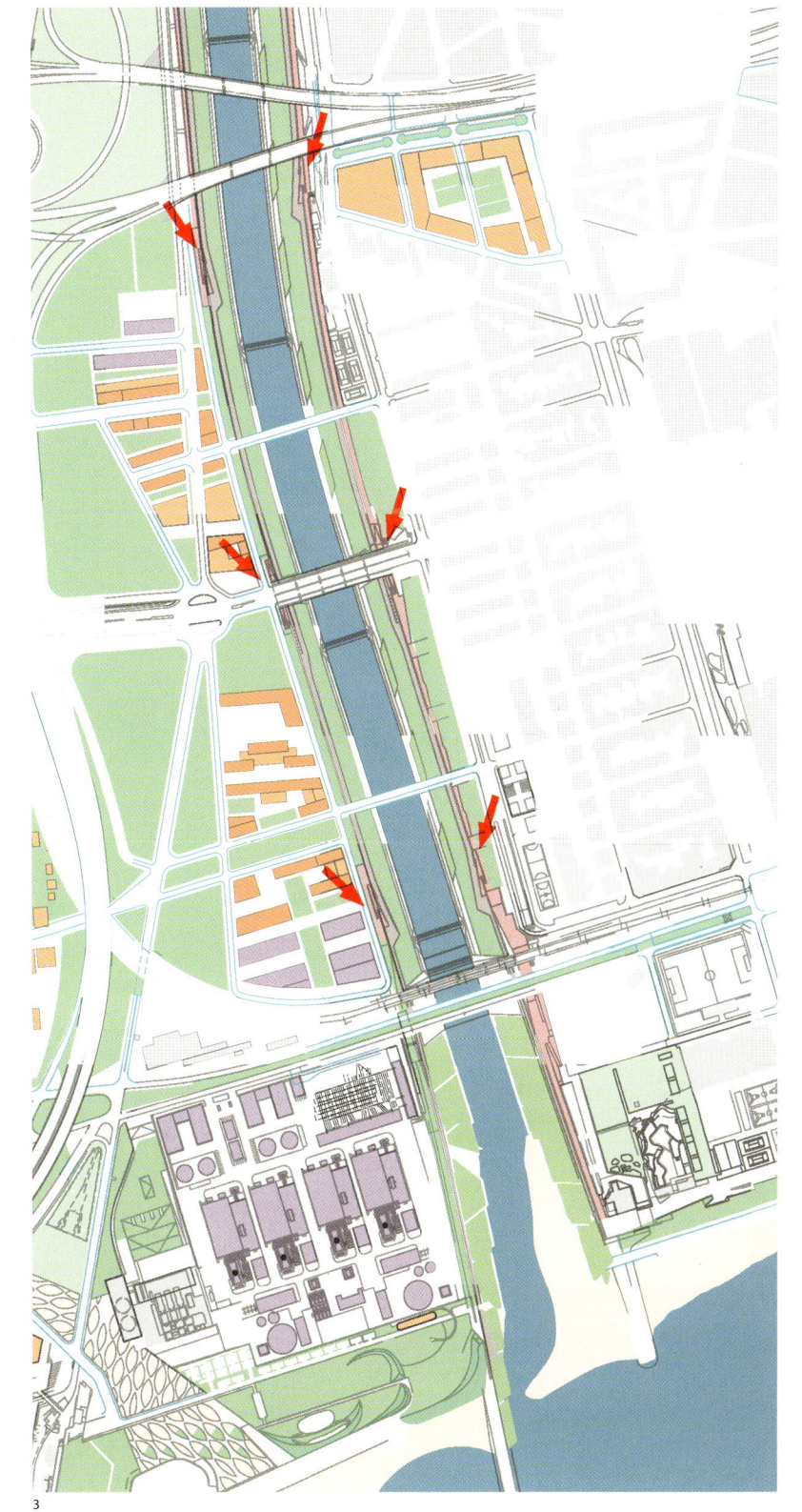

Starkregenpark //
Landworks Studio, Inc.

Sanierung Kraftwerk Blackstone, Harvard University,
Cambridge, Massachusetts, USA

Das Sanierungsprojekt des Kraftwerks wurde in einer ökologischen Initiative der Harvard-Universität als Prototyp für nachhaltige Lösungen entwickelt. Hierfür formten die Landschaftsarchitekten von Landworks Studio, Inc. ein 0,8 ha großes Gelände in einen „Stormwater Garden" um, eine als Garten gestaltete Sickerfläche, die das Oberflächenwasser des angrenzenden Parkplatzes aufnimmt und reinigt. Das Wasser von starken Regenfällen, wie sie etwa alle drei Monate angenommen werden, kann bis zu 72 Stunden lang zurückgehalten werden. 90 % der jährlichen Regenmenge werden hier gesammelt und geklärt, so dass kein verunreinigtes Oberflächenwasser oder aus der Kanalisation austretendes Schmutzwasser in die Flüsse der Umgebung gelangt.

DER ENTWURF FASSTE DEN STORMWATER GARDEN ALS SKULPTUR AUF. DIE BEWEGUNG VON WASSER WIRD IN EIN LANDSCHAFTLICHES RELIEF ÜBERTRAGEN UND „DIESES GELÄNDERELIEF ALS POSITIV- ODER NEGATIVFORM" LENKT DEN FLUSS DES WASSERS VON DEN HOCHPUNKTEN ZU DEN TIEFER GELEGENEN SAMMELBECKEN. Der Garten besteht aus zwei getrennten Teilstücken. Im Albro Courtyard, dem Negativrelief, wird das Oberflächenwasser des angrenzenden Parkplatzes in den Senken gesammelt und gereinigt. Der Aushub des Albro Courtyard wurde für die Gestaltung der Positivform des Blackstone Common Courtyard verwendet. Da das zu überplanende Gelände am Charles River liegt, setzt sich der vorhandene Boden aus Schwemmland und maritimen Sedimenten zusammen. Wegen des sehr hohen Tonanteils von mehr als 65 % im feinen Schwemmsand eignet er sich nicht für Bepflanzungen, die maximal 27 % zulassen. Beimischungen zur Bodenverbesserung oder Abfuhr wären zu teuer gewesen. Statt dessen sieht der Entwurf die Verwendung des Tons als Modellageunterbau für die Hügellandschaft im Common Courtyard vor; das undurchlässige Material leitet das Wasser zu den tiefer gelegenen Sammelpunkten. Für mit Bäumen bepflanzte Bereiche wurde über den Ton eine gut 15 cm starke Lage aus grobem Sand zur Aufnahme überschüssigen Wassers aufgebracht; darauf liegt eine gut 60 cm dicke Erdschicht und schließlich eine 15 cm dicke Lage Mutterboden. Wo Gräser und Büsche stehen, genügt eine etwa 20 cm starke Lage Pflanzerde direkt auf dem Tonunterbau.

Zur Bodendeckung wurde eine Saatfertigmischung aus sechs unterschiedlichen Schwingelarten angesät; dieses Gras benötigt nur einen Schnitt jährlich („No Mow Fescue") und wird maximal 20 bis 25 cm hoch. Ergänzend wurden Hornklee (*Lotus*), Rutenhirse („Präriegras", *Panicum virgatum*) und Rasenschmiele (*Deschampsia cespitosa*) hinzugefügt. Winterschneeball (*Viburnum farreri*) und Weißer Hartriegel (*Cornus alba*) bilden die mittelhohe Bepflanzung, während Rotahorn (*Acer rubrum*), Schwarzbirke (*Betula lenta*), amerikanische Gleditschie (*Gleditsia triacanthos*) und Scharlacheiche (*Quercus coccinea*) die Hochpunkte des Geländes markieren.

Das lang gestreckte Rückhaltebecken (30,50 x 9,10 m) im Albro Courtyard liegt etwa 0,90 m tiefer als das umgebende Gelände und kann eine Niederschlagsmenge von 2,5 – 3,2 cm Oberflächenwasser für maximal 72 Stunden aufnehmen. Dafür wurde auf ein Sandbett (30 cm) eine 1,20 m starke Lage eines speziellen Bodengemischs gefüllt und dünn mit Mulch (7,6 cm) abgedeckt. Die massive Lage Erde ermöglicht Absetzen, Filtern, Adsorption und mikrobielle Zersetzung; Schadstoffe werden entfernt, bevor sich das Wasser in der Dränschicht (in Split eingebettete perforierte Rohre) am Beckenboden sammelt.

Ein kleiner, mit Split gefüllter Graben entlang der Parkplatzkante verlangsamt die Fließgeschwindigkeit des Wassers und hält größere Partikel zurück. Die sekundäre Reinigung durch langsame Versickerung und Schadstoffaufnahme durch die Pflanzen erhöht die Reinigungswirkung des Systems zusätzlich.

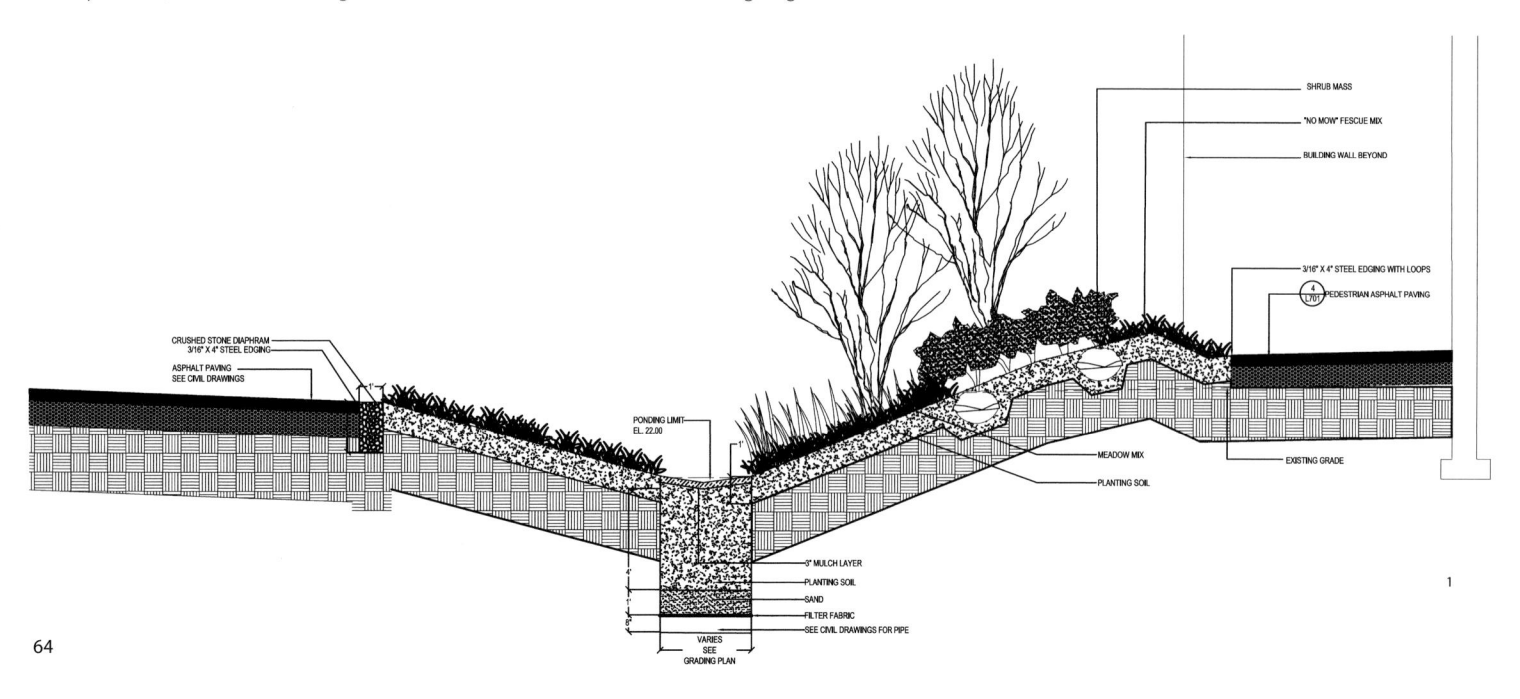

1 Über einer Lehmschicht wurde eine 30 cm starke Lage eines speziellen Bodengemischs aufgebracht. Der undurchlässige Lehmboden leitet das Oberflächenwasser zu den in den Senken eingelassenen Abläufen. **2** Höhenentwicklung von Geländeform und Senken mit natürlicher Wasserführung.

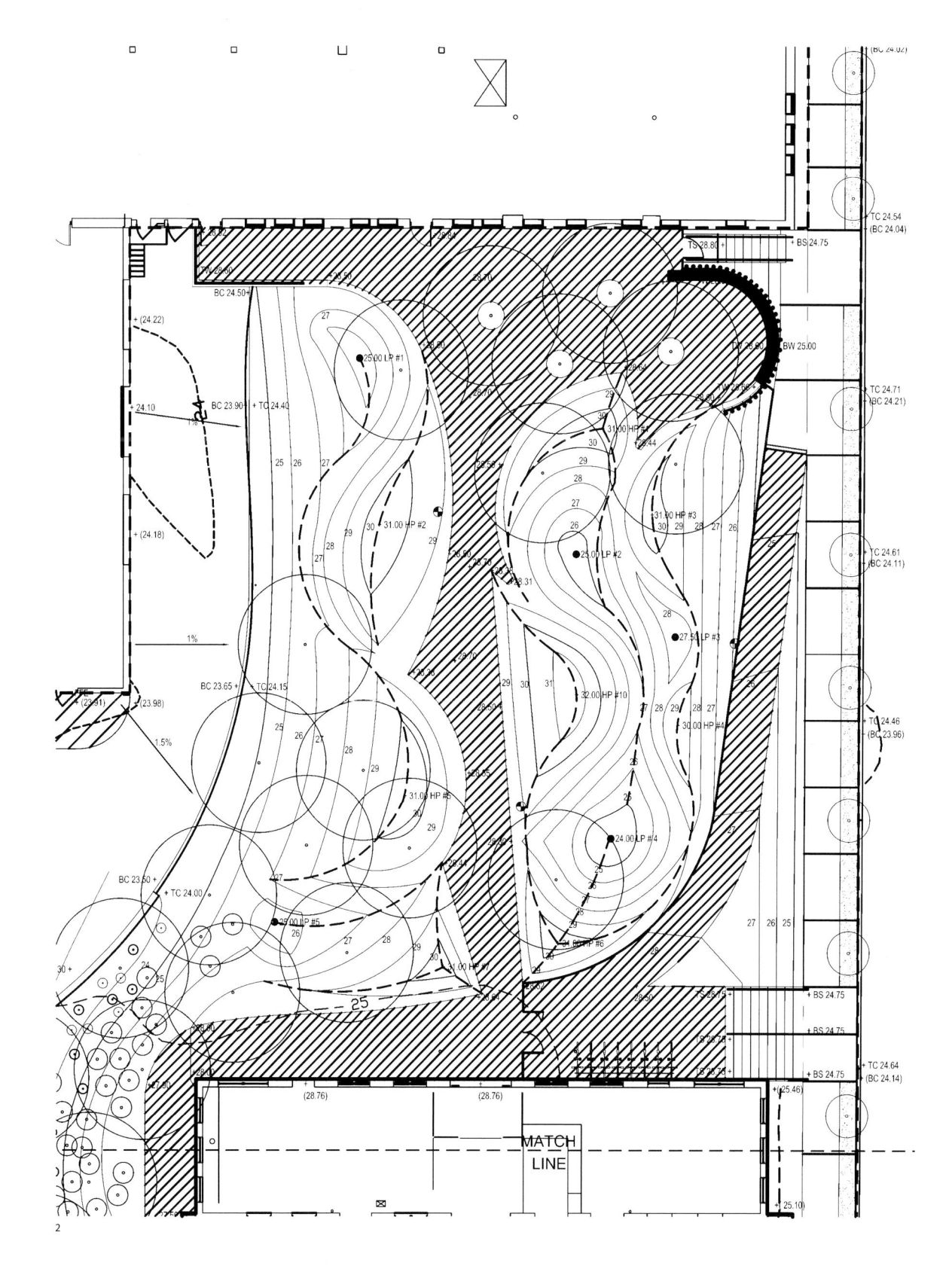

1 Vorhandener Lehm diente als Unterbau für die Hügelformation. **2** Eine Saatmischung aus sechs unterschiedlichen pflegeleichten Schwingelarten deckt den Boden. **3** Der Blackstone Common Courtyard. **4** Geländeschnitt: Aufbau des Bodenprofils und Bepflanzung. **5** Albro Courtyard mit Senke.

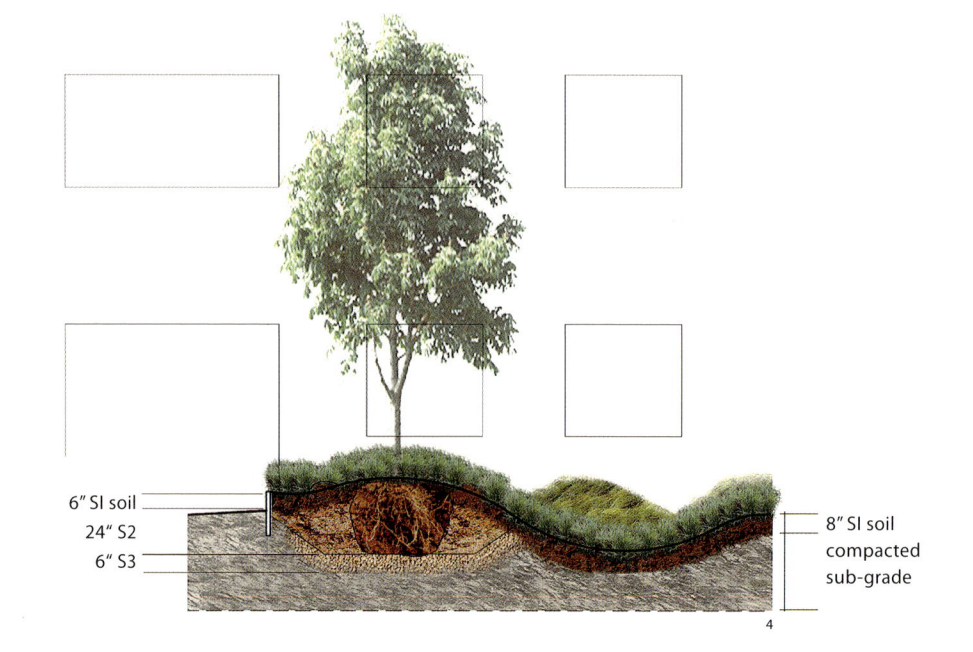

5

Einlaufbauwerke zur Reinigung von Oberflächenwasser //
Wenk Associates, Inc. + Mueller Engineering, Inc. + Black & Veatch

Shop Creek, Aurora, Colorado, USA

Als Folge vorstädtischer Expansion verschmutzte der Shop Creek das Cherry Creek Reservoir, ein wichtiges Naherholungsgebiet der Gegend. Phosphate, die sich bei Regen im Oberflächenwasser anreicherten, wurden vom Bach mitgeführt und verursachten Algenwucherungen im Stausee. Die Folge war der Zusammenbruch des Ökosystems, wodurch das Gebiet seinen Wert für die Naherholung verlor. Die Ufer des Shop Creek selbst wurden durch das erhöhte Wasseraufkommen ausgeschwemmt; ein tiefer Canyon mit minderwertiger Wasserqualität schnitt durch die verödete Ebene, ökologisch wertlos und ebenfalls ohne Nutzen für die Naherholung.

Das Entwurfsteam stellte eine Halbierung der Phosphateinträge in Aussicht, indem ein ungewöhnlich redundantes System das Oberflächenwasser zunächst in einem Teich sammeln und dann in ein Feuchtgebiet einleiten sollte.

Bei starken Regenfällen wird der größte Anteil an Phosphaten im höher gelegenen Teich herausgefiltert; im ruhigen Wasser setzen sie sich ab und werden mit weiteren Schadstoffen vom Sedimentboden absorbiert. Verbliebene Schadstoffe nehmen Rohrkolben *(Typha spp.)* und Weiden *(Salix spp.)* des anschließenden Feuchtgebietes auf und reinigen zusätzlich das aus dem Teich abfließende Wasser. Bei trockenem Wetter gleicht das Feuchtgebiet die leicht erhöhte Abgabe von Schadstoffen aus dem Teich aus und reduziert den Sauerstoffbedarf sowie die Konzentration an organischem Stickstoff, Eisen und Schwebstoffen im abfließenden Wasser.

DAS SYSTEM AUS TEICH UND FEUCHTGEBIET WIRD DURCH SECHS EINLAUFBAUWERKE ERGÄNZT, DIE IN DIE STEILUFER DES CREEK EINGEPASST SIND. DIE BAUTEN SIND ENERGIEWANDLER UND FUNGIEREN ALS STRÖMUNGSBREMSE. SIE HABEN DIE FORM EINES BREITEN HALBMONDES UND KEHREN DIE NACH NIEDERSCHLAGSPERIODEN STARKE STRÖMUNG GEGEN SICH SELBST. AUF DIESE WEISE VERLANGSAMEN SIE DIE FLIESSGESCHWINDIGKEIT. Eine zusätzliche Verlangsamung wird durch die Stufen in den Bauten bewirkt. Die Kombination von Teich und Überfallbauwerk verringert die Durchflussrate des Wassers auf 0,09 m/sec bei Starkregen und auf 0,09 m/sec bei leichtem Niederschlag.

MATERIAL UND ANLAGE DER EINLAUFBAUWERKE FÜGEN SICH IN DIE NATÜRLICHE UMGEBUNG DER EBENE EIN. VORHANDENER SAND UND ERDE WURDEN MIT PORTLANDZEMENT GEMISCHT UND ZU GROSSEN, HALBMONDFÖRMIGEN ROLLEN GEFORMT. Daraus baute man große Stufen um die 2,40 Höhenmeter im Flussbett zu überwinden. Am Fuß der Einlaufbauwerke kann sich in einer flachen Erdzement-Wanne neuer Boden absetzen und zur Ansiedelung von Pflanzen beitragen.

Im Gegensatz zu üblichen Bodenvermörtelungen bleiben die Kanten der Halbkreiselemente hier unbehandelt. Sie wirken damit wie eine Abstraktion natürlicher Felsvorsprünge; noch verstärkt wird dieser Eindruck durch die natürliche Erosion der Oberflächen, auf denen sich allmählich die Spuren des fließenden Wasser abzeichnen. Das Material wurde für Druckstärken von bis zu 400 psi (2,76 Mpa) getestet und hält damit den Kräften des Wassers im Fluss gut stand.

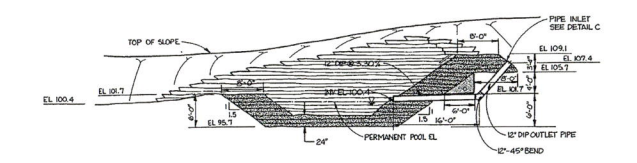

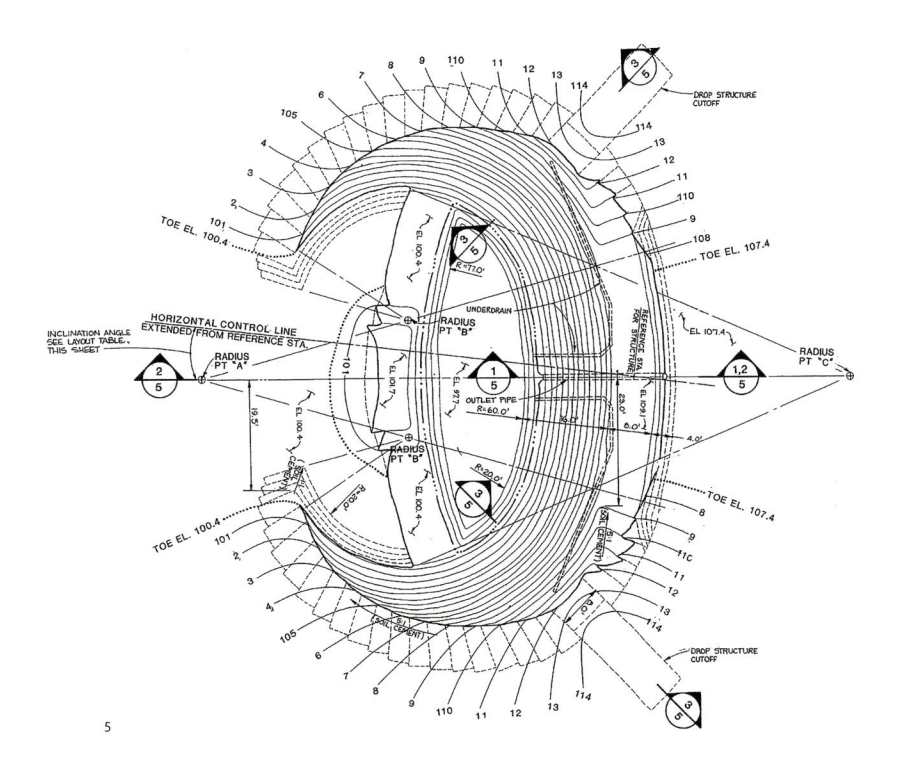

1 Sechs in den Fluss integrierte Einlaufbauwerke. 2 Sand und Boden vom Standort werden mit Portlandzement vermischt und zu getreppten Halbmonden geschichtet. Die Stufen erhöhen die Gesamtoberfläche. 3 Erosion des Uferbereichs vor Beginn der Maßnahmen. 4 Situation in Feuchtperioden. 5 Schnitt und Grundriss Einlaufbauwerk. Der breite, halbmondförmige Grundriss dient zur Energiedissipation. 6 Situation in trockenen Perioden.

Gehweg mit integrierter Reihe von Sickermulden //
Portland Bureau of Environmental Services

Southwest 12th Avenue Green Street Project, Portland, Oregon, USA

Das System verteilt das abfließende Oberflächenwasser der Straße auf eine Reihe bepflanzter Sickermulden. Dadurch kann es große Mengen Oberflächenwasser bewältigen, ohne mit der bestehenden Nutzung der Straße in Konflikt zu kommen. Der neue Straßenabschnitt wurde gemäß der amerikanischen Anforderungen behindertengerecht ausgebaut und ersetzt den typischen Grünstreifen parallel zu den Gehwegen. Zur Umsetzung genügt ein 2,40 m breiter Streifen.

Das System mit integrierten Pflanzmulden soll 60 % des Oberflächenwassers von jährlich insgesamt 820 m³ der verkehrsberuhigten sechsspurigen Straße mit Parkstreifen aufnehmen. Die Niederschläge der 745 m² großen Straßenfläche fließen entlang des bestehenden Rinnsteins bis zur ersten von vier 1,20 x 5,20 m großen Sickermulden (Gesamtfläche der Mulden etwa 25 m²). Der Regen strömt durch einen etwa 30 cm breiten Zulauf im Rinnstein in das erste Becken, das etwa 15 cm Wasser aufnehmen kann. Sobald diese Höhe erreicht ist, fließt das überschüssige Wasser durch einen Überlauf zurück in den Rinnstein und entlang der Straße zur nächsten Sickermulde. Ist die Aufnahmekapazität aller Sickerbecken erschöpft, wird das restliche Oberflächenwasser in die Kanalisation abgeleitet. Laut Schätzungen sind nach einer Stunde etwa zwei Drittel der im Becken stehenden Niederschlagsmenge (10 cm/h) vom Boden aufgenommen.

Die Sickermulden wurden 23 cm tief unter die Ebene des Gehwegs ausgehoben und mit Mutterboden verfüllt, dem man ein Gemisch aus Sand, Kompost und gereinigtem Lehm in gleichen Teilen zusetzte. Heimische Binsengewächse wurden in Querreihen im Abstand von 45 cm eingesetzt um Laub und eingeschwemmte Abfälle mit einer Harke entfernen zu können. Bei Regen verlangsamen Binsen (Juncus patens) mit ihrer rauen Oberfläche die Fließgeschwindigkeit des Wassers in den Becken und filtern Schadstoffe heraus. Die tief verwurzelten Binsen nehmen zusätzlich Wasser auf, überstehen aber auch die trockenen Sommermonate gut. Auch die in der Mitte der Mulden gesetzten Nymphenbäume *(Nyssa sylvatica)* vertragen den Wechsel von Regen- und Trockenperioden und entwickeln im Herbst eine beeindruckende Farbenpracht.

Die Anlage wird in regelmäßigen Abständen von eingeschwemmten Verschmutzungen gereinigt. Seit dem Einbau im Juli 2005 wurde die erste Mulde zweimonatlich gesäubert, während dies bei den anderen im ersten Jahr nicht notwendig war. Eine Lage Feinkies direkt unter der Sedimentlage zeigt an, wie weit abgegraben werden soll.

Die größte Herausforderung bei der Gestaltung von „grünen" Straßen besteht meist darin, den unterschiedlichen Nutzungen von Gehweg, Parkstreifen und Straße zugleich gerecht werden zu sollen. DURCH DAS RÜCKHALTEN DES WASSERS IN EINEM GESTUFTEN SYSTEM KONNTEN DIE SICKERMULDEN SEHR KOMPAKT GEHALTEN WERDEN, UND ES BLEIBT MEHR RAUM FÜR FUSSGÄNGER, STELLPLÄTZE, GÄRTNERISCHE GESTALTUNG, STRASSENBELEUCHTUNG UND BESCHILDERUNG.

Da die offenen, leicht abgesenkten Bassins nicht begehbar sind, ist ein 0,90 m breiter Zugang zu den am Straßenrand parkenden Autos notwendig. 10 cm hohe Kantsteine und das Pflaster signalisieren eine klare Abgrenzung zum Gehweg. Behindertengerechte Abdeckroste über den Zu- und Abläufen im Rinnstein sorgen für sicheren Zugang zur Straße hin.

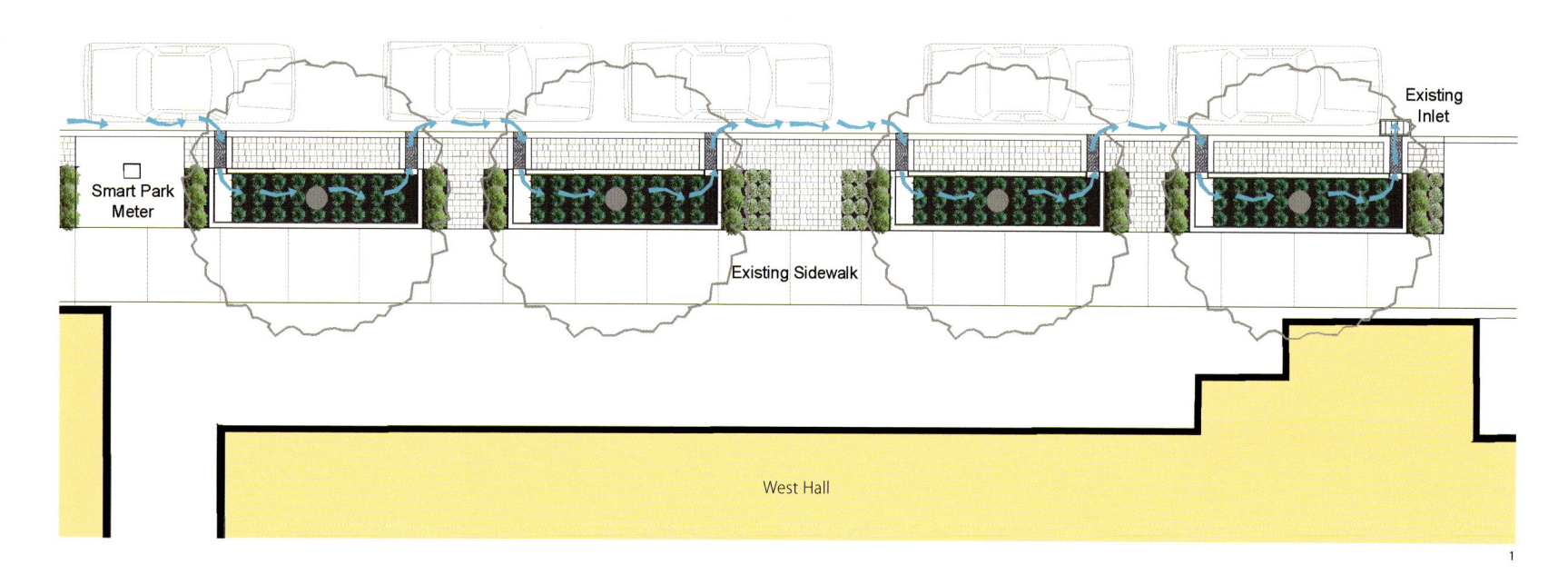

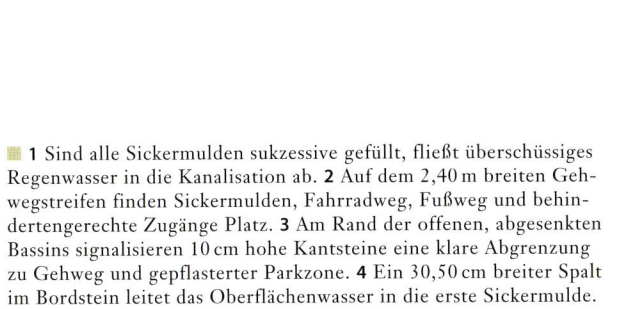

1 Sind alle Sickermulden sukzessive gefüllt, fließt überschüssiges Regenwasser in die Kanalisation ab. **2** Auf dem 2,40 m breiten Gehwegstreifen finden Sickermulden, Fahrradweg, Fußweg und behindertengerechte Zugänge Platz. **3** Am Rand der offenen, abgesenkten Bassins signalisieren 10 cm hohe Kantsteine eine klare Abgrenzung zu Gehweg und gepflasterter Parkzone. **4** Ein 30,50 cm breiter Spalt im Bordstein leitet das Oberflächenwasser in die erste Sickermulde.

Biotechnischer Wellen- und Erosionsschutz //
MBK Engineers + Kjeldsen Biological Consulting + LSA Associates, Inc.

Delta In-Channel Islands, Sacramento-San Joaquin River, San Francisco Bay, Kalifornien, USA

Angesichts der Flutkatastrophe während des Hurrikans Katrina und eines Dammbruchs beim Upper Jones Tract von 2004, in dessen Folge mehr als 4 ha Land im Delta des Sacramento-San Joaquin River überflutet wurden, verstärkte der US-Bundesstaat Kalifornien seine Anstrengungen zum Schutz der Dämme und Deiche. Das Programm zielte auf eine Befestigung der Kanalinseln des Flussdeltas um die dahinter gelegenen Dämme und Deiche vor Erosion zu schützen. Diese Inseln sind Überbleibsel des ursprünglichen mit Platterbsen bewachsenen Marschlandes und waren nach dem Ausbaggern einer Fahrrinne und dem Deichbau stehen geblieben. Erosion durch Wind, die starke Strömung im Kanal und die Kielwellen der Schiffe zerstören die Inseln sehr schnell, so dass sie nicht mehr den notwendigen Schutz für die Deiche bieten und auch die dort ansässigen Tierarten ihre gezeitenabhängigen Rückzugsgebiete verlieren.

EIN PILOTPROJEKT PRÜFTE DIE WIRKSAMKEIT VON BIOTECHNISCHEN ANLAGEN FÜR DEN WELLEN- UND EROSIONSSCHUTZ SOWIE DIE MÖGLICHKEIT DES EINSATZES VON PREISGÜNSTIGEN, NATÜRLICHEN RECYCLING-MATERIALIEN. 14 unterschiedliche Typen biotechnischer Wellen- und Erosionsschutzbauten wurden geplant: Baumstämme als Wellenbrecher, Wälle aus Baumstämmen mit Wurzelansatz, ineinander verkeilte Baumwurzeln, Wände aus Buschwerk, schwimmende Baumstämme, Mulchkissen, Schotterkübel und begrünte Steinbuhnen. Die Positionierung der einzelnen Elemente erfolgte nach Kriterien wie Anforderungen des Standorts, Höhe der Konstruktion, benötigter Unterbau und Exponiertheit gegenüber den Gezeiten und den periodisch auftretenden Winden. Die einzelnen Module wurden überwiegend aus wiederverwertetem Holz und Abfällen aus der Landwirtschaft hergestellt, etwa aus langen Resthölzern, Buschwerk, Holzresten und Wurzeln. Nach dem Einbau wurden die Elemente mit Totora-Schilf *(Scirpus californicus, Scirpus acutus)* bepflanzt. Aufgrund der guten Vermehrung und der Widerstandskraft gegen Erosion ist diese Schilfart die vorherrschende Pflanze auf diesen Marschinseln.

Beobachtungen über mehrere Jahre ergaben, dass die meisten der biotechnischen Bauten sehr wirksam sowohl die Wellenhöhe (um 35 % – 64 %) als auch Energie der auftreffenden Wellen (um 57 % – 87 %) reduzierten. Für diesen Einzelfall gilt zudem, dass Wälle aus Buschwerk die Kraft der Wellen am effizientesten (um 87 %) verringerten und das Wachstum anderer Pflanzen unterstützten. Wellenbrecher aus Baumstämmen erzielten eine Reduktion um 68 %, verankerte große Stämme mit Wurzeln um 65 %, Wellenbrecher aus Stämmen mit Wurzeln verringerten die Wucht der Brecher um 57 %. Schwimmende Baumstämme dagegen waren bereits nach einem Monat zerschlagen.

Das Beispiel verdeutlicht die Machbarkeit vielfältiger biotechnischer Konstruktionen zur Verminderung von Erosionskräften und zur Verbesserung der Uferstabilität sowie des Damm- und Deichschutzes. In manchen Fällen zeigte sich auch eine signifikante Zunahme von ortstypischen Feuchtlandpflanzen sowie der Ansiedlung von Wassertieren. Dieses Experiment kann als Modell für die Analyse und zukünftige Planung von Anlagen mit biologischem Erosionsschutz, für Untersuchungen der Durchflussleistung und der Auswirkungen auf Ökosysteme im Wasser und in Uferbereichen dienen. Bei den gebauten Anlagen handelt es sich um Ingenieurbauwerke, die noch großen Spielraum hinsichtlich Form und Gestaltung bieten.

1

2

1 Wellenbrecher aus kurzen Stämmen. 2 Wellenbrecher aus langen Stämmen. 3 Wellenbrecher aus schräg verstrebten Baumstämmen. 4 Schwimmende Baumstämme. 5 Schwimmender Holztrog/Pflanzwiege. 6 Steinbuhne.

■ **7** Große Baumstrünke, verankert. **8** Wand aus Wurzelstrünken. **9** Wand aus Buschwerk. **10** Mulchkissen. **11** Zeichnungen in gleicher Reihenfolge wie Fotos 1–9, und Reisig-Reuse (letzte Abb.).

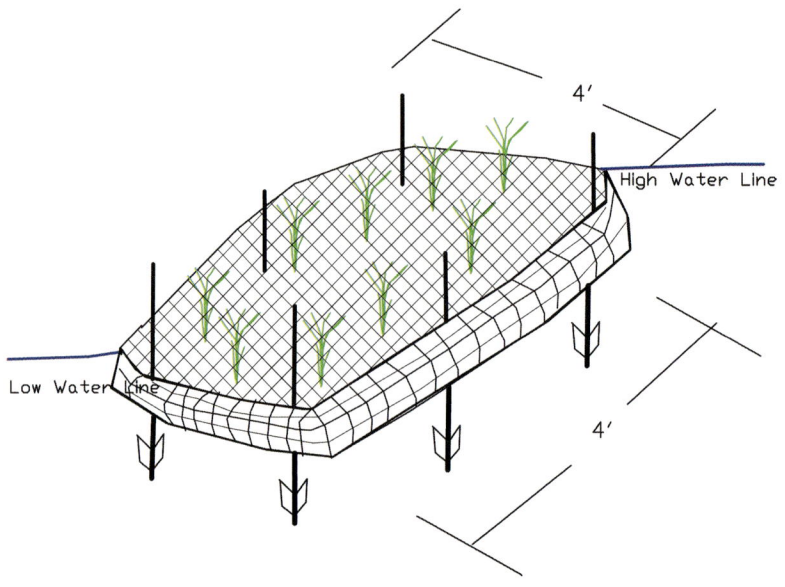

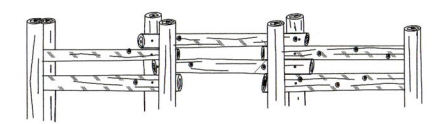

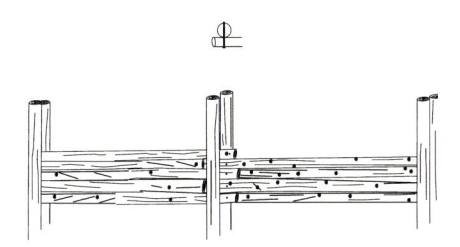

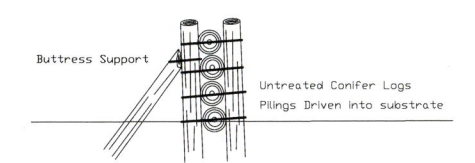

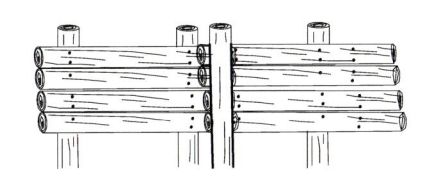

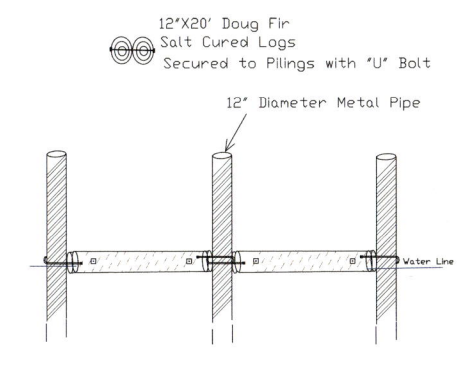

Design #2
Tethered Floating Log Planter with Ballast Buckets

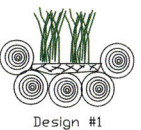

Design #1
Tethered Floating Log Planter with Mulch Pillows

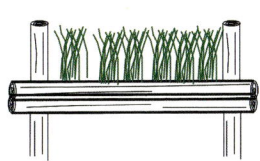

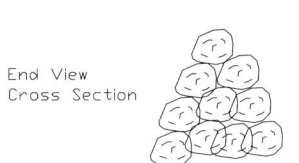

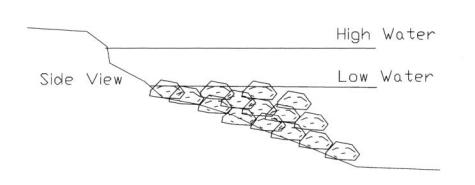

Buttress Support
Untreated Conifer Logs Pilings Driven into substrate

End View Cross Section

Side View — High Water / Low Water

12"X20' Doug Fir Salt Cured Logs Secured to Pilings with "U" Bolt
12" Diameter Metal Pipe
Water Line

Eucalyptus Rootwads Approximately 36' DBH 8'–10' long
3/4" Galvanized Cables Securing Rootwad to Deadman Anchor
High Tide Level
Channel
Land Side
Cement Column Deadman Anchor 24"X6'.

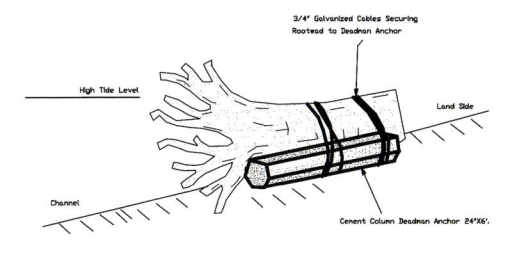

Rootwads and Anchors Prepared Off-site.
Rootwads and Anchors loaded onto barge and transported to site.
Off-loaded by Crane

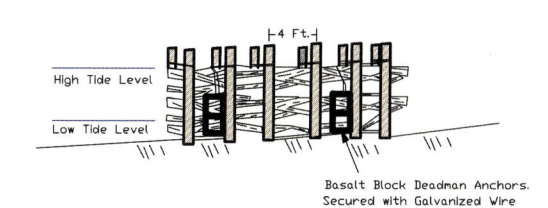

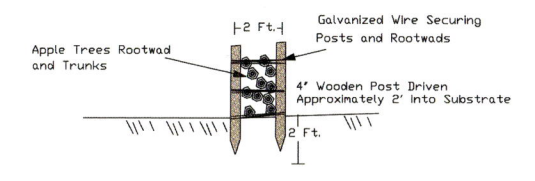

— 4 Ft. —
High Tide Level
Low Tide Level
Basalt Block Deadman Anchors. Secured with Galvanized Wire

— 2 Ft. —
Apple Trees Rootwad and Trunks
Galvanized Wire Securing Posts and Rootwads
4' Wooden Post Driven Approximately 2' into Substrate
2 Ft.

Brush Wall Built to High Water Elevation
Additional Bundles Placed On Top After First Year.
Brush (Fascine) Agricultural Prunings and Recycled Christmas Trees

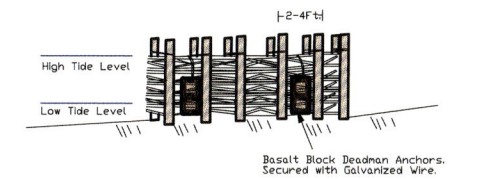

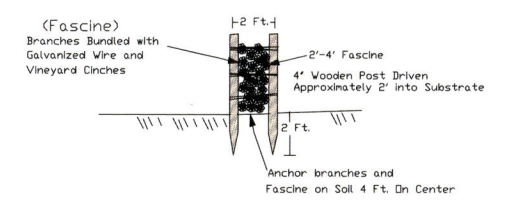

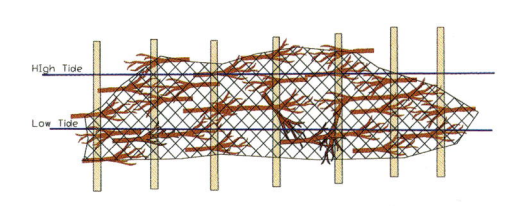

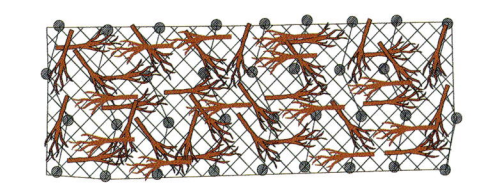

— 2–4 Ft —
High Tide Level
Low Tide Level
Basalt Block Deadman Anchors. Secured with Galvanized Wire.

(Fascine)
Branches Bundled with Galvanized Wire and Vineyard Cinches
— 2 Ft. —
2'–4' Fascine
4' Wooden Post Driven Approximately 2' into Substrate
2 Ft.
Anchor branches and Fascine on Soil 4 Ft. On Center

High Tide
Low Tide

Pflegen

IN DEN BEISPIELEN WIRD LANDSCHAFTSPFLEGE ALS EIN INTERAKTIVES KULTIVIEREN PRAKTIZIERT, VOR DEM HINTERGRUND EINER PHÄNOMENOLOGISCHEN BETRACHTUNG VON LANDSCHAFT UND IN ABKEHR VON DER EINGLEISIGEN AUSRICHTUNG AUF EIN FERTIGES OBJEKT.

Konventionelle Pflege wird in der Landschaftsarchitektur häufig als Aufbau eines Schutzwalls aufgefasst: als Reihe von übergreifenden Maßnahmen, die eine bestimmte Gestaltungsintention vor der Dynamik des Mediums schützen. Doch gerade aus jener untrennbar mit dem Medium verbundenen Dynamik, dem unabänderlichen Eingebundensein in den Ablauf der Zeit, lassen sich Beziehungen zwischen dem Entwurf und dessen Pflege entwickeln, deren großes Potenzial allzu oft verkannt wird.

Das Kapitel Pflegen behandelt zwei Schwerpunkte, die Darstellung eines visuellen Vokabulars und einer Grammatik des Wahrnehmens von Pflegemaßnahmen zum einen und andererseits die Neudefinition von Pflege weg vom reinen Management nach Fertigstellung, hin zu einer Erweiterung des Aufgabengebiets um die Vorbereitung des Geländes und den Bauprozess selbst, so dass Pflege als kontinuierlicher Maßnahmenstrang aufgefasst wird.

In den Beispielen wird Landschaftspflege als ein interaktives Kultivieren praktiziert, vor dem Hintergrund einer phänomenologischen Betrachtung von Landschaft und in Abkehr von der eingleisigen Ausrichtung auf ein fertiges Objekt. Statt dessen rückt eine schrittweise Entstehung und Präzisierungen des Gestaltungsziels in den Vordergrund.

Die Maßnahmen können zeitlich gestaffelt sein, oder aber sie werden als parallele Systeme gleichzeitig in Gang gesetzt und strategisch kombiniert; in beiden Ansätzen gehören Entscheidungen über die Vorbereitung des Geländes mit zum Landschaftsmanagement.

Landschaftspflege wird hier als lebensunterstützende Technologie betrachtet, die auf eine Reihe selbst- oder fremdgegebener Beschränkungen reagiert. Dabei werden Konzepte von Natur und Künstlichkeit miteinander verbunden. Beim Bambusgarten etwa wird mit Hilfe von Dampf aus Grundwasser ein künstliches Mikroklima geschaffen, damit ein Bambushain den harten Winter besser übersteht und auch in der kalten Jahreszeit zur Nutzung einlädt.

Die Wiesenflächen im Landschaftspark München-Riem sind Beispiel für die Unterdrückung von Intensität durch eine Strategie, bei der bestimmte Vegetationen/Ökotypen ausgeschlossen und Vorkommenshäufigkeit und Anordnung streng reguliert werden. Hier liegt Landschaftspflege primär in der Geländevorbereitung, wird der Beginn der Anlage zum Zeitpunkt des stärksten Eingriffs in die Landschaft. Paradoxer Weise gründet der Erfolg hier auf Techniken zur Verhinderung von Dynamik und auf diese Weise werden die jahreszeitlichen Wechsel und die Nachahmung von Ursprünglichkeit atemberaubend in Szene gesetzt. Da dieses Ziel von Beginn an im Gestaltungsprozess berücksichtigt wurde, bedarf es keiner aufwändigen Pflege nach der Pflanzung.

Die hier vorgestellten lebenden Systeme hinterfragen konventionelle Vorstellungen davon, was regulierbar, was stabil ist, welche Faktoren für Kontrolle sorgen; statt dessen geht es darum, wie sich eine Landschaft so gestalten lässt, dass sie sich eigenständig entwickelt oder selbst in Form hält. Die Plastizität von Landschaftssystemen wird mit Kategorien der Regulierung von Intensität und Häufigkeit angegangen. Das Verstärken und das Zurücknehmen wird miteinander in Einklang gebracht.

Der Entwurf für das Geschäftsgebäude Elsässertor ist ein weiteres Beispiel für vorausschauendes Gestalten. Um die Wirkung eines Bahndamms in einen Innenhof zu holen und die typischen reduzierten Wuchsformen von Pionierpflanzen wie Buchen oder Birken zu erhalten, wurden 20.000 Buchensetzlinge in eine dünne Bodenlage mit Schotterabdeckung gepflanzt. Diese Menge Bäume ist normaler-

DIESE FORM DER LANDSCHAFTSPFLEGE ERKENNT DIE ZEITLICHE DYNAMIK VON ZUSAMMENHÄNGEN IN EINER LANDSCHAFT UND MACHT PFLEGE ZU EINER ABFOLGE VON INSZENIERTEN „PERFORMANCES" IM LEBENSZYKLUS EINES GELÄNDES.

weise für ein zwei Hektar großes Waldgebiet angemessen, hier bewirkt die derart hohe Pflanzdichte den gewollt reduzierten Wuchs.

Bei den Pflanzkästen im Marschland an der East River Fährlände wurde der Schutz vor Unkraut in den Entwurf einbezogen, ein häufiges Einbringen von Salzwasser wirkt als Herbizid. Das System pumpt Brackwasser aus dem Fluss in Pflanzkästen und lässt sich dabei an die ideale Frequenz und Intensität der Salzwasseranwendungen anpassen.

Die vorbereitende Planung von Landschaftspflege kann Qualität und Arbeitsaufwand der künftigen Pflegemaßnahmen vorhersehen und steuern. Landschaft wird – vergleichbar mit einem gelungenen Haarschnitt – nicht nur auf einen präzisen Zeitpunkt hin gestaltet, sondern kann danach gut auswachsen.

Die Wuchshilfe für die große Hecke im Lurie Garden nimmt die zukünftige Form der Hecke vorweg und richtet deren Wachstum an den künftig geplanten Schnitten aus. Das Spaliergerüst fungiert zugleich als eine Art Phantombild der frisch gesetzten Hecke und macht ihre Form erkennbar, noch bevor die Pflanzen zu voller Größe herangewachsen sind.

Für die Gestaltung des Innenhofs der Universitätsbibliothek in Utrecht wird ein Lehrgerüst verwendet, um Pflege als Weg zu einer vorgezeichneten, sich allmählich entwickelnden Gestaltungsvision zu nutzen. In diesem Fall erzeugt der Prozess des Aufbindens der Äste die Wirkung eines „gequälten" Baums, wie der Landschaftsarchitekt Adriaan Geuze sagt, mit Hinweis auf das kulturelle Potenzial einer Abstraktion (oder Perversion) von Landschaftspflege; das Gerüst wird zu einem visuellen Verweis auf die Formbarkeit von Landschaft.

Das Kapitel Pflegen untersucht Ansätze, die das Umfeld eines Geländes und dessen Ressourcen wie Wind, Vogelzug, Wasservorkommen oder Topografie neu konfiguriert und nutzt, um kontrolliert gestaltete Raumeindrücke zu schaffen. Auch die Strategie des im ersten Kapitel vorgestellten Parque de Diagonal Mar mag hierfür als Beispiel dienen: Grundwasser, das abgepumpt werden muss, damit eine nahe gelegene U-Bahnstation nicht überflutet wird, dient als Ressource für eine Klima regulierende Sprüh- und Bewässerungsanlage.

Eine Reihe von Materialien aus dem Produktteil des Buches steht damit in Zusammenhang. Mulch aus wiederverwertetem Gummi kann als Oberflächenbelag, aber auch als Unkrautschutz verwendet werden. Biobarrier® ist eine im Boden ausgelegte Wurzelsperre, die stetig kleine Mengen eines wachstumshemmenden Herbizids freisetzt. Superabsorbierende Polymere oder Hydrogels geben kontrolliert Feuchtigkeit und Dünger ab. Das Verfahren der kontrollierten Brände wird in der Regel bei der Bewirtschaftung von Wäldern und Farmland sowie der Renaturierung von Prärieland eingesetzt, um unkontrollierte Brände zu vermeiden und bestimmte Ökosysteme zu erhalten oder neu anzusiedeln, indem konkurrierende Vegetationen oder Pflanzenkrankheiten eingedämmt und feuerliebende Arten unterstützt werden.

Baumkrücken/Wuchshilfen //
West 8

Hofgarten, Universitätsbibliothek, Universiteit Utrecht, Niederlande

Ein Ort, an dem Leben und Tod zusammen kommen – das ist die Grundidee von Adriaan Geuze für seine Gärten. Bei diesem Hofgarten wird der Tod als „Hölle" dargestellt; zwischen schwarzen Steinen quillt rotes Licht hervor und wirft Schatten auf grotesk verrenkte schwarze Maulbeerbäume *(Morus nigra)*. Als Band um die „Hölle" gepflanzte Maiglöckchen *(Convallaria majalis)* symbolisieren das Leben. Verteilt im Gartenraum gibt es rote, wulstige Rundbänke, die den Besucher einladen, Teil dieses Stilllebens zu werden. Diese Enklave übernimmt die Aufgabe eines gestalteten Atriums und dient als Außenanlage für das Restaurant.

Um den in der „Hölle" geschundenen Maulbeerbäumen das erwünschte „fragile, verdrehte, grobe Aussehen" zu geben, zwang man die Bäume nach und nach in die gewünschte Wuchsform. Im ersten Schritt wurden die Bäume an ein rot pulverbeschichtetes Stahlgestell gebunden, damit sie zur Seite zu wachsen begannen. Durch Experimente fand das Team heraus, dass nur Bäume mit einem Stammdurchmesser von maximal 10 cm in diese Form gebogen werden konnten und sich auch später auf das Gestell „lehnen" würden. Dafür wurde der gewählte Baum zuerst sorgfältig im Boden verankert. In den folgenden Schritten mussten entsprechend der gewünschten Formvorgaben bestimmte Äste kupiert und aufgebunden werden. Am Ende wurde das Gestell durch eine rote, an Gemälde von Dalí gemahnende „Krücke" ersetzt, die die wachsende Last des Baumes abstützt und zugleich an seine Vergänglichkeit gemahnen soll.

DIE WIEDERHOLTEN EINGRIFFE, DENEN DIE BÄUME UNTERZOGEN WERDEN, ZELEBRIEREN DIE HÄUFIG ZU WENIG BEACHTETE ZEITLICHE DIMENSION VON LANDSCHAFT UND MACHEN VERÄNDERUNG SOWIE BEWEGUNG ALS ZUM MEDIUM ZUGEHÖRIG SICHTBAR. Und während gerade das Endstadium der Bäume besonders eindrucksvoll die „gequälte Kreatur" darstellt, drückt sich in dem temporär notwendigen roten Lehrgerüst sehr kraftvoll der Akt der Unterwerfung aus, der die Bäume unterliegen.

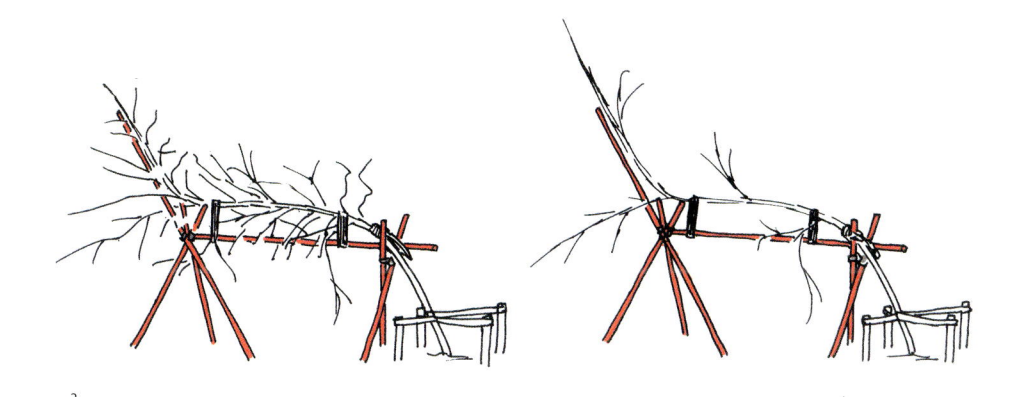

1 Simulation des geplanten „Stilllebens". **2** Feststellung des maximal möglichen Stammdurchmessers. **3** Das Formen der Bäume durchläuft verschiedene zeitliche Phasen. **4** Zum Erreichen der gewünschten Silhouette werden die Bäume an ein rotes Lehrgerüst gebunden.

Pflegen // 79

■ **Wuchs- und Pflegegerüst für Große Hecke //**
Gustafson Guthrie Nichol Ltd. + Piet Oudolf + Robert Israel

Shoulder Hedge, Lurie Garden, Millennium Park, Chicago, Illinois, USA

Die „breiten Schultern" des Lurie Garden trennen diesen Teil des Millennium Parks vom glitzernden „Kopfschmuck" des Gehry-Musikpavillons im Norden und grenzen ein intimes Gartenambiente ein. Die Shoulder Hedge schirmt den inneren Bereich des Parks vor der Außenwelt ab, insbesondere vor dem Wind und den zahlreichen Besuchern. Zugleich gibt sie Wegemuster im Park vor und etabliert eine Hierarchie der Orte, zwischen denen man sich bewegt – dem ganzjährigen Garten, der Hecke und weiteren Elementen.

Im Gegensatz zur komplexen Form der Shoulder Hedge ist das Konstruktionsprinzip ihres Gerüsts recht einfach und folgt einigen wenigen grundlegenden Gestaltungsregeln. Die Konstruktion selbst besteht aus schlanken, 4,90 m breiten Stahlsegmenten. Der modulare Aufbau ermöglicht die Wiederholung von identischen Elementen entlang des geschwungenen Verlaufs des Gerüsts und kommt mit nur wenigen Spezialanfertigungen aus. Die senkrechten Streben entlang der Außenseiten sind 4,30 m hoch und leicht nach innen geneigt. Durch den Neigungswinkel entsteht eine stabile Form, die die imposante Höhe etwas zurücknimmt und sie intimer wirken lässt. Darüber hinaus gelangt auf diese Weise mehr Licht auf die gesamte Oberfläche der Hecke, so dass diese gesund bleibt und ein volles Blattwerk entwickelt.

OBWOHL DIE HECKE BISLANG NUR EINEN TEIL IHRER VOLUMINÖSEN FORMVORGABEN GEFÜLLT HAT, LÄSST DAS STAHLGERÜST BEREITS DIE SPÄTERE GESTALT DER ENTSPRECHEND BESCHNITTENEN BEPFLANZUNG ERAHNEN. Das Gerüst steht bis dahin stellvertretend für die sich entwickelnde Hecke und dient als Hilfe beim Stutzen der Pflanzen. In Anbetracht der Größe der Shoulder Hedge ist die Konstruktion entscheidend, will man bei den vielen Gärtnern und Pflegern des Parks eine einheitliche Linie erreichen. Gleiches gilt für die vielen unterschiedlichen Spezies in der Hecke selbst.

1

1 Die Schnittdarstellung verdeutlicht die eindrucksvolle Größe der Hecke. **2** Luftbild des Lurie Garden: Die Shoulder Hedge bildet den Übergang zwischen ganzjährigem Garten und Musikpavillon.

Pflegen // 81

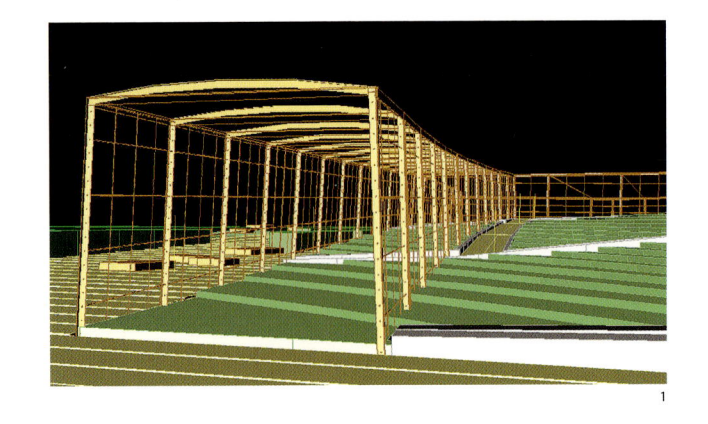

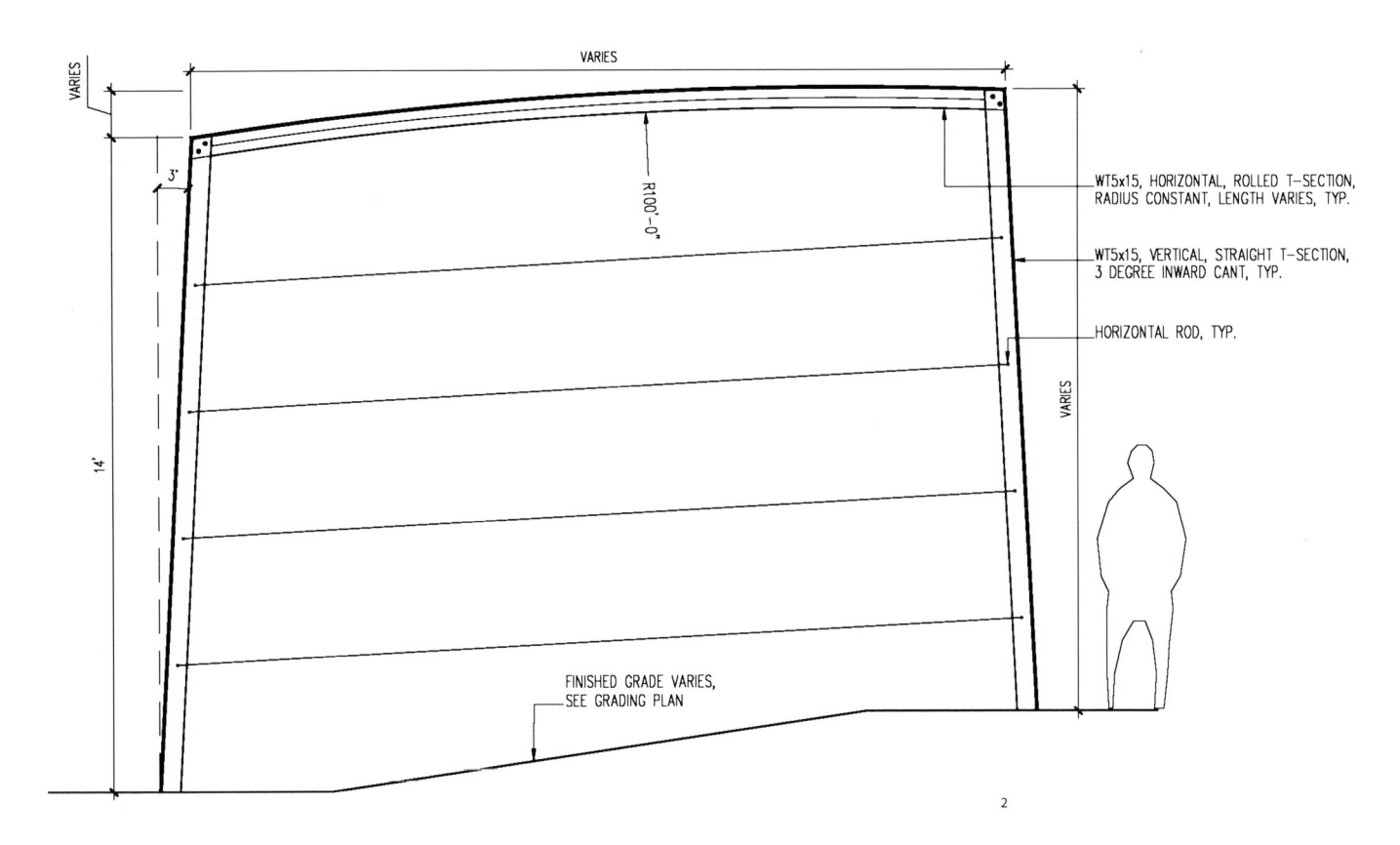

WT5x15, HORIZONTAL, ROLLED T-SECTION,
RADIUS CONSTANT, LENGTH VARIES, TYP.

WT5x15, VERTICAL, STRAIGHT T-SECTION,
3 DEGREE INWARD CANT, TYP.

HORIZONTAL ROD, TYP.

R100'-0"

VARIES

14'

3'

FINISHED GRADE VARIES,
SEE GRADING PLAN

1 Mit ihren extrem flachen Stahlbögen überbrückt die Rahmenkonstruktion ganz unterschiedliche Tiefenmaße. **2** Die vertikalen Elemente neigen sich leicht nach innen, so entsteht eine stabile Form und die Oberfläche erhält mehr Licht.
3 Die Anlage ist Lebensraum für Vögel.
4 Konstruktionsdetail des Stahlrahmens.
5 Die Konstruktion nimmt die Gestalt vorweg, die die ausgewachsenen Pflanzen später ausfüllen werden.

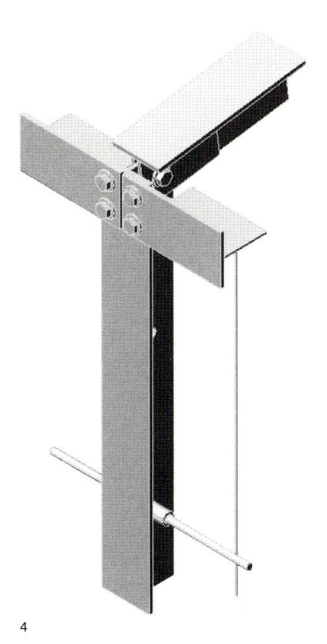

Künstliches Mikroklima für einen Bambusgarten im Winter //
StoSS Landscape Urbanism

Hybridized Hydrologies, Erie Street Plaza, Milwaukee, Wisconsin, USA

Abgesehen vielleicht von Eislaufflächen und Rodelhügeln werden die innerstädtischen Parks von Milwaukee im Winter kaum als Ausflugsziel genutzt. HIER ENTSTEHT EIN KÜNSTLICHES MIKROKLIMA ALS STRATEGIE ZUR ERHALTUNG DER BEPFLANZUNG IM WINTER MIT DEM ZIEL, DASS DER PARK DAS GANZE JAHR ÜBER ATTRAKTIV BLEIBT.

Der Park liegt an dem Zusammenfluss dreier innerstädtischer Flüsse mit einem zum Eriesee führenden Kanal. Zu dem aufgelassenen post-industriellen Gelände „weitab vom Stadtzentrum" führt „immer ein langer und kalter Weg", beschreibt StoSS. Der Entwurf nutzt das auf dem Gelände vorhandene Wasser, um ein unkonventionelles jahreszeitliches Programm umzusetzen.

Radiant Grove, der strahlende Hain, besteht aus einer Reihe von Bambusbeeten, die mit einem Netz aus unterirdischen Dampflöchern gekoppelt sind. In jedem Dampfloch fördert eine Niedrigenergiepumpe das Grundwasser vom Fluss herauf. Heizstäbe in den Löchern erwärmen das Wasser auf etwa 65 °C, und der entweichende Dampf schafft ein warmes Mikroklima in der eisigen Umgebung. Unter diesen Bedingungen soll der Bambus auch in den Wintermonaten wachsen können.

Der beleuchtete Bambushain soll „allen, die sich zu einem Winterspaziergang aufgemacht haben, eine kurze Erholung vom scharfen Wind gönnen, um sich Hände und Körper zu wärmen". Die Wärmewirkung und optischen Effekte bei großer Kälte sollen signifikant sein, bei wärmeren Temperaturen um 10 °C ist der Dampf „zwar sichtbar, wirkt aber sehr flüchtig". Die Besucher sollen durch die „entrückte Welt dieses künstlichen Ökosystems" spazieren. Wenn im Frühling die Temperaturen über 10 °C steigen, wird das System bis zum nächsten Winter abgeschaltet.

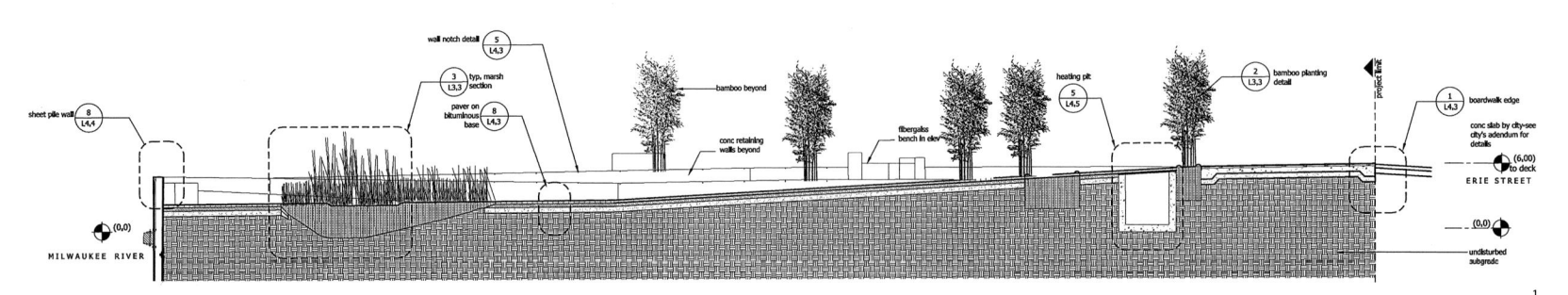

1 Zu den Pflanzbeeten für den Bambus gehören unterirdische, mit Flusswasser gespeiste Dampflöcher. **2** Das künstliche Mikroklima soll dem Park das ganze Jahr über Attraktivität verschaffen.

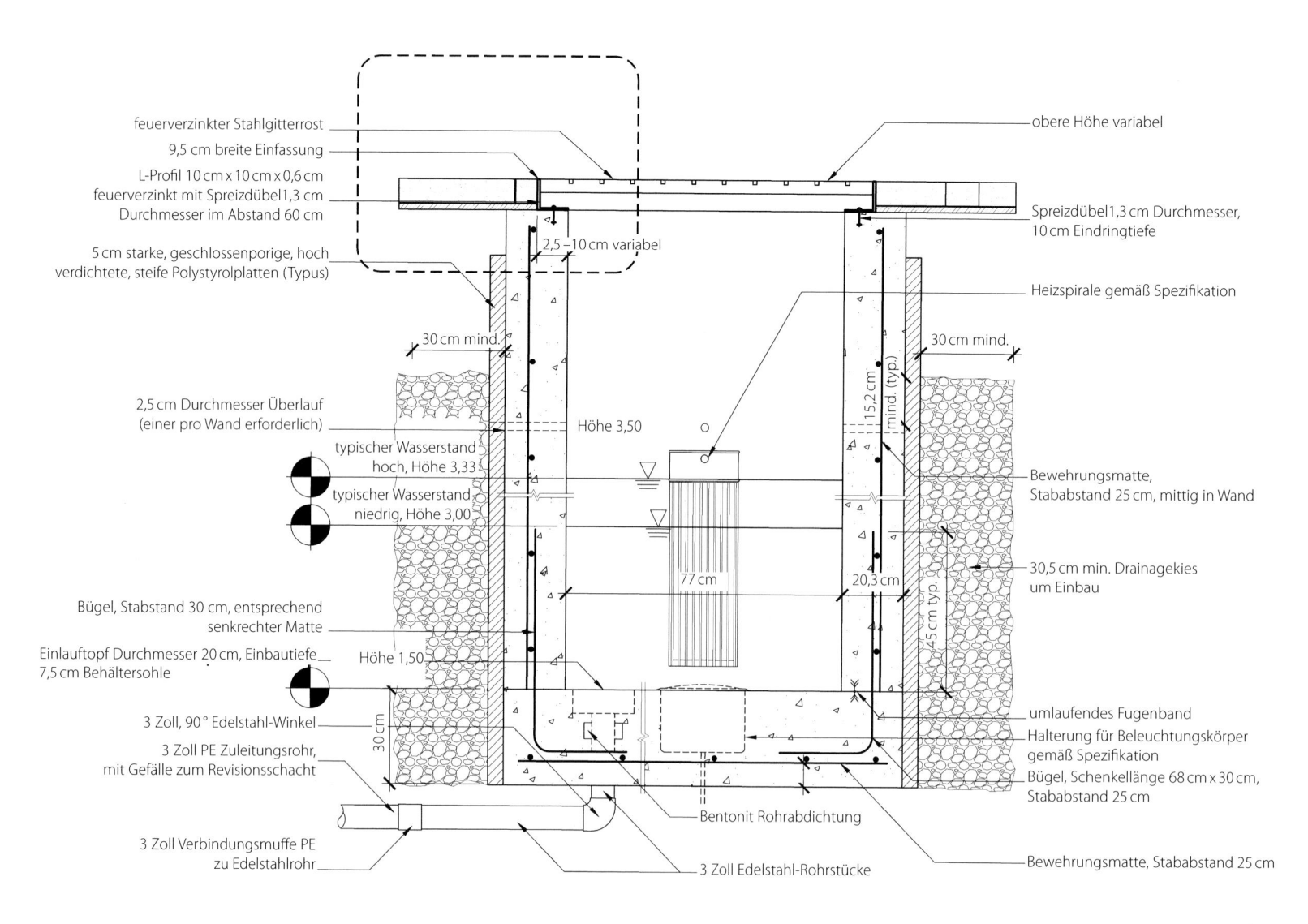

1 Konstruktionszeichnung eines Dampfloches. **2** Der wärmende Hain ist ein lohnendes Ziel im Winter. **3** Bei steigenden Temperaturen im Sommer können die Dampfquellen abgeschaltet werden.

- feuerverzinkter Stahlgitterrost
- 9,5 cm breite Einfassung
- L-Profil 10 cm x 10 cm x 0,6 cm feuerverzinkt mit Spreizdübel 1,3 cm Durchmesser im Abstand 60 cm
- 5 cm starke, geschlossenporige, hoch verdichtete, steife Polystyrolplatten (Typus)
- 2,5 cm Durchmesser Überlauf (einer pro Wand erforderlich)
- typischer Wasserstand hoch, Höhe 3,33
- typischer Wasserstand niedrig, Höhe 3,00
- Bügel, Stababstand 30 cm, entsprechend senkrechter Matte
- Einlauftopf Durchmesser 20 cm, Einbautiefe 7,5 cm Behältersohle
- 3 Zoll, 90° Edelstahl-Winkel
- 3 Zoll PE Zuleitungsrohr, mit Gefälle zum Revisionsschacht
- 3 Zoll Verbindungsmuffe PE zu Edelstahlrohr

- obere Höhe variabel
- Spreizdübel 1,3 cm Durchmesser, 10 cm Eindringtiefe
- Heizspirale gemäß Spezifikation
- Bewehrungsmatte, Stababstand 25 cm, mittig in Wand
- 30,5 cm min. Drainagekies um Einbau
- umlaufendes Fugenband
- Halterung für Beleuchtungskörper gemäß Spezifikation
- Bügel, Schenkellänge 68 cm x 30 cm, Stababstand 25 cm
- Bewehrungsmatte, Stababstand 25 cm

- 2,5–10 cm variabel
- 30 cm mind.
- Höhe 3,50
- 15,2 cm mind. (typ.)
- 77 cm
- 20,3 cm
- 45 cm typ.
- Höhe 1,50
- 30 cm
- Bentonit Rohrabdichtung
- 3 Zoll Edelstahl-Rohrstücke

Pflegen // 87

Unkrautvernichtung durch Salzwasser //
Ken Smith Landscape Architect

Pflanzkästen im Marschland, East River Fährlände, New York City, New York, USA

Ständig vom Kielwasser der Hochseeschiffe überspült, sind die senkrechten Betonufer des East River ungeeignet für traditionelle Ansätze der Ufersanierung. Die „Marsh Planters", Pflanzkästen im Marschland, zeigen einen anderen Weg auf, Sanierungsbedürfnisse und Bedingungen des urbanes Kontexts miteinander in Einklang zu bringen.

DIE PFLANZTRÖGE WERDEN ALS TEIL DER UFERKULTUR AUFGEFASST, ES SIND ÖKOLOGISCHE ABSTRAKTIONEN DER DORTIGEN VEGETATIONSFORM. DER BODEN DER PFLANZKÄSTEN IST ZUR MITTE HIN ABGESENKT UND SIMULIERT SO DIE NEIGUNG EINES NATÜRLICHEN UFERS; ZIEL IST ES, WACHSTUMSBEDINGUNGEN UND WASSERVERSORGUNG SOWOHL DER UNTEREN ALS AUCH DER OBEREN MARSCHZONE NACHZUEMPFINDEN. Die Tröge hängen von einer 27 m langen Pier mit typischem Aufbau aus Doppel-T-Trägern herab; so sind die Pflanzen vor schweren Kielwassern geschützt.

Glattes Schlickgras *(Spartina alterniflora)* wird in die acht 3,00 x 4,60 m großen Stahltröge eingesetzt. Als Basis dient ein Substrat aus Sand, vermengt mit einem Gemisch aus organischem Kompost; den unteren Abschluss bildet eine Feuchtigkeit bindende Schicht aus Hydrogel – einem hoch absorbierenden Polymer, das das 200- bis 400-fache seines Eigengewichts an Wasser aufnehmen kann.

Das Gel dient als Ersatz für die untere Schlammschicht, die in natürlichen Marschen ein Austrocknen der Wurzeln durch den Wind verhindert. Normalerweise wächst Schlickgras in Brack- oder Salzwasser, aber Ken Smith und sein Team fanden heraus, dass Spartinasetzlinge sogar besser gedeihen, wenn sie in Frischwasser stehen oder damit bewässert werden. Allerdings wirkt Brackwasser wie ein Pflanzenschutzmittel und vernichtet alle Saaten von nicht Salzwasser-verträglichen Unkräutern. DAHER WERDEN DIE PFLANZTRÖGE IN ZWEI ZYKLEN VERSORGT: SÜSSWASSER ZUR TÄGLICHEN BEWÄSSERUNG UND ZUSÄTZLICH EINMAL WÖCHENTLICH BRACKWASSER. DAFÜR WIRD DAS BRACKWASSER DES EAST RIVER HOCH GEPUMPT UND FLIESST DURCH OFFENE KANÄLE IN DIE TRÖGE, WO ES ALS HERBIZID WIRKT.

Neben seiner Wirkung als Unkrautvernichtungsmittel werden den Pflanzen durch das regelmäßige Fluten mit Brackwasser Nährstoffe, Mineralien und Larven wirbelloser Wassertiere (z.B. Winkerkrabbe, Miesmuschel, Salzwasserschnecke) zugeführt. Diese Nährstoffkombination in Verbindung mit dem durchlässigen Boden der Stahltröge ermöglicht „eine modifizierte Land-Wasser-Interaktion", die einer natürlichen Marschumgebung nahe kommt.

Für Ken Smith ist das Hauptziel dieses Entwurfs ein Bewässerungssystem, das „flexibel sowohl für experimentelle Zwecke als auch für Erhaltungsmaßnahmen" einzusetzen ist. Nach der Auswertung der ersten Ergebnisse kann möglicherweise die Bewässerung der Pflanzen ausschließlich mit Wasser aus dem East River erfolgen oder ein anderes Mischungsverhältnis mit Frischwasser vorgesehen werden. Zudem lassen sich die Tröge auch einzeln bewirtschaften, so dass ein einfaches und gut zu handhabendes System entstanden ist, das „urbanes Experimentieren in kleinem Rahmen" ermöglicht.

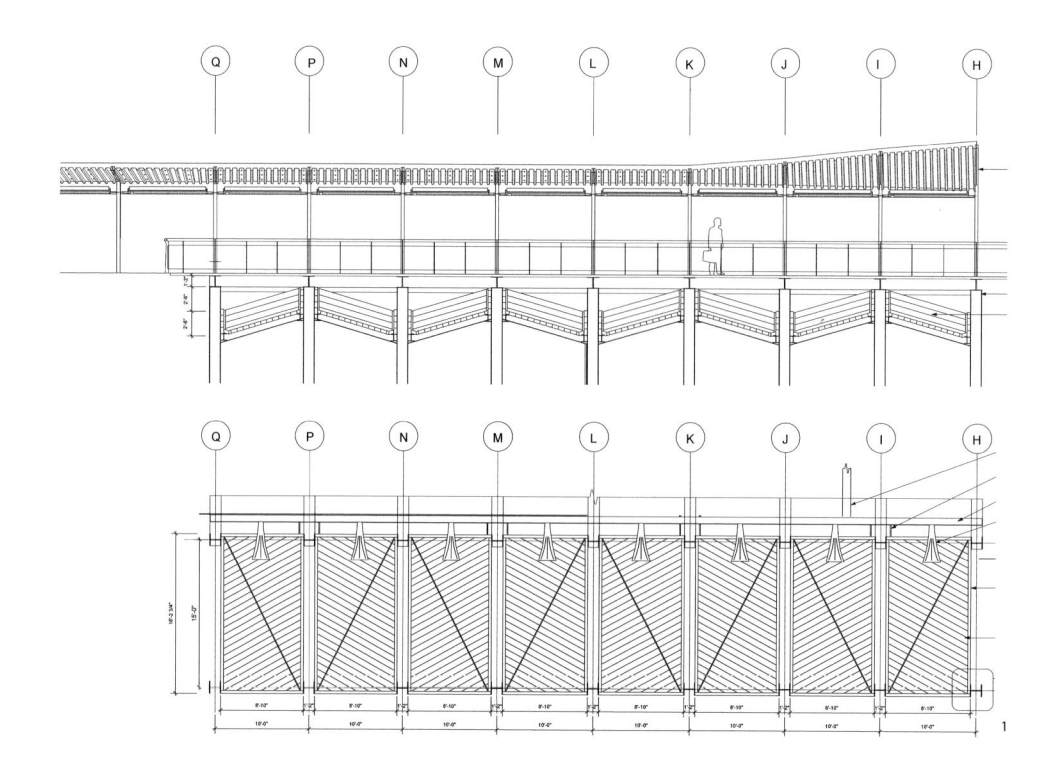

1 Acht 3,00 x 4,60 m große Pflanztröge aus Stahl sind mit Schlickgräsern *(Spartina alterniflora)* bepflanzt.
2 In die Tröge gepumptes Brackwasser dient zur Unkrautbekämpfung.

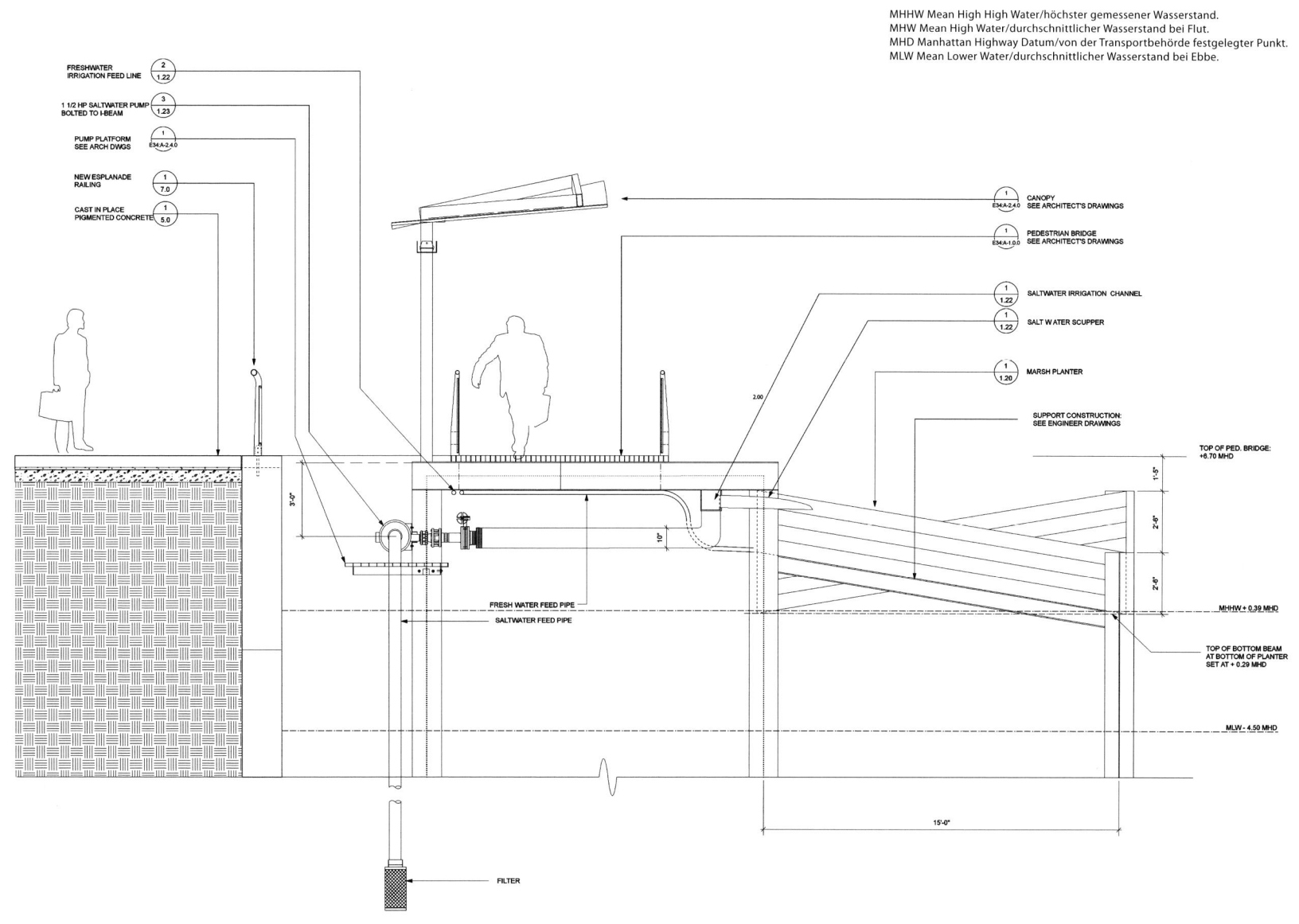

MHHW Mean High High Water/höchster gemessener Wasserstand.
MHW Mean High Water/durchschnittlicher Wasserstand bei Flut.
MHD Manhattan Highway Datum/von der Transportbehörde festgelegter Punkt.
MLW Mean Lower Water/durchschnittlicher Wasserstand bei Ebbe.

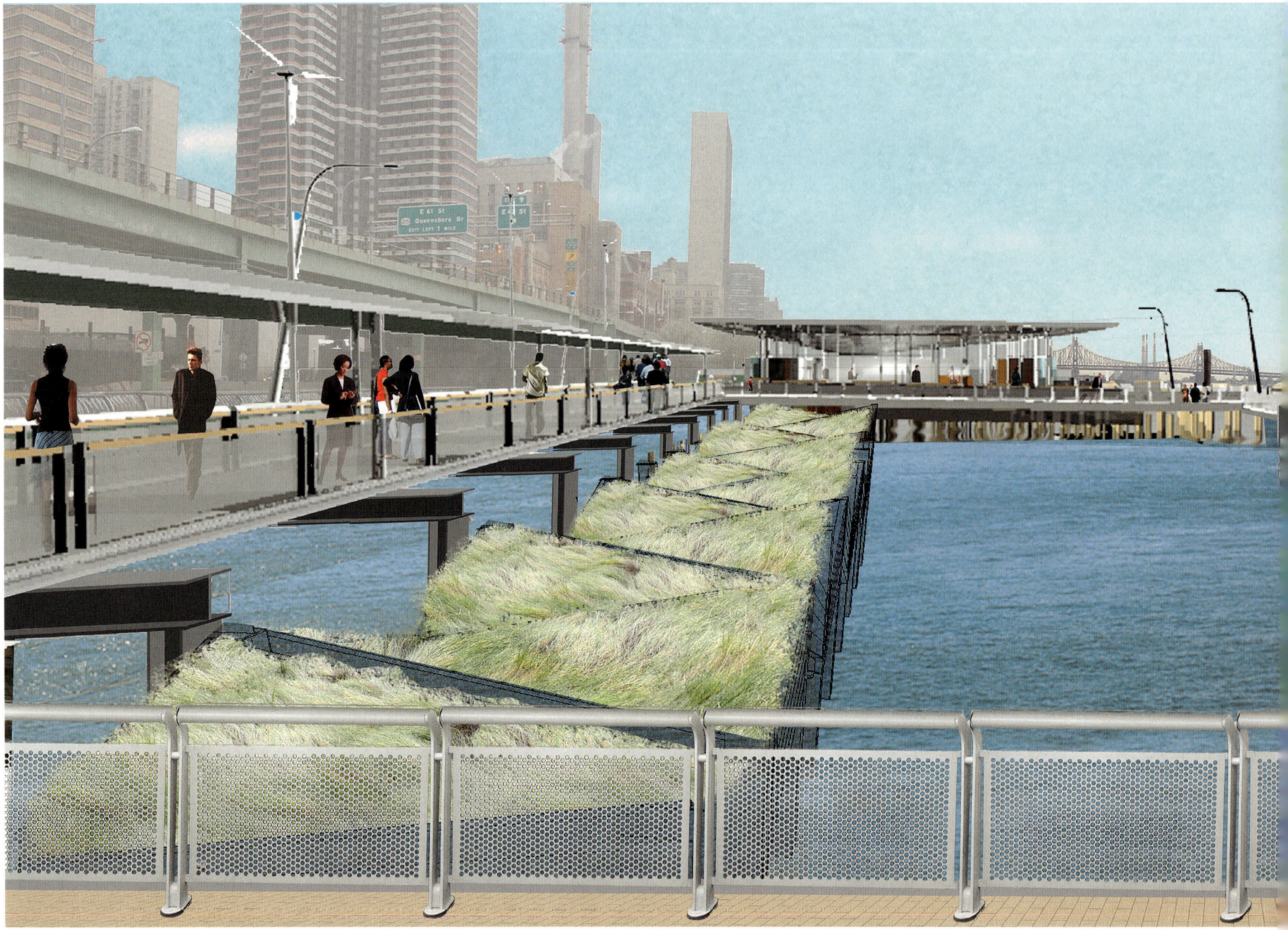
E 61 St
Queensboro Br
EXIT LEFT 1 MILE

1 Die Pflanzkästen sind in einer 27,60 m langen Pier in typischer Konstruktion mit Doppel-T-Trägern eingehängt, um die Pflanzen vor schwerem Kielwasser zu schützen. **2** Jedes Modul besitzt einen schrägen Boden, der die Neigung eines natürlichen Ufers nachahmt.

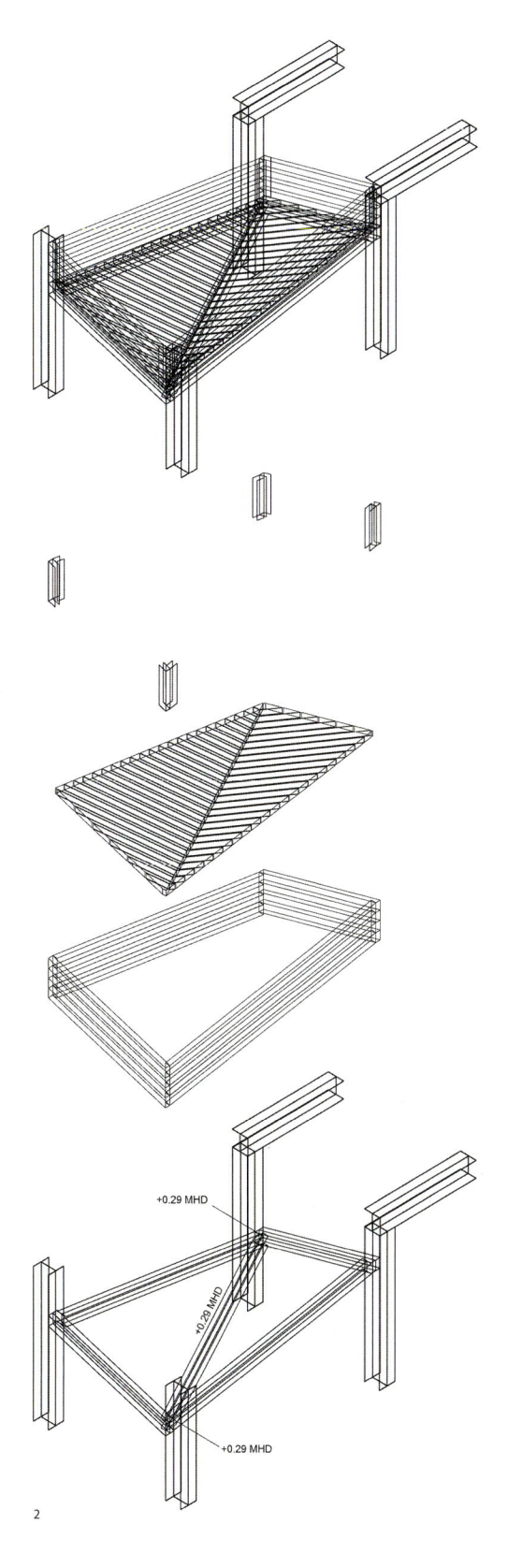

Pflegen // 91

Pflanzstrategien für geringen Pflegeaufwand //
LUZ Landschaftsarchitekten

Staudenwiesen, Landschaftspark München-Riem, Deutschland

Unkraut gab und gibt es in den großen Staudenwiesen und -pflanzungen von Heiner Luz' Iris-Minzen-Wiese und den Uferböschungen im Landschaftspark München-Riem fast keines. In der Ausschreibung war das Jäten von Unkraut während der Pflanzphase vorgesehen, aber danach sollte die Anlage mit möglichst wenig Pflegeaufwand weitergeführt werden können. ANGESICHTS DER NATÜRLICHEN SUKZESSION BEI WIESEN, DEN VIELEN TAUSEND EINZELPFLANZEN UND DEM BESTÄNDIGEN EINTRAG VON FREMDGUT BEDARF ES EINER STRATEGIE, DIE SOWOHL DIE PFLEGE AUF EIN MINIMUM BEGRENZT ALS AUCH DEM ERHALT DIENT, WENN EINE WIESENBEPFLANZUNG FORMALEN GESTALTUNGSANSPRÜCHEN DAUERHAFT GENÜGEN SOLL.

Grundlage für eine erfolgreiche Anlage von Wiesenpflanzungen ist laut Heiner Luz das „Prinzip der Aspektbildner". Nach diesem Prinzip verbindet sich seine Gestaltungsregel „Einheitlichkeit im Großen, Vielfalt im Kleinen" mit seinen Beobachtungen natürlicher Bedingungen, etwa dass wenige Arten jede Pflanzengesellschaft bestimmen. Nach diesem Grundsatz soll daher eine vorherrschende Art als „Aspektbildner" das visuelle Erscheinungsbild in einer gemischten Wiesenbepflanzung prägen. Dank der Selbstaussaat dieser Arten bleibt eine solche Dominanzpopulation stabiler und eine Gestaltung hat längere Zeit Bestand. Im Allgemeinen ist der Aspektbildner 2–4 Mal pro m² vertreten, während die begleitenden Arten höchstens ein Mal pro m² oder sogar nur alle 2–4 m² zu finden sind. Bei der Iris-Minzen-Wiese und den Staudenpflanzungen der Uferböschungen sind Iris-Minze bzw. Teichsimse und Tannenwedel die Aspektbildner.

Entsprechend legte Heiner Luz die Staudenwiesen mit einer hohen Dichte von 10–12 Stauden pro m² an, in Anlehnung an die 25–30 Einzelpflanzen pro m² bei typischen Wiesengesellschaften, auch deshalb, weil es so schnell wie möglich eine dichte Bodendecke zu erzielen galt um dem Ansiedeln von Unkraut zuvorzukommen.

Ein zweiter wichtiger Aspekt der Pflanzstrategie war die etwa 5 cm dicke Mulchlage aus hellgrauem Granitsplitt bei den Staudenpflanzungen an den Uferböschungen. Diese Mulchschicht wurde ausgebracht, bevor man die Pflanzen einsetzte, und während des Pflanzens an den entsprechenden Stellen wieder entfernt. Mineralischer Mulch besitzt neben der höheren Wirksamkeit beim Verhindern der Ansiedlung von Unkraut eine Reihe weiterer Vorteile gegenüber den herkömmlichen Mulchtypen. Die Kapillarwirkung des Bodens wird unterbrochen, so dass weniger Feuchtigkeit verdunstet und den Wurzeln mehr Wasser zur Verfügung steht. Im Vergleich zu Rindenmulch entzieht der Granitsplitt dem Boden keine Nährstoffe und die trockene Oberfläche ist unempfindlich gegen Pilzbefall.

Durch die Kombination des „Prinzips der Aspektbildner" und einer Verwendung von mineralischem Mulch reduzierte sich der sonst für gestaltete Wiesen übliche Pflegeaufwand, es entstand eine in öffentlichen Parks und Landschaftsgärten umsetzbare Gestaltungsform. Die Wirkung der Bepflanzung bietet ein spektakuläres jahreszeitliches Schauspiel von dynamischem Charakter, was bei solch großen Flächen und über einen vergleichbar langen Zeitraum selten durchzuhalten ist.

1 Ausbringen von Mutterboden. **2** Um die Pflanzen herum befindet sich eine 5 cm starke Mulchlage aus grauem Granitkies. **3** Wiese während der Sommerblüte.

1 Die Staudenwiesen wurden mit 10–12 Stauden pro m² bepflanzt, um die für eine Wiese typische Dichte von 25–30 Pflanzen pro m² nachzuahmen. **2** Parkweg nach dem Anlegen der Pflanzungen. **3** Wiese während der Herbstblüte.

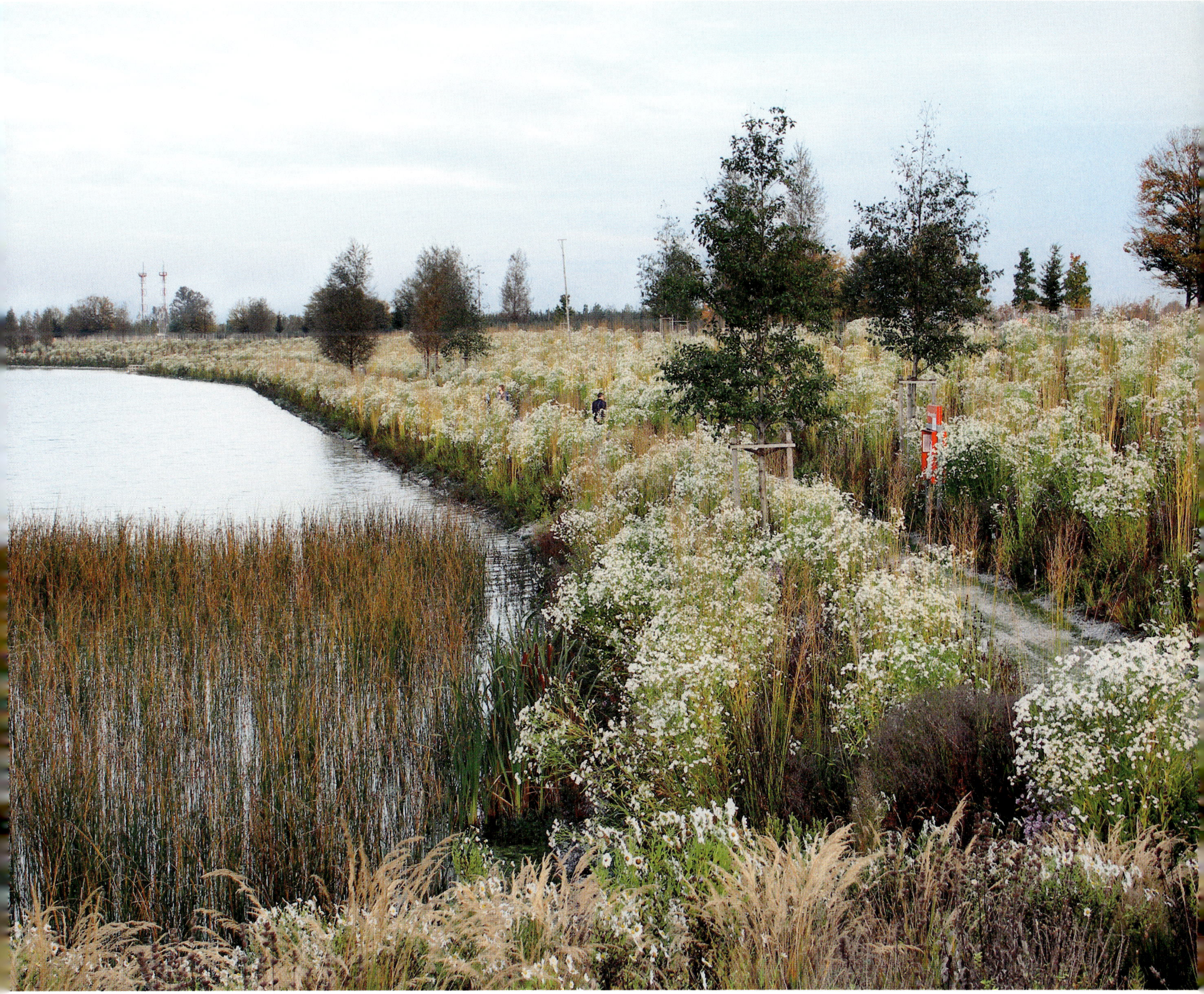

3

Pflanzmuster für Kümmerwuchs //
Vogt Landschaftsarchitekten + Herzog & de Meuron

Geschäftshaus Elsässertor, Basel, Schweiz

Das Geschäftshaus am Elsässertor steht auf einer ehemaligen Gleisanlage. Die Außenraumplanung von Vogt Landschaftsarchitekten ergänzt den architektonischen Entwurf von Herzog & de Meuron und schafft einen Bezug zu der ehemaligen Nutzung des Geländes und der sich daraus ergebenden Topografie. Sie nimmt den Charakter des eigenwilligen Habitats an den Schienentrassen auf, zwischen deren Schotterbett sich Pionierpflanzen unter härtesten Bedingungen beharrlich durchsetzen. Die Auswahl der Pflanzen ist inspiriert von den mageren Böden des Schweizer Jura, mit Buche, Birke und Robinie als gängigen Pionierarten – den ersten Spezies, die eine Brache oder Neubaufläche besiedeln, da sie so anspruchslos wie anpassungsfähig sind. Trotz ihrer Fähigkeit, auf einem Boden ohne Humus und mit nur wenig Nährstoffen – etwa dem Schotter von Gleisanlagen – Wurzeln zu fassen, bleibt ihre Wuchsform dort häufig verkümmert. Für die Landschaftsgestaltung des Geschäftshauses am Elsässertor rückte Vogt diese Eigenheit in den Mittelpunkt und stellte sie im Gebäudekontext nach.

LICHTHÖFE IM ERSTEN OBERGESCHOSS ÖFFNEN DAS BÜROGEBÄUDE NACH OBEN. IN ZWEIEN DIESER HÖFE BEFINDEN SICH SECHS PFLANZKÄSTEN, IN DIE 20.000 BUCHENSETZLINGE – NORMALERWEISE AUSREICHEND FÜR DIE BEPFLANZUNG VON ZWEI HEKTAR GELÄNDE – EINGEBRACHT WURDEN. Das Pflanzsubstrat besteht aus einem anorganischen, mineralischen Bimsstein-Lava-Gemisch mit darin verlegter Tropfbewässerung, die Abschlussschicht bildet Gleisschotter. Aufgrund der extrem hohen Pflanzdichte und des flachen Pflanzbettes soll sich aus den Jungpflanzen ein Hain aus Bäumen mit Kümmerwuchs entwickeln, im Prinzip dem Gedanken der japanischen Bonsai vergleichbar.

Die Pflanzkästen sind in die Tragkonstruktion der gläsernen Überdachung eingepasst, die für Lichteinfall in die darunter liegende Ebene sorgt. Die Konstruktion ist dreidimensional aufgebaut, über Kreuz laufende Stahlträger rahmen abwechselnd dreieckige Glaspaneele und die Pflanzkästen ein. Diese Geometrie erinnert an Schienenstränge, die sich kreuzen, zusammenlaufen und wieder verlieren – in ähnlicher Manier zitiert das Gebäude das Ökosystem des Bahndamms mit den Kümmerwuchsformen der zähen Gleisvegetation.

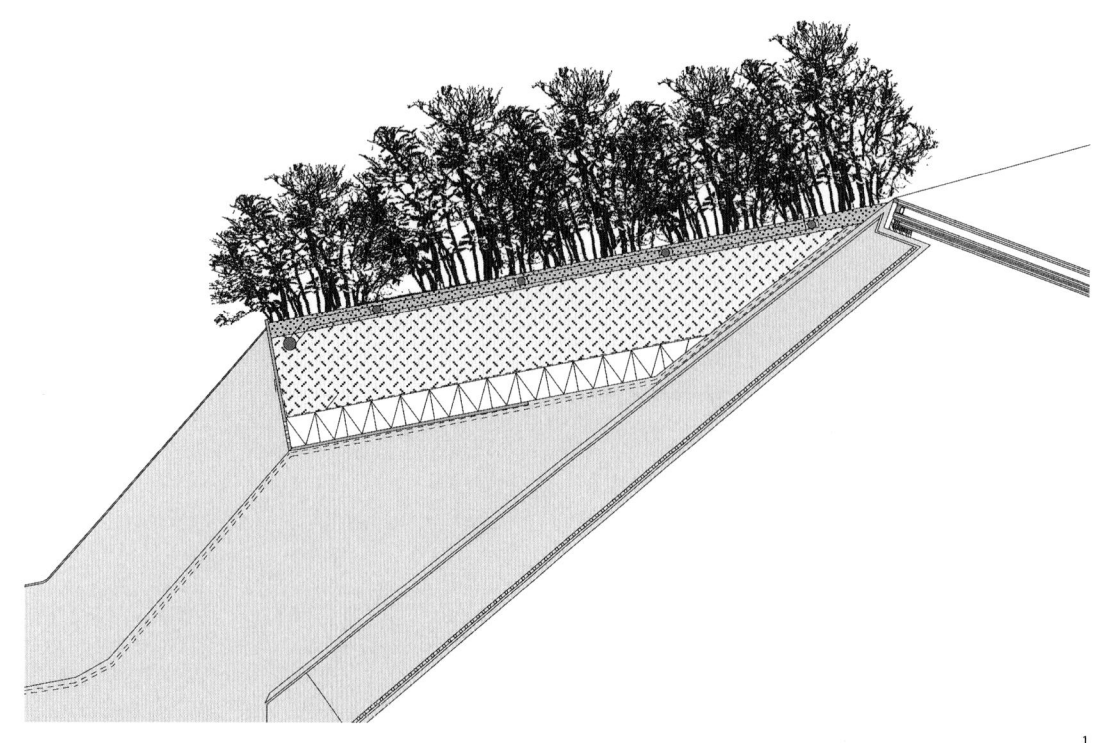

1

1 In den sechs Pflanzbeeten sind 20.000 Birkensetzlinge ohne Wurzelballen gedrängt – eine Menge, die sonst für 2 ha Wald ausreichend wäre. **2** Die gerahmten Beete liegen in zwei gut belichteten Innenhöfen.

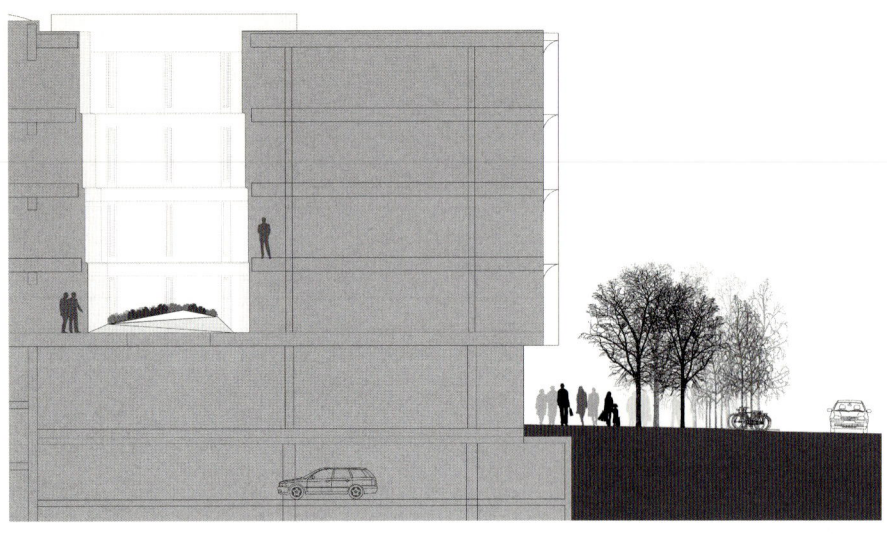

1 Längsschnitt. **2** Der Lageplan zeigt drei Innenhöfe, in zweien stehen die Pflanzkästen mit der künstlichen Bahndamm-Vegetation. **3** Beim Bau wurden die Pflanzbeete zur Abdichtung mit einer Geomembran ausgeschlagen. **4** Das Bodensubstrat besteht aus einer Mischung aus Bimssteinlava und Mineralien mit integrierter Tropfbewässerung. **5** Die Decklage in den Beeten besteht aus Eisenbahnschotter.

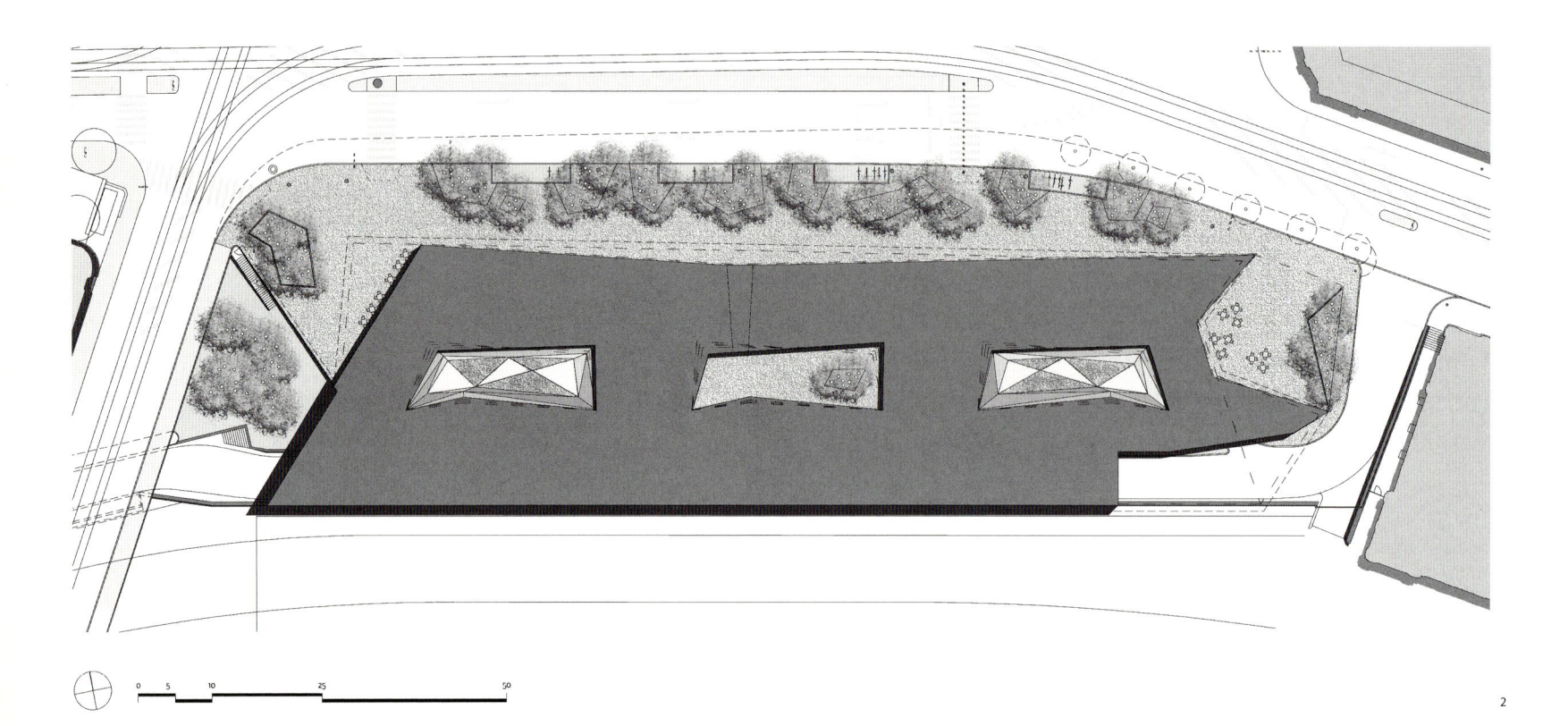

Pflegen // 99

Absorbieren

DAS KAPITEL ABSORBIEREN BEHANDELT PROZESSE, DIE MIT DEM STOFFWECHSEL LEBENDER ORGANISMEN UND ANORGANISCHEN MATERIALRESSOURCEN IN ZUSAMMENHANG STEHEN. STOFFWECHSEL MEINT HIER DIE PHYSIKALISCHEN UND CHEMISCHEN PROZESSE, MIT DEREN HILFE MATERIELLE RESSOURCEN GEWONNEN, GESPEICHERT, VERTEILT, REORGANISIERT ODER ZU NEUEN RESSOURCEN VERSTOFFWECHSELT WERDEN.

Geländesanierungstechniken zur Entsorgung und Wiederaufbereitung von Industriemüll oder der Wiederherstellung gestörter Ökosysteme wurden im letzten Jahrzehnt unter Landschaftsarchitekten intensiv diskutiert. Techniken der Bioremediation und Phytoremediation nutzen die Fähigkeit von Pflanzen und entsprechenden Bakterien, schädliche Chemikalien und überschüssige Nährstoffe zu absorbieren oder zu verarbeiten. Dadurch erweitert sich die Leistungspalette der Landschaftsarchitektur und dringt in Bereiche vor, die bislang nur ökologisch und ingenieurstechnisch bearbeitet wurden.

Das Kapitel Absorbieren behandelt Prozesse, die mit dem Stoffwechsel lebender Organismen und anorganischen Materialressourcen in Zusammenhang stehen. Stoffwechsel meint hier die physikalischen und chemischen Prozesse, mit deren Hilfe materielle Ressourcen gewonnen, gespeichert, verteilt, reorganisiert oder zu neuen Ressourcen verstoffwechselt werden. Alle Materialien und Abläufe werden hinsichtlich ihres In- und Outputs im Gesamtzusammenhang der Verwertungskette betrachtet, unabhängig davon, wie nährstoffhaltig und harmlos oder übermäßig vorhanden und schädlich sie sind. Unter diesem Blickwinkel sind Materialressourcen immer Teil eines Kreislaufs, Schadstoffe oder überschüssige Nährstoffe etwa werden von Wind und Wasser über Grundstücksgrenzen getragen. Auch sind viele Grundstücke mit Erblasten aus vorangegangenen Nutzungen belastet, vorhandene Materialien wie Stein oder Beton werden daher häufig außerhalb des Geländes entsorgt. In der Planung von Maßnahmen, die auf Absorptionsprozesse bauen, wird die Migration von Ressourcen als Aufgabe und Chance bei der Gestaltungskonzeption berücksichtigt.

Wurden Schadstoffe oder überschüssige Materialien bislang meist auf Deponien (Aushub) oder in Verwertungsanlagen (Kläranlagen) verbracht, bewirken steigende Energiekosten und strengere Entsorgungsregelungen ein Umdenken hin zu Sanierungsmaßnahmen vor Ort. Zudem wächst das Vertrauen in dezentralisierte biologische Prozesse, die sich sowohl aus physikalischer wie auch aus ökonomischer Sicht als mindestens ebenso leistungsfähig erwiesen haben. Daraus erwachsen neue Möglichkeiten einer geländespezifischen Integration, die räumliche wie auch ästhetische Aspekte berücksichtigt.

Die Sidwell Friends Schule nutzt einen geschlossenen Kreislauf zur Wasseraufbereitung, der die Abwässer der Schule in mehreren hintereinander gestaffelten Feuchtbiotopen klärt und sie danach erneut im Gebäude nutzt. Auch beim Bürgersteig der Southwest 12th Avenue und beim Starkregenpark im Kapitel Leiten kommen biologische Systeme für eine umfassende Klärung von Oberflächenwasser zum Einsatz. Die miteinander verbundenen Pflanzbereiche und Sickermulden können das Wasser während starker Regenfälle vorübergehend auffangen und verhindern, dass schadstoffhaltiges Schwemmgut ungefiltert in nahe gelegene Gewässer gespült wird.

Das Kapitel Absorbieren teilt die angewandten Verfahren in die Mikro- und die Makroebene ein. Mikroebene meint die Umwandlung oder Absorption von Nährstoffen durch Pflanzen, Bakterien oder Pilze; unter die Makroebene fallen großflächige Erdarbeiten, Abgrabungen und Aufschüttungen sowie Versiegelungsverfahren. Zusätzlich lassen sich Eingriffe nach ihrer zeitlichen Ausdehnung kategorisieren, in einmalige Maßnahmen oder ein über einen längeren Zeitraum hinweg andauerndes Management.

Wasser-Ressourcen wie Oberflächenwasser oder Gebäudeabwässer sind typischerweise durch ein langfristiges Management auf der Mikroebene charakterisiert. Mittels einer Kombination aus Filtersubstrat und Wasserpflanzen absorbiert das Bio-

■ WURDEN SCHADSTOFFE ODER ÜBERSCHÜSSIGE MATERIALIEN BISLANG MEIST AUF DEPONIEN (AUSHUB) ODER IN VERWERTUNGSANLAGEN (KLÄRANLAGEN) VERBRACHT, BEWIRKEN STEIGENDE ENERGIEKOSTEN UND STRENGERE ENTSORGUNGSREGELUNGEN EIN UMDENKEN HIN ZU SANIERUNGSMASSNAHMEN VOR ORT.

top im DaimlerChrysler Quartier am Potsdamer Platz kontinuierlich überschüssige Nährstoffe aus dem von 13 umliegenden Gebäuden stammenden Regenwasser. Ver-schiedene Substrate und Materialien werden derzeit auf ihre Fähigkeit hin untersucht, überschüssige Nährstoffe oder schädliche Verbindungen in Feuchtgebieten, Biotopen und speziellen Sickermulden biologisch abzubauen.

Die Sanierung des Río Besòs dagegen nutzt, in einem größeren Maßstab, eine andere absorptive Konfiguration. Im Flussbett wurden Feuchtbiotope so angelegt, dass sie tiefer liegen als der eigentliche Flusslauf. Sie speichern und klären zufließende Abwässer, wobei Pflanzen und Bakterien die überschüssigen Nährstoffe aufnehmen und Chemikalien biologisch abbauen. In Trockenperioden speist das so behandelte Wasser den Fluss. Im Gegensatz dazu werden die BioHaven™ Floating Islands als mobile Systeme für die bakterielle Reinigung in die Gewässer hinein gesetzt. Wie in den Feuchtgebieten fördern die mobilen Inseln die natürliche Aufnahme von Schadstoffen und schaffen so in ihrem Umfeld einen eigenen Lebensraum und eine neue Nahrungskette.

Auch für Chemikalien in der Luft bedarf es Methoden, sie zu absorbieren und biologisch abzubauen. Photokatalytischer Zement bindet Luftschadstoffe und spaltet sie in unschädliche Elemente auf; die vertikale grüne Wand von Naturaire soll in Innenräumen Schadstoffe aus der Luft filtern und in unschädliche Bestandteile zerlegen.

Für Boden-Ressourcen können Mikro- wie Makroebene ins Spiel kommen: Möglich sind sowohl Bioremediation durch Pflanzen, Bakterien oder Pilze (Mycoremediation) als auch Makrostrategien wie Abgraben und Auffüllen oder Versiegelung. Beim Park auf dem British-Petroleum-Gelände in Sydney etwa werden drei unterschiedliche Maßnahmentypen gekoppelt: eine Bioremediation vor Ort, die Schaffung von küstennahen Feuchtgebieten zur kontinuierlichen Reinigung von schadstoffhaltigem Oberflächenwasser und zum Dritten die Umnutzung der Infrastruktur des Geländes, um Oberflächenwasser in die Feuchtgebiete umzuleiten.

Der Kulturpark Westergasfabrik und das Werftgelände in Philadelphia sind anschauliche Beispiele für Strategien des Zersetzens im Makrobereich, da hier geländeeigenes Material neu eingesetzt wird, um Wege, Topografie, Bepflanzungen und Bauprogramm zu realisieren. Im Kulturpark wurden verunreinigte Böden teilweise abgetragen und damit andere Stellen aufgefüllt, der Bodenrecycling-Strategie auf dem Werftgelände dagegen dient die vorhandene, anorganische Betonoberfläche zur Schaffung einer durchlässigen und bepflanzten Oberfläche.

Bioremediation eines Industrieareals //
McGregor+Partners

Park auf dem British-Petroleum-Gelände, Sydney, Australien

Das 2,5 ha große Areal auf der Waverton-Halbinsel steht beispielhaft für die Umwidmung ehemaliger Industriegebiete in öffentliche Parks. 31 Öltanks mit angeschlossenen Nebengebäuden befanden sich ehemals auf dem Lagergelände von British Petroleum (BP); sie standen auf massiven, betonierten Plattformen, die aus den Sandsteinklippen herausgehauen worden waren. Die Aufbauten konnten abgerissen werden, doch zurück blieb der bei industriell genutzten Flächen unweigerlich kontaminierte Boden.

McGregor+Partners begegnen dieser Verseuchung des Geländes mit einer ganzen Reihe ineinander greifender Sanierungsmaßnahmen, die die landschaftliche Gestaltung des Parks entscheidend beeinflussten.

In der ersten Bauphase musste BP Australia die von der Öllagerung verbliebenen Verunreinigungen beseitigen. STATT DEN BODEN ABZUTRAGEN UND AUF EINE ENTSPRECHENDE DEPONIE ZU BRINGEN, SETZTE MAN VOR ORT DIE MÖGLICHKEITEN DER BIOREMEDIATION ZUR BODENSANIERUNG EIN. Hierfür hob man die obere Bodenlage ab, lagerte sie auf dem Gelände und mischte organischen Kompost sowie effektive Mikroorganismen (EM), ein in Japan entwickeltes flüssiges Mittel zur Bodenverbesserung, bei. Der gelagerte Boden wurde alle drei Monate umgesetzt und nach wiederholten Bodenanalysen neun Monate später als Pflanzschicht auf dem Gelände verteilt. Aus dem nahe gelegenen Buschland gesammeltes Saatgut heimischer Pflanzen wurde kultiviert und bildet den Grundstock zur Wiederherstellung der natürlichen Flora. Etwa 95.000 Sämlinge wurden ausgebracht, um den zunehmend zurückgedrängten charakteristischen Bewuchs der Sandsteinklippen neu anzusiedeln.

Die Anlage für die Ableitung und das Filtern des Oberflächenwassers bindet die alte Infrastruktur des Geländes wirkungsvoll ein, ohne dabei Abstriche an heutige Ansprüche hinsichtlich der Wasserqualität zu machen. Durch die Umwidmung des industriellen Leitungssystems können Niederschläge in Froschteiche am Fuß der Sandsteinklippen geleitet werden. Die Teiche dienen als Regenrückhaltebecken und reinigen das Oberflächenwasser, so dass keine Verschmutzungen in das Hafenbecken vor Sydney gelangen.

FILIGRAN AUFGESTÄNDERTE STAHLSTEGE RAGEN ÜBER DIE GESCHÜTZTEN SANDSTEINKLIPPEN UND ERMÖGLICHEN EINEN BLICK AUF DIE NEU ENTSTEHENDE LANDSCHAFT. Durch die hinzugefügten Aufbauten und die fortschreitende Dekontaminierung entstand ein neuer Lebensraum für eine Vielzahl von Arten und eine beeindruckende Parklandschaft entlang der Küste.

1 Feuchtgebiete umgeben das ehemalige BP-Öltanklager. **2** Luftaufnahmen: nach Entfernen der Tanks; der ausgeführte Park. **3** Lageplan: der räumliche Bezug zwischen den Betonplattformen der Tanks und den Regenrückhaltebecken ist gut zu erkennen.

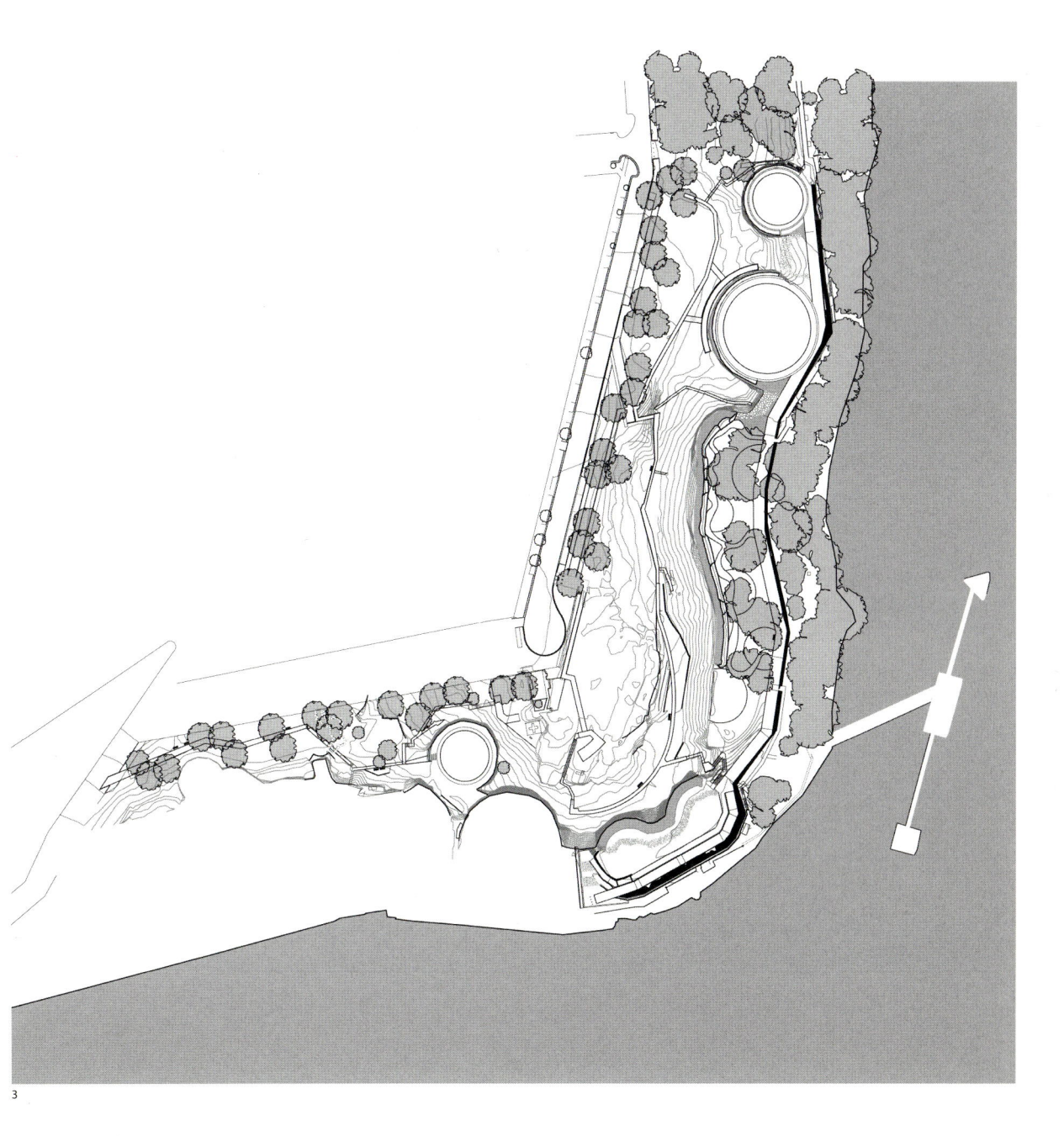

Absorbieren // 103

1 Regenrückhaltebecken filtern verbliebene Verschmutzungen heraus, bevor das Oberflächenwasser in den Hafen von Sydney gelangt. **2** Stege aus Stahl kragen über die erhaltenen Sandsteinklippen aus. **3** Die Teiche für Biofilterung sind mit einem Abflusssystem ausgestattet. **4** Die neu entstandene Landschaft vor der Skyline von Sydney.

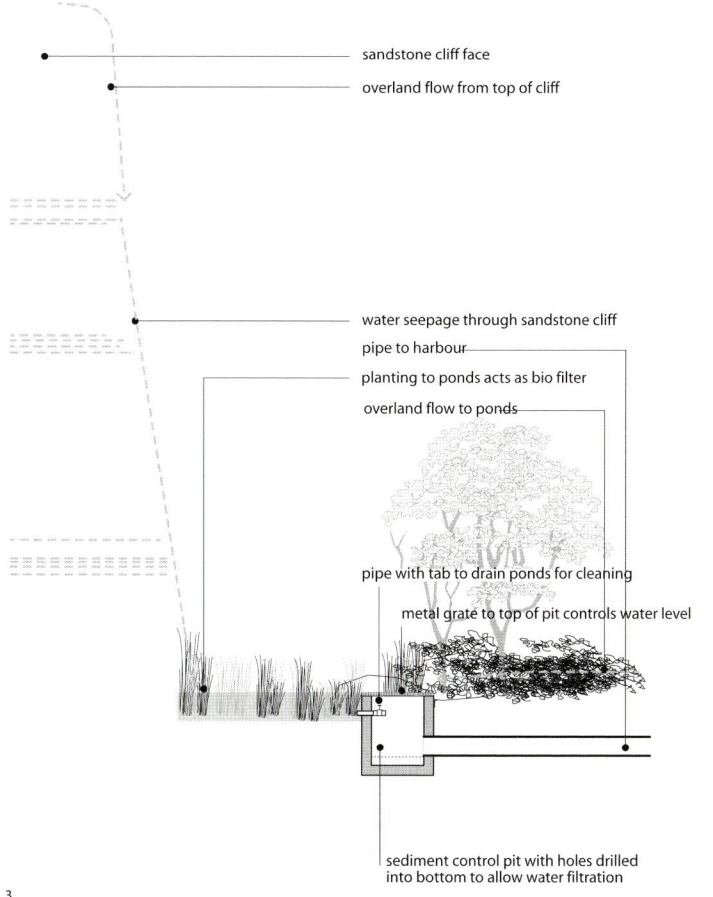

sandstone cliff face
overland flow from top of cliff

water seepage through sandstone cliff
pipe to harbour
planting to ponds acts as bio filter
overland flow to ponds

pipe with tab to drain ponds for cleaning
metal grate to top of pit controls water level

sediment control pit with holes drilled
into bottom to allow water filtration

3

4

Absorbieren // 105

Feuchtbiotope mit Klärwirkung am Flusslauf //
Barcelona Regional, Agència Metropolitana de Desenvolupament Urbanístic i d'Infraestructures S.A.

Ökologische Restauration des Río Besòs, Barcelona, Spanien

Als die Europäische Union 1996 eine Renaturierung in Auftrag gab, gehörte der Río Besòs zu den am stärksten verunreinigten Flüssen Europas. Der Río Besòs, einer der beiden Flüsse im Ballungsraum von Barcelona, fließt durch ein weites, stark besiedeltes Talbecken und war durch Verschmutzungen und hydrotechnische Eingriffe stark belastet. Der hohe Wasserbedarf der Flussanrainer hatte die Wassermenge derart stark zurückgehen lassen, dass der Fluss während der niederschlagsarmen Monate fast ausschließlich geklärte Abwässer führte. Hinzu kamen Niederschlagsmuster mit sturzbachähnlichen Regenfällen, die im stärker ausgebauten Becken häufig gefährliche Überflutungen zur Folge hatten, so dass der Fluss kanalisiert wurde.

Zur Verbesserung des während der trockenen Monate einfließenden Wassers wurden 60 Feuchtbiotope mit Klärwirkung im oberen, weniger stark ausgebauten Teil des kanalisierten Flussbetts angelegt. Diese unterhalb des Wasserspiegels liegenden Feuchtbiotope bilden eine dritte Klärstufe für das aus angrenzenden Klärwerken eingeleitete Wasser. Sie passen sich besser den Pegelständen des Flusses an, minimieren Verdunstung, Geruchsbelästigungen, sind keine Brutstätten für Mücken und erhöhen die Klär- und Flächenleistung der Anlage. Die einzelnen Klär-Biotope sind unterschiedlich groß, im Durchschnitt beträgt die Breite etwa 50 m und die Länge etwa 20 m, die Durchflussgeschwindigkeit liegt zwischen 0,3 – 0,4 m³/sec. Das gereinigte Wasser verlässt die Biotope durch ein Drainagesystem, damit die Klärung des gesamten Wassers gewährleistet bleibt. Überschüssige Biomasse wird regelmäßig aus den Biotopen entfernt und als Pflanzsubstrat genutzt. Das freigesetzte Wasser dient zur Bewässerung der Vegetation am Flussufer.

Mit der Einbindung dieser großflächigen Feuchtbiotope entlang eines kanalisierten Flusses konnte Barcelona Regional Nutzbarkeit wie Qualität der gesamten Flussanlage verbessern. **DIE FEUCHTBIOTOPE ERFÜLLEN VIELFÄLTIGE FUNKTIONEN, SIE SIND LEBENSRAUM UND VISUELL ANSPRECHEND, DIENEN ALS BEWÄSSERUNGSRESERVOIR UND NÜTZEN DEM GESAMTEN FLUSS, INDEM SIE DAS KLÄRWASSER, DAS WÄHREND DER TROCKENEN MONATE DIE HAUPTWASSERZUFUHR AUSMACHT, NACHREINIGEN. SIE BELEGEN, DASS ES MÖGLICH IST, UNTERSCHIEDLICHE NUTZUNGEN IN EINER STARK TECHNISIERTEN LANDSCHAFT MITEINANDER ZU VERBINDEN: EIN MÖGLICHST INTAKTES ÖKOSYSTEM UND EIN ERHOLUNGSRAUM FÜR DEN MENSCHEN MÜSSEN KEIN WIDERSPRUCH SEIN.**

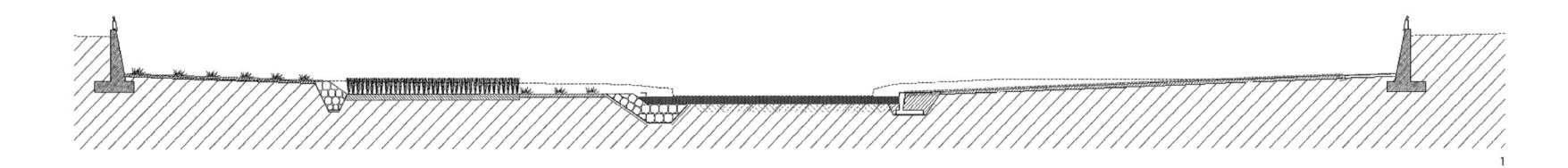

1 Längsschnitt: Die Feuchtbiotope zur dritten Klärstufe liegen im Überflutungsbereich des kanalisierten Flusses. **2** Die Feuchtbiotope nehmen Wasser aus den benachbarten Klärwerken auf. **3** Im oberen, weniger stark bebauten Abschnitt des kanalisierten Flusslaufes wurden 60 Feuchtbiotope mit Klärwirkung angelegt. Sie bilden die dritte Klärstufe für das aus den angrenzenden Klärwerken einfließende Wasser.

1

2

■ **1** Ausheben der Feuchtbiotope beim Flussbett. **2** Die einzelnen Becken sind unterschiedlich groß, im Durchschnitt beträgt die Breite 50 m, die Länge 20 m, die Durchflussrate liegt bei 0,3 – 0,4 m³/sec. **3** Setzen der Pflanzen. **4** Während der niederschlagsarmen Monate sind die in den Biotopen nachgereinigten Abwässer eine Wasserquelle für den Fluss.

Absorbieren // 109

Biotop zur Wasserreinigung //
Atelier Dreiseitl

DaimlerChrysler Quartier, Potsdamer Platz, Berlin, Deutschland

Regenwasser von Dächern ist kaum verschmutzt und weist eine geringe Nährstoffkonzentration auf. Dennoch reichern sich Schadstoffe in den Flüssen an, es ist daher wichtig, auch kleine Spuren von Verunreinigungen herauszufiltern. Dies und strengere Auflagen zum sparsamen Wasserverbrauch waren der Ausgangspunkt für neue Strategien zur Reinigung und Wiederverwendung von Oberflächenwasser. Das Atelier Dreiseitl sieht diese wassertechnischen Überlegungen als zentrales Element des innovativen Entwurfs für den Potsdamer Platz in Berlin. Unter dem Platz verläuft ein Tunnel, der Tiergarten und Spree mit dem Norden und Süden der Stadt verbindet. Das Auffangen, Wiederverwenden und Filtern von Regenwasser der umliegenden Dächer wird in diesem Kontext zu einem harmonischen System ausgebildet. Das gesammelte Regenwasser fließt durch offene „urbane Gewässer" und wird dabei in einer Reihe von Biotopen geklärt, bevor es in den nahe gelegenen Kanal geleitet wird.

Diese künstlichen Feuchtbiotope entfalten gerade bei der Klärung von Regenwasser ihre große Wirkung, die auf eine schnelle Wasserzirkulation und die hoch effiziente Verarbeitung überschüssiger Nährstoffe zurückzuführen ist. EIN BESONDERER VORTEIL GEGENÜBER KONVENTIONELLEN FILTERSYSTEMEN FÜR REGENWASSER LIEGT DARIN, DASS DIESES REINIGENDE GEWÄSSERSYSTEM OHNE CHEMISCHE ZUSÄTZE AUSKOMMT.

Für das gesammelte Regenwasser steht eine Zisterne mit einem Fassungsvermögen von 1.000 m³ zur Verfügung; dieses Wasser wird innerhalb von drei Tagen durch eine Reihe von Biotopen geleitet, so dass das Algenwachstum gering bleibt. Der niedrige Wasserstand und die Zusammensetzung des Substrats, das aus einem anorganischen, sehr porösen Sand-Mineralien-Gemisch mit geringem Nährstoffgehalt besteht, ermöglichen diese schnelle Zirkulation. Das dreilagige Filtersubstrat besteht aus 90 % Sand, 5 % mineralischen Zusatzstoffen (Zeolith) und 5 % Lavagestein mit einem Eisengehalt bis zu 15 %. Zeolith besitzt eine hohe Durchlässigkeit und bindet sehr gut Nährstoffe. Der rote Lavastein kann die Fähigkeit zur Phosphatbindung signifikant steigern. Runde, 1–3 mm große Sandkörner schaffen Hohlräume und damit eine dem Pflanzenwachstum zuträgliche Porosität des Untergrunds.

Die Pflanzen wachsen üblicherweise in einem organischen Substrat, deshalb wurde die Anzucht auf einem nicht-organischen Trägermedium über eine gesamte Wachstumsperiode hinweg außerhalb durchgeführt. Da in den Biotopen relativ wenig Nährstoffe zur Verfügung stehen, wurden die in Töpfen eingesetzten Pflanzen außerdem dicht gestellt, um anfängliche Mangelernährung zu überbrücken und entsprechende Verluste gut ausgleichen zu können. Eine Bepflanzung entlang der Ränder des Biotops unterstützt die Aufnahme von Nährstoffen und die Sauerstoffanreicherung. Die kontinuierliche Zufuhr von Sauerstoff über das ganze Jahr hinweg verhindert eine erneute Abgabe von Phosphaten und stellt somit die Fähigkeit zum Binden der Schadstoffe über mehrere Jahre hinweg sicher.

Die Klär-Biotope sind sehr wirkungsvoll beim Abbau von festen und gelösten organischen Stoffen. Aerobe Wasser-Mikroorganismen, die in einer Symbiose mit den Wurzeln der Pflanzen leben, ermöglichen den Abbau von organischen Kohlenstoffverbindungen. Dank der großen Oberfläche jedes einzelnen Substrat-Bestandteils und den dichten Pflanzenwurzeln kann sich diese Mikrofauna gut entwickeln. Der Sauerstoffgehalt wird durch den Wasserzulauf sichergestellt, zusätzlichen Sauerstoff sowie Kohlendioxid führen die Pflanzen über ihr Wurzelwerk zu. Mit der Hilfe von Bakterien wird dann unter Sauerstoff das Ammonium nitriert, einen Teil der Nitrate verwenden die Pflanzen als Nährstoffe.

Dieses System der Wasseraufbereitung bleibt auf Dauer stabil. Die Biotope des Potsdamer Platzes arbeiten nun schon über acht Jahre erfolgreich. AUSSER DER ZUGABE VON GELÖSTEM KALK ZUM ERHALT DES CHEMISCHEN GLEICHGEWICHTS UND DEM JÄHRLICHEN ZURÜCKSCHNEIDEN DER PFLANZEN BENÖTIGEN SYSTEM UND SUBSTRAT NUR WENIG PFLEGE. IM GEGENSATZ ZU TRADITIONELLEN SANDFILTERSYSTEMEN IST EIN ERSETZEN DES SUBSTRATS ODER DAS ENTFERNEN DER OBEREN LAGEN IM ALLGEMEINEN NICHT NOTWENDIG. Nur unter extremen Bedingungen, falls das Substrat verstopft und die Durchflussrate dramatisch fällt, müssten die Becken geleert und das Biotop neu eingerichtet werden.

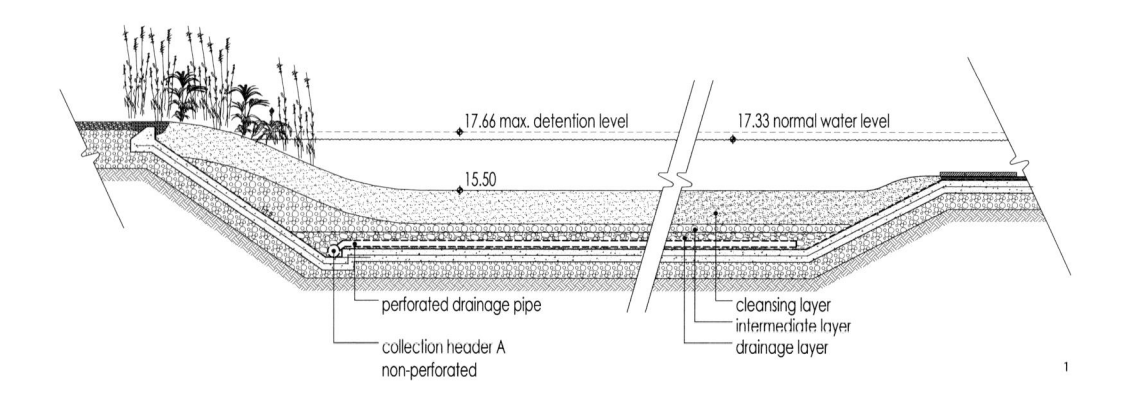

Nutrient extraction through plant filters

Filter sublayer
Drain layer
Sealing

Overturn

2

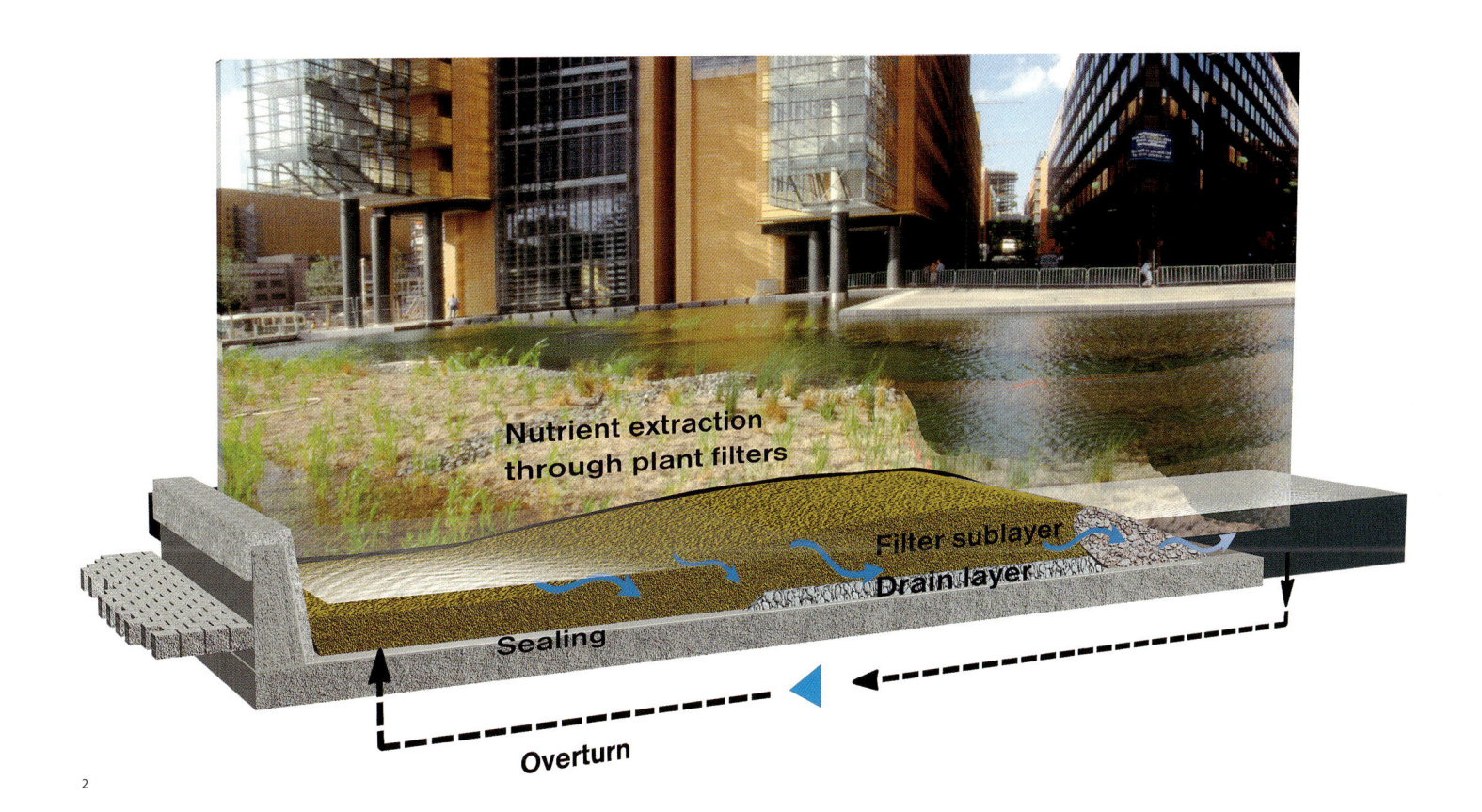

■ **1** Schnitt: Schematischer Aufbau des Biotops. **2** Funktionsdiagramm: Sand-Mineral-Substrat und Wasserpflanzen ergänzen einander: Nährstoffentzug über Pflanzenfilter; Filtersubstrat; Dichtung; Drainschicht; Umwälzung. **3** Das Biotop wurde über einem Tunnel angelegt, für entsprechende Abdichtung sorgt das Auskleiden mit einer Geomembran. **4** Das Substrat aus Sand, Zeolith und Lavagestein ist hoch durchlässig und bindet eingeschwemmte Nährstoffe. **5** Da das Nährstoffangebot nicht sehr hoch ist, werden die Pflanztöpfe dicht gesetzt, um etwaige Verluste auszugleichen. **6** Das gesammelte Oberflächenwasser zirkuliert in einem offenen „urbanen Gewässer".

3 4 5 6

Absorbieren // 111

Hauseigene Kläranlage //
Andropogon Associates + Kieran Timberlake Associates +
Natural Systems International

Sidwell Friends Schule, Washington, D.C., USA

In Einklang mit der Philosophie der Quäker, die eine große Verantwortung des Menschen für die Erde sehen, werden an der Sidwell Middle School die Abwässer biologisch geklärt. DIE VERSCHIEDENEN PROZESSE SIND SOWOHL IN DIE FREIANLAGEN ALS AUCH DIE ARCHITEKTUR OPTISCH UND FUNKTIONAL IN EIN SYSTEM INTEGRIERT, DAS BEIDE IN IHREM ERSCHEINUNGSBILD UND IHRER FUNKTION UNTERSTÜTZT. Darüber hinaus können die Schüler das gesamte System überschauen – ein Beitrag zu einer nachhaltigen Erziehung.

Biologische Abbau-Prozesse sind sehr energiesparend, da hier eine ausschließlich natürliche Klärung stattfindet und kaum Zufuhr von Strom notwendig wird. Viele konventionelle Systeme verbrauchen ein hohes Maß an Elektrizität, außerdem fallen dabei mehr Faulschlämme an, die entsorgt werden müssen. Biologische Systeme lassen vergleichsweise wenig Faulschlämme entstehen, allerdings brauchen sie länger und benötigen mehr Fläche. An der Sidwell-Schule wurden die Feuchtbiotope für die biologischen Prozesse terrassenförmig angelegt und in den Schulhof integriert, zugleich sind sie Klassenzimmer im Freien und bieten Lebensraum für eine artenreiche Flora.

Im Vergleich zu zentralisierten Systemen, deren umfangreiche Infrastruktur die anfallenden Abwässer sammelt und abtransportiert, erfordern geländeeigene Klärsysteme nur relativ geringfügige Investitionen. Darüber hinaus kann das geklärte Wasser direkt vor Ort weiter genutzt werden, wie etwa zur Pflanzenbewässerung oder für Toilettenspülungen. Bei einem zentralisierten System ist es dagegen selten kostengünstig, das Klärwasser wieder in Umlauf zu bringen; statt dessen wird das nährstoffreiche Abwasser in nahe gelegene Gewässer geleitet, was häufig Überdüngung zur Folge hat.

Über die Wasser- und Abwasserbewirtschaftung sind an dieser Schule die biologischen Prozesse von Architektur und Landschaft zu einem für alle nützlichen Kreislauf verbunden. Das Abwasser aus dem Gebäude wird zunächst in unterirdischen Tanks geklärt und dann durch mehrere, auf dem Schulhof angelegte terrassierte Schilfbeete geleitet (Abwasser gelangt nicht an die Oberfläche). In den Feuchtbiotopen zersetzen die im kiesigen Pflanzsubstrat und an den Schilfwurzeln siedelnden Mikroorganismen die gelösten Schadstoffe. Ein Rieselfilter und ein Sandfilter dienen der weiteren Klärung. Die Anlage kann täglich etwa 11.000 l aufnehmen, ein Durchlauf dauert vier bis sechs Tage. Das gereinigte Wasser ist von hoher Qualität und versorgt zu 100 % die Toilettenspülungen im Gebäude. Während der Wintermonate stellt das warme Abwasser aus dem Gebäude sicher, dass die Feuchtbiotope nie zufrieren, wobei jedoch die Mikroorganismen langsamer arbeiten.

Oberflächenwasser wird in einen Regengarten und einen Teich abgeführt. Das Regenwasser des Daches sammelt sich in einer unterirdischen Zisterne und gleicht in trockeneren Zeiten den Wasserstand des Teiches aus. Bei starken Niederschlägen füllt sich der Regengarten, das Wasser sickert dann langsam in den Boden und wird so auf natürliche Weise gefiltert. Überschüssiges Regenwasser aus der Zisterne fließt über einen aus einem Mühlstein geformten Brunnen in den Teich ab. Droht der Teich bei starkem Regen über die Ufer zu treten, regelt ein Wehr den Abfluss in den Regengarten. So ist der wechselnde Wasserstand zugleich Anzeige für die gefallene Regenmenge und bildet den Jahreszyklus von Regen- und Trockenperioden ab.

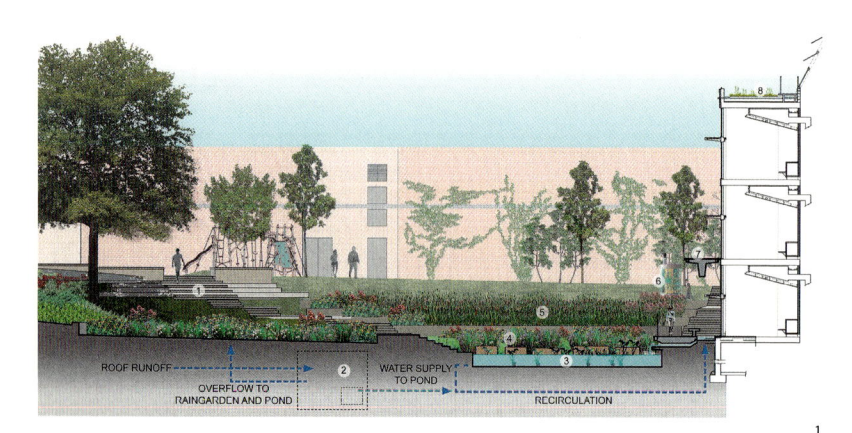

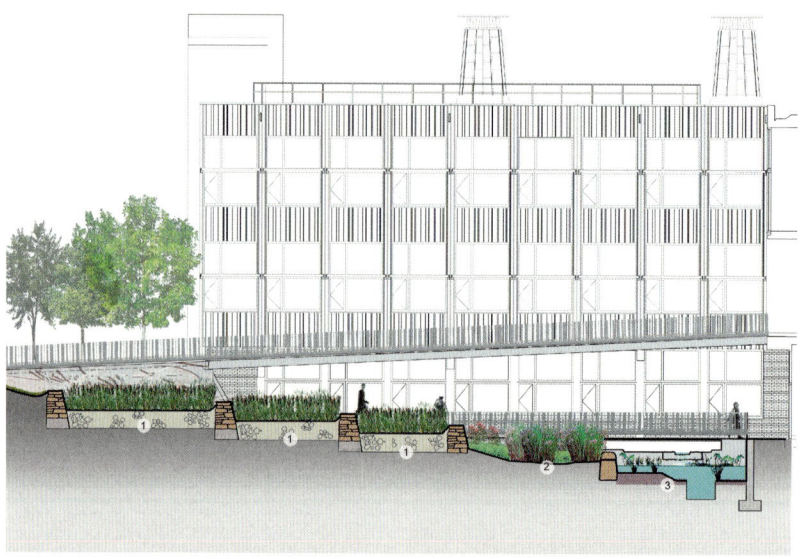

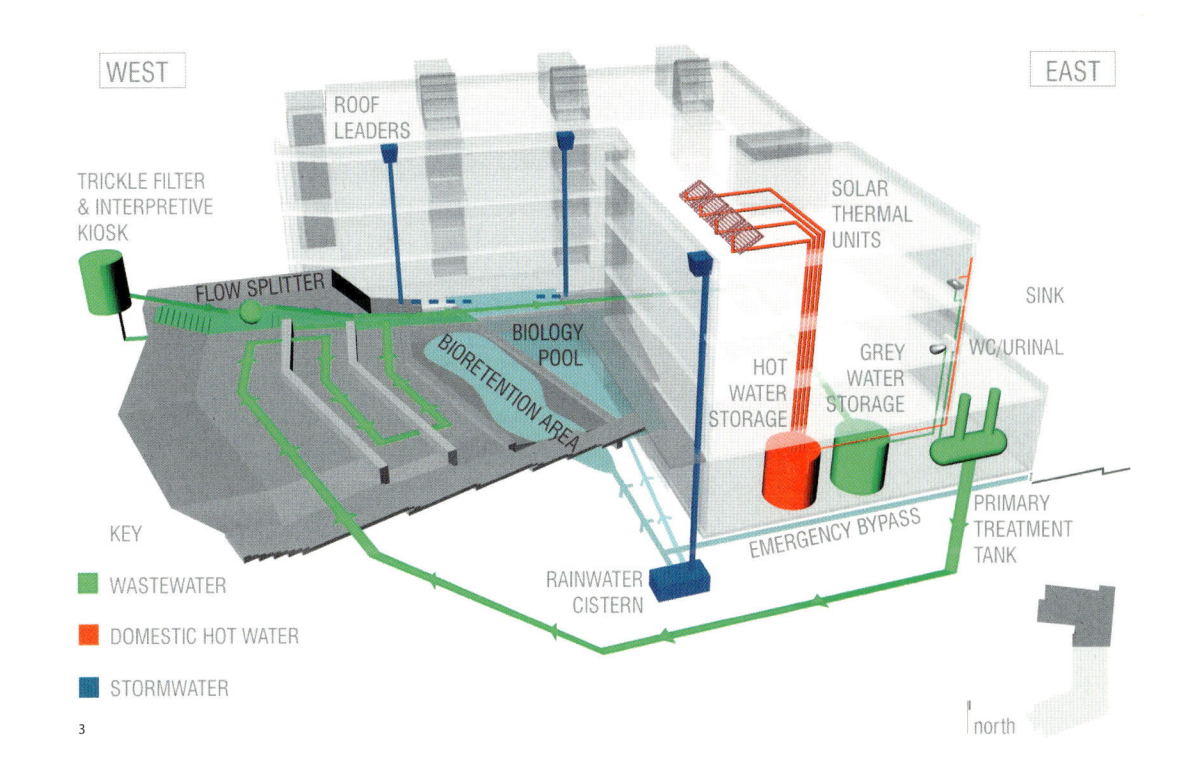

1 Das Feuchtbiotop-System klärt Abwasser und Grauwasser des Gebäudes. **2** Schematischer Schnitt. **3** Diagramm des geschlossenen Wasserkreislaufs. **4** Perspektivische Darstellung: terrassenförmig angelegtes Feuchtbiotop und Neubau.

Absorbieren // 113

Bodenrecycling-Strategie //
D.I.R.T. studio

Werftgelände für Urban Outfitters, Philadelphia, Pennsylvania, USA

Im Entwurf für die Umnutzung des Werftgeländes Dock 1 als Geschäftszentrale von Urban Outfitters versuchte D.I.R.T. studio, die Produktionsspuren der ehemaligen Marine-Schiffswerft von Philadelphia freizulegen. MAN VERFOLGTE EINEN NEUEN ANSATZ ALS ALTERNATIVE ZUM ÜBLICHEN ABTRAGEN UND DEPONIEREN UND ENTSCHIED SICH FÜR EINE STRATEGIE DES ERHALTENS, BEI DER NORMALERWEISE UNERWÜNSCHTER SCHUTT EINER NEUEN NUTZUNG ZUGEFÜHRT WURDE.

D.I.R.T. studio begann mit „forensischen Geländestudien" vor Ort, mit denen die Bodenschichten untersucht wurden. Bei dieser Arbeit legte man die gesamte Materialpalette des Philadelphia Navy Yard frei: lange Eisenbahnschienen, fleckige Betonflächen, verrostete Metallgitter und Industrieabfälle.

Der Ansatz, das Vorhandene abzutragen und so das Grundstück wieder freizulegen, ist an sich nicht neu. Aber das angestrebte Aufbereiten und Wiederverwerten vor Ort erwies sich als Herausforderung für Planung und Kalkulation. Um die Zustimmung von Generalunternehmer und Bauherr zu erhalten, präsentierte D.I.R.T. ein 1:1-Modell mit Originalmaterialien und in Originalgröße. Ein Testgraben wurde angelegt, um den vorhandenen Schichtaufbau darzustellen. GROSSE BETONBRUCHSTÜCKE WURDEN IN EINEM NEUEN PFLASTERMUSTER ANGEORDNET, DAZWISCHEN SETZTE MAN BÄUME, DIE FUGEN WURDEN MIT STEINMEHL VERFÜLLT. AUF DIESE WEISE KONNTE DER ABRISSSCHUTT, DER SONST AUF DER DEPONIE LANDET, VOLLSTÄNDIG WIEDERVERWENDET WERDEN.

In Anlehnung an die Zeichentrickserie „Fred Feuerstein", dessen Held Barney Geröllheimer im Original Barney Rubble heißt, taufte D.I.R.T. studio das Projekt nach seinem Namen „How to Barney Rubble". Das Procedere geht so:

- Entfernung der bitumenhaltigen Bodendecke.
- Brechen des Betons in Stücke von etwa einem halben bis 1,20 m Durchmesser.
- Untersuchung des Unterbodens auf geeignete Drainage, nötigenfalls Bodenaufschüttungen.
- Auslegen der Puzzleteile in einem ansprechenden Muster.
- Einbringen von grobem Betonbruch mit der Hilfe von Schütten und manuelles Nacharbeiten um eine plane Fläche zu erreichen.
- Setzen von Robinien (Robinia pseudoacacia) in losem Abstand von etwa 3,50 m zwischen die eng verlegten Betonbruchplatten.
- Absenken des Bereichs rund um den Stamm.
- Verfüllen von Steinmehl in Fugen und Zwischenräume.

1 Schnitte zur Verdeutlichung des Bauprozesses.
2 Vorhandener Bodenbelag. **3** Entfernen der Bitumendecke. **4** Auswahl der Beton-„Puzzleteile". **5** Robinien werden in die Lücken zwischen Betonstücken gesetzt.
6 Verlegen der 0,60–1,20 m großen Beton-Bruchstücke.
7 Zwischenräume sind mit Steinmehl verfüllt.

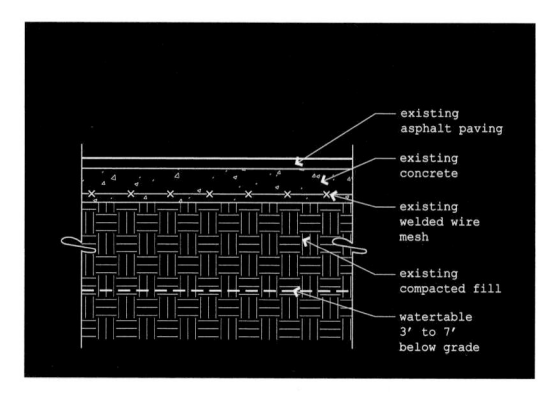

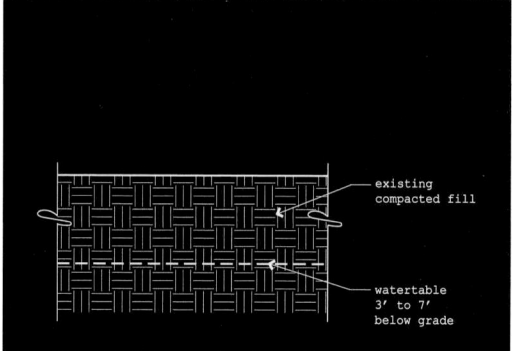

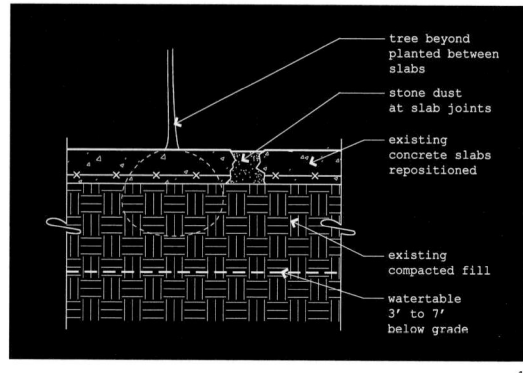

2

3

4

5

6

7

Absorbieren // 115

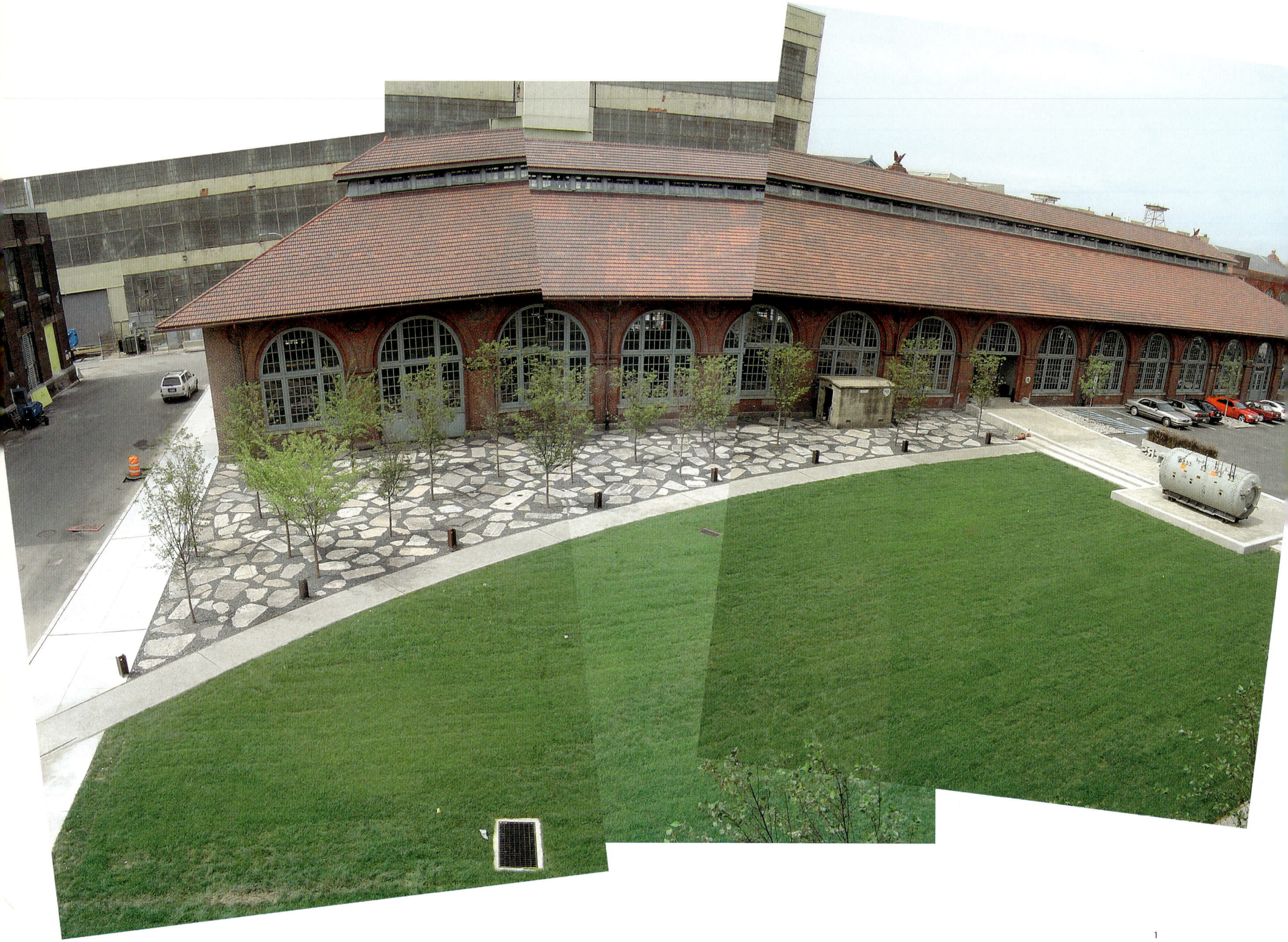

1

2

1 Mit dem „Geröllheimer-Verfahren" kann der Bauschutt vollständig wiederverwendet werden, anstatt auf der Deponie zu landen. **2** Der fertige Belag.

Absorbieren // 117

Umschichtung von verseuchtem Boden //
Gustafson Porter

Cultuurpark Westergasfabriek, Amsterdam, Niederlande

1967 – nach 82 Jahren Nutzung als zentrales Gaswerk – endete der Betrieb der Amsterdamer Westergasfabriek, doch für eine öffentliche Nutzung kam das Gelände nicht in Frage. Die Gewinnung von Gas aus Kohle hatte eine mit chemisch-toxischen Substanzen verseuchte Industriebrache hinterlassen. In den drei Jahrzehnten nach Einstellung der Produktion übernahm die Hausbesetzerszene den verseuchten Ort mit den historischen Industriegebäuden, hin und wieder fanden (legal oder illegal) kulturelle Events statt. Erste Sanierungsgutachten empfahlen die unerschwinglich teure Abtragung des verseuchten Bodens, und so blieb die Zukunft des Geländes lange Zeit in der Schwebe.

2003 wurde der Westergasfabriek Kulturpark eröffnet, ohne dass verseuchter Boden abgetragen worden wäre. Schnell entwickelte sich hier ein belebter innerstädtischer Park mit einer Vielzahl von Attraktionen. KERNSTÜCK DIESER UMNUTZUNG IST EINE WIRTSCHAFTLICH ANGELEGTE, BREIT GEFÄCHERTE STRATEGIE, DIE EINEN VIELFÄLTIGEN PARK UND EINE ANSPRECHENDE TOPOGRAFIE DURCH UMSCHICHTUNG VON KONTAMINIERTEM BODEN INNERHALB DES GELÄNDES ERMÖGLICHTE.

Mit einem Gelände von 13 ha war die Westergasfabriek das größte Gaswerk Amsterdams. Die zum Zeitpunkt der Schließung erhaltenen 19 Industriebauten sowie eine Reihe von Gasometern, Teergruben und weiteren Anlagen sind heute alle unter niederländischen Denkmalschutz gestellt. Das Gelände war durch die Gasgewinnung stark verunreinigt, da Schwermetalle, flüchtige organische Verbindungen und Benzol in den Boden gelangt waren. Analysen ergaben, dass Boden wie Grundwasser unterschiedlich stark mit einem Giftcocktail von Asbest bis Zyanid verseucht waren.

Das Ministerium für Wohnungsbau, Raumplanung und Umwelt stimmte der kostengünstigsten Lösung zu, die darin bestand, den verseuchten Boden vor Ort zu isolieren, zu kontrollieren und zu analysieren (ICM-Methode: Isolate, Control, Monitor), eine Strategie, die nur etwa 1/6 der Kosten verursachte. Bei diesem Verfahren wird der verseuchte Boden mit einer Deckschicht, in der Regel einer undurchdringlichen Oberfläche wie Asphalt, vollkommen versiegelt. Doch abgesehen von den immer noch beträchtlichen Kosten hätte das Aufbringen einer derartigen undurchlässigen Decke auf dem gesamten Gelände durchaus auch Nachteile mit sich gebracht. Zunächst ist eine ebene Asphaltauflage kein geeigneter Untergrund für einen abwechslungsreichen Stadtpark mit viel Grün. Darüber hinaus stehen die Gebäude des Geländes auf Holzpfählen; hier bestand die Gefahr, dass sie verrotten könnten, falls der Grundwasserspiegel aufgrund fehlender Niederschläge abzusinken drohte.

Noch vor der eigentlichen landschaftlichen Gestaltung des Parks entschieden die Ingenieure, der undurchdringlichen Deckschicht ein Gefälle zu geben: Obere Partien der versiegelten Fläche könnten dann als Wegepflasterung dienen, über den abgesenkten Teilen ließe sich die Topografie eines Parks modellieren. Zu diesem Zeitpunkt wurde ein Richtwert für den Anteil an gepflasterten Verkehrsflächen festgelegt, außerdem entschied man, wie viele Kubikmeter Boden innerhalb des Geländes zu verschieben waren.

Doch selbst nach der ICM-Methode blieben die Sanierungskosten unerschwinglich hoch. Die zuständigen Ingenieure konnten die Kosten erst dann weiter senken, als sie feststellten, dass ein Meter sauberer Boden dort als Isolierschicht ausreichend wäre, wo das verschmutzte Grundwasser nicht bis in die saubere Bodenlage hinein steigt. Dank dieser Überlegungen konnte auf eine durchgehende und teure Deckschicht verzichtet werden, die Alternative war eine Kombination aus Pflanzerde mit einer dünnen Geotextil-Membran als Isolierschicht darunter. Auf diese Weise konnte auch das Oberflächenwasser ungehindert in den Boden eindringen und der Erhalt der hölzernen Gebäudefundamente war gewährleistet. Die undurchdringliche Deckschicht war jetzt nur noch in den unter der Hochwassermarke gelegenen Arealen und außerdem bei Wegen oder für durch das Nutzungsprogramm entsprechend ausgewiesene Bereiche notwendig.

Durch die Kombination einer Hügellandschaft und der ICM-Methode entstand aus dem planvollen Abtragen und Wiederaufschütten des kontaminierten Bodens eine neue Topografie. Im Bereich um die Gebäude und in unmittelbarer Umgebung des Wasserlaufs wurde das kontaminierte Erdreich abgetragen, da der Boden hier zu versiegeln war. Die verseuchten Partien, die mit frischer Erde bedeckt werden sollten, wurden so modelliert, dass sich durch das Aufschütten mit der – je nach geplanter Begrünung (Bäume oder Grassaat) unterschiedlich dicken – sauberen Erdschicht sanfte Konturen ergaben, die sowohl den künstlichen Untergrund vergessen ließen als auch einen kostensparenden Einsatz gesunden Mutterbodens ermöglichten. Vorhandener Baumbestand wurde erhalten, indem man den verunreinigten Boden um die Wurzelballen vorsichtig abgrub und mit sauberer Erde ersetzte.

EIN GROSSTEIL DES ERFOLGS DES WESTERGASFABRIEK KULTURPARKS BERUHT AUF DIESEM WIRTSCHAFTLICHEN EINSATZ DER MITTEL SOWIE DEM ABSTIMMEN DER PARKGESTALTUNG AUF DIE SANIERUNGSMASSNAHMEN. Und doch: Die gelungenen nahtlosen Übergänge der Parkflächen gehen auf Kosten dessen, dass die unterschiedlichen Schichten nun nicht mehr erkennbar sind. Sie hätten den Besuchern viel über die Hinterlassenschaft dieser Industriebrache erzählen können, ein Erbe, das nicht nur die historischen Gebäude, sondern das gesamte Umfeld des Geländes betrifft.

■ **1** Das Gelände war durch die Gasgewinnung stark verseucht. **2** Durch Abtragen und Aufschütten von Boden entstand ein neues Geländerelief.

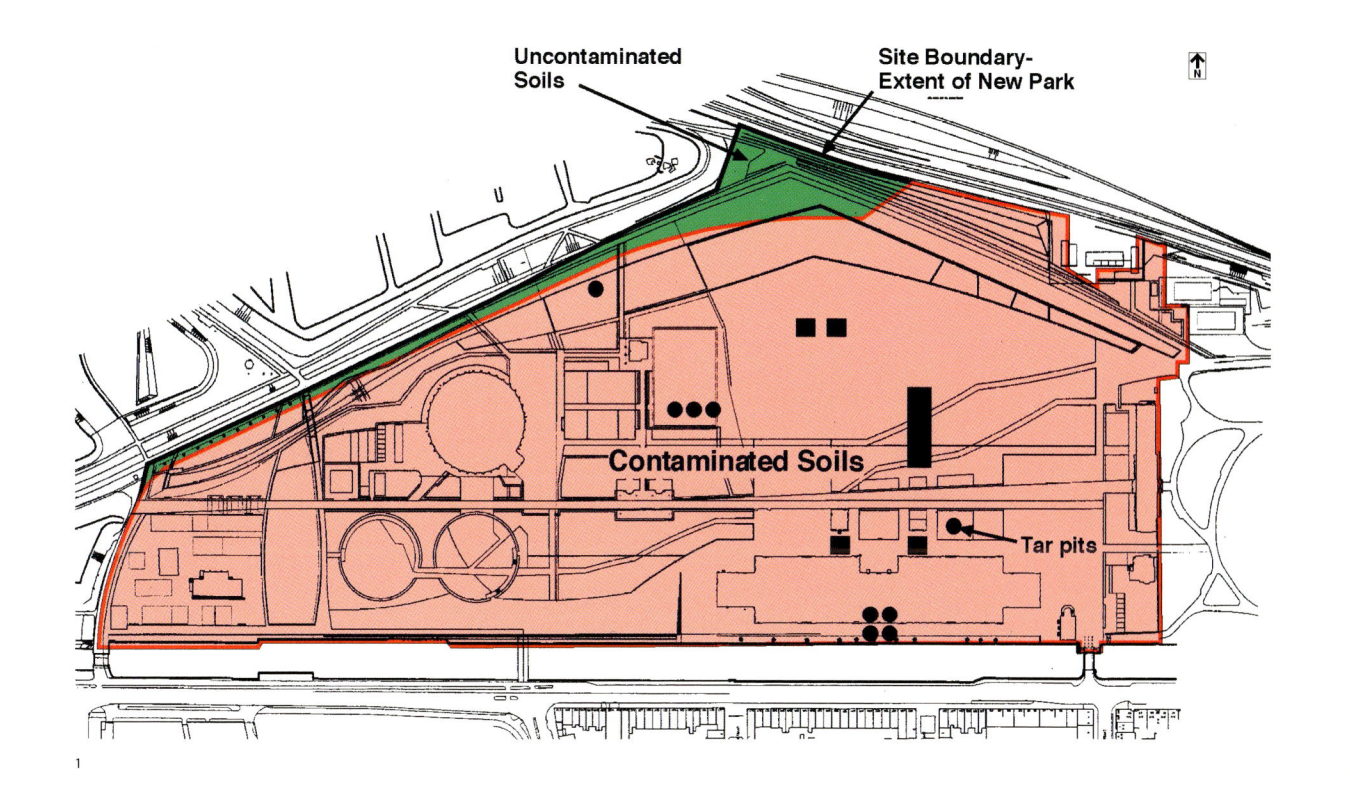

1

- Uncontaminated Soils
- Site Boundary - Extent of New Park
- Contaminated Soils
- Tar pits

2

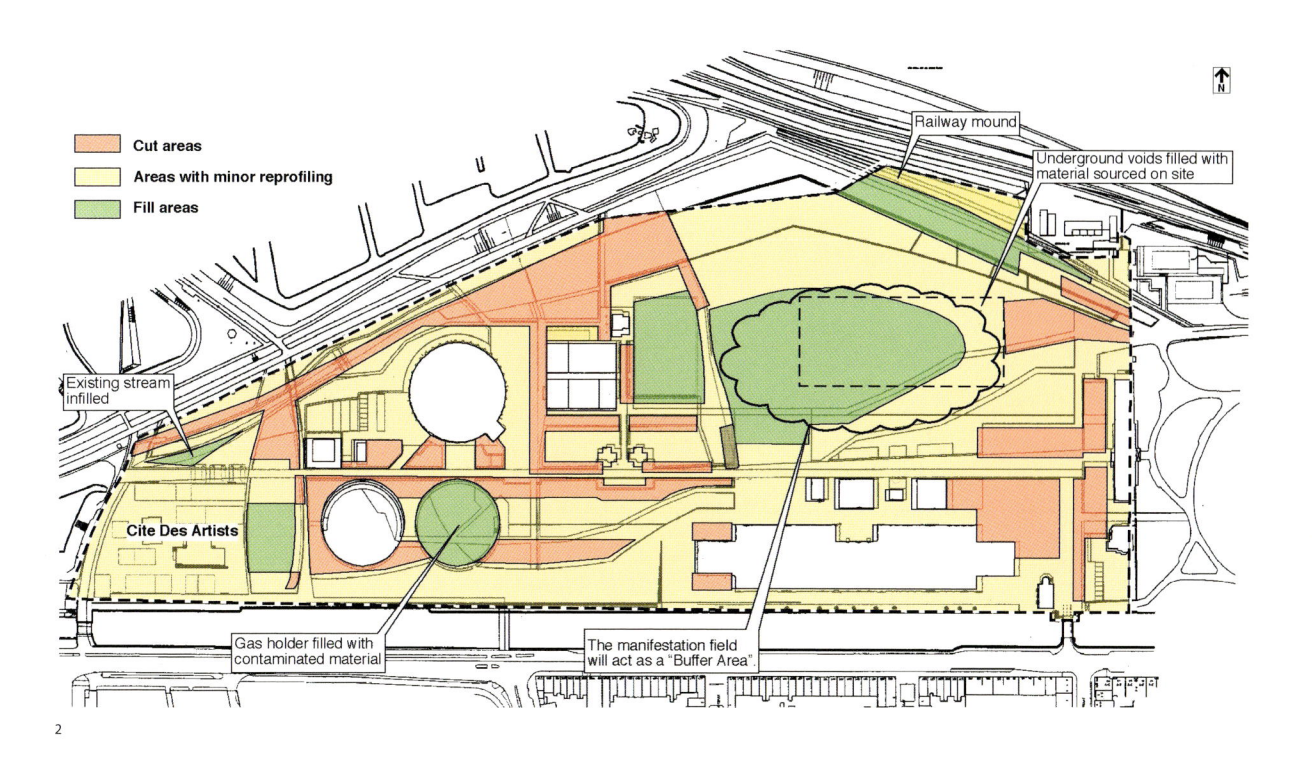

- Cut areas
- Areas with minor reprofiling
- Fill areas
- Railway mound
- Underground voids filled with material sourced on site
- Existing stream infilled
- Cite Des Artists
- Gas holder filled with contaminated material
- The manifestation field will act as a "Buffer Area"

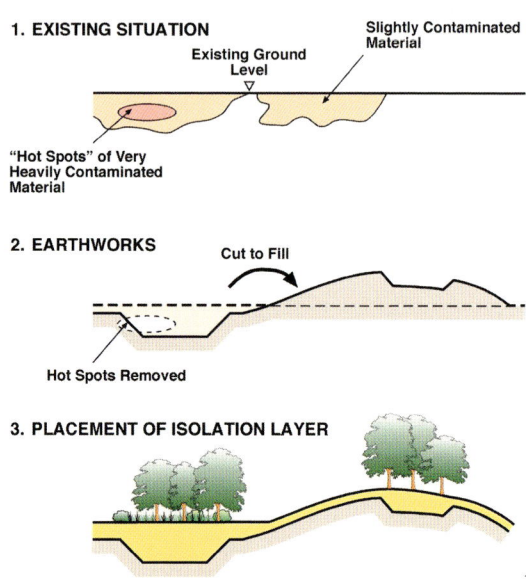

1. EXISTING SITUATION

- Existing Ground Level
- Slightly Contaminated Material
- "Hot Spots" of Very Heavily Contaminated Material

2. EARTHWORKS

- Cut to Fill
- Hot Spots Removed

3. PLACEMENT OF ISOLATION LAYER

Existing Trees - Contaminated Areas

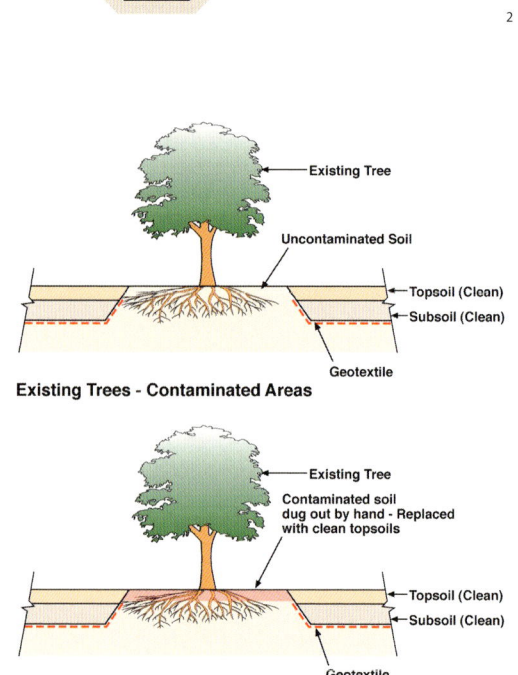

- Existing Tree
- Uncontaminated Soil
- Topsoil (Clean)
- Subsoil (Clean)
- Geotextile

- Existing Tree
- Contaminated soil dug out by hand - Replaced with clean topsoils
- Topsoil (Clean)
- Subsoil (Clean)
- Geotextile

120

1 Auf dem Luftbild aus der Bauphase sind die unterschiedlichen Bereiche gut zu erkennen. 2 Schematische Darstellung der Strategie für die Erdarbeiten: Vorher – Prozess – Nachher. 3 Zusammenspiel mit landschaftsplanerischen Elementen wie Gewässern, Wegen und Gleistrassen. 4 Strategie zum Erhalt vorhandener Bäume. 5 Das Nutzungsprogramm für die Parkanlage berücksichtigt, wo verseuchter Boden abgetragen beziehungsweise aufgeschüttet werden sollte. 6 Mutterboden oder Pflasterung – die Deckschicht über dem kontaminierten Boden wechselt je nach vorgesehener Vegetation und Nutzungsprogramm.

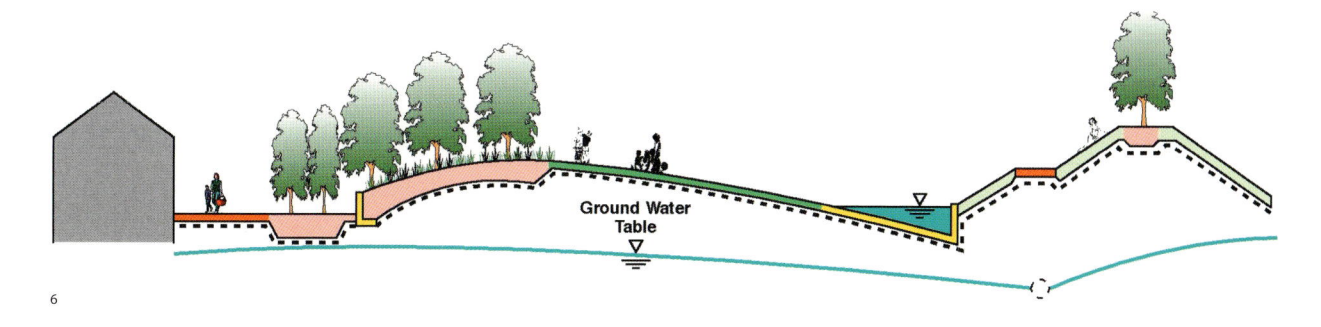

Absorbieren // 121

▪ Übertragen

IN ÜBERTRAGEN VERSCHMELZEN LANDSCHAFT UND KOMMUNIKATION ZU EINER FORTSCHREITENDEN REPRÄSENTATION LOKALER UND KONTEXTUELLER BEDINGUNGEN. HIER SIND DIE DATEN EIN LEBENDES SYSTEM. DAS KAPITEL UNTERSUCHT, WIE DATENSYSTEME IN DER LANDSCHAFT GESTALT ERHALTEN, WOBEI DER FOKUS AUF DEN NUMMERISCHEN ASPEKTEN EINZELNER ODER ZUSAMMENWIRKENDER DYNAMISCHER KRÄFTE UND GELÄNDE-EIGENSCHAFTEN LIEGT.

Vom Mobilfunk bis zum unendlichen Informationsnetz des Internets – Kommunikation in Echtzeit und weltweite Datenströme gehören immer mehr zum alltäglichen Lebensumfeld. Satellitenübertragungen, Fotodokumentationen, Glasfaseroptik und intelligente Technologien sind integrativer Bestandteil vieler Alltagsprodukte wie der Kleidung, aber auch von Architektur und Transportmitteln. So bemüht man sich auch in der Landschaftsarchitektur, standortbezogene und standortunabhängige Daten zu sammeln, da Systeme zur Bewertung veränderlicher Phänomene wie Wirbelstürme, Erdbeben und Schadstoffbelastungen zunehmend an Bedeutung gewinnen. Überwachungs- und Erfassungsprozesse gehören mittlerweile zu den gängigen Hilfsmitteln von Landschaftsarchitekten, nicht nur um die Rahmenbedingungen eines Geländes, sondern auch um Bauprogramm und visuellen Raum zu definieren.

In Übertragen verschmelzen Landschaft und Kommunikation zu einer fortschreitenden Repräsentation lokaler und kontextueller Bedingungen. Hier sind die Daten ein lebendes System. Das Kapitel untersucht, wie Datensysteme in der Landschaft Gestalt erhalten, wobei der Fokus auf den nummerischen Aspekten einzelner oder zusammenwirkender dynamischer Kräfte und Geländeeigenschaften liegt. Unabhängig davon, ob sich die Sensoren direkt auf dem Gelände oder entfernt davon befinden, werden die Messergebnisse jeweils zusammengefasst, dekodiert, ausgewertet und dann als unterschiedliche Kommunikationsformen und interaktive Strukturen aufbereitet.

Das Kapitel Übertragen ist ein Beitrag zum gegenwärtigen Dialog über didaktischen Wert und Potenzial von Landschaftsarchitektur: Gestaltung will Bedeutung kreieren oder ein Bewusstsein für Umwelt und für politische, sozio-ökonomische oder fachbezogene Aspekte wecken. Ziel der Projekte ist, den Besucher zu bilden und ihm mittels interaktiver Feedback-Systeme Informationen an die Hand zu geben.

Vor dem Hintergrund, dass die Auswirkungen globaler und regionaler Ereignisse zunehmend auch lokal wahrnehmbar werden (Wetter, Verschmutzung, Verkehr, Lärmbelastung, urbane Prozesse), stellt das Kapitel Verfahren der interpretativen Darstellung vor, die nicht sichtbare Bedingungen und zeitliche Zusammenhänge verdeutlichen und beschreiben. Darüber hinaus soll Informieren auch als Medium der Kraftübertragung verstanden werden. Dies betrifft Verfahren wie die Energieernte, bei der energetische Ressourcen – aus der Bewegung von Fußgängern oder Fahrzeugen bis hin zu Sonnenenergie, Gezeiten- oder Windkraft – über mechanische Geräte „geerntet" und vor Ort entsprechend genutzt werden. Durch die Kopplung von Sensoren beziehungsweise digitalen und mechanischen Geräten registrieren die vorgestellten Systeme Mehrfrequenzsignale um variable Geländeanforderungen abzuschätzen, oder sie speichern Energie um sie in neue Leistungsformen umzuwandeln.

Der Entwurf für eine Glasfaser-Marsch enthält ein Überwachungssystem für eine Sanierung einer küstennahen Marsch. Die Konstruktion aus sensitiven leuchtenden Glasfaserstäben ist zunächst eine Alternative zum verschwundenen Seegrasbestand und misst zugleich ständig den Verschmutzungsgrad des Wassers. Diese Messdaten werden in leuchtende Farben übersetzt, die entsprechende Verfärbung der Stäbe dient als Indikator für die Wasserqualität. Nachts bietet die Glasfaser-Marsch eine spektakuläre, vom Grad der gemessenen Verschmutzung gesteuerte Lightshow, die sich mit den Gezeiten und je nach Sauberkeit des Wassers verändert. Die Marsch wird auf diese Weise ein didaktisches Instrument, dessen Licht

VOR DEM HINTERGRUND, DASS DIE AUSWIRKUNGEN GLOBALER UND REGIONALER EREIGNISSE ZUNEHMEND AUCH LOKAL WAHRNEHMBAR WERDEN (WETTER, VERSCHMUTZUNG, VERKEHR, LÄRMBELASTUNG, URBANE PROZESSE), STELLT DAS KAPITEL VERFAHREN DER INTERPRETATIVEN DARSTELLUNG VOR, DIE NICHT SICHTBARE BEDINGUNGEN UND ZEITLICHE ZUSAMMENHÄNGE VERDEUTLICHEN UND BESCHREIBEN.

Besuchern und Parkmanagern den sonst nicht wahrnehmbaren Verschmutzungsgrad anzeigt.

Das Unwetterwarnsystem am Río Besòs informiert die Nutzer und steuert mit Hilfe der ermittelten Daten zu Wetter und Pegelständen den Zugang zur Anlage. In einem zentralen System werden Informationen über die lokale und regionale Entwicklung des Wetters gesammelt und die Möglichkeit von Hochwassern berechnet; über in der gesamten Anlage angebrachte Digitalanzeigen steuern die Ergebnisse den Zugang zum Park. Dank dieses Anzeigensystems kann der Überflutungsbereich des Flusses eine zusätzliche Nutzung als weitläufige Freizeitanlage übernehmen.

Bei dem Projekt Courtyard in the Wind im Hof des Technischen Rathauses in München setzt Windkraft über daraus gewonnenen elektrischen Strom eine Drehscheibe in einem Innenhof in Bewegung. Über einem Schienenkreis mit eingebautem Motor dreht sich die vollständige Hoflandschaft samt Bäumen, Sitzbank, Pflasterung und Besuchern wie auf einem Karussell. Das Verfahren der Energieernte ist hier auf eine ganze Landschaft übertragen und die Kraft des Windes in die mechanischen Pirouetten der Landschaft übersetzt. Der Antrieb der Scheibe nutzt ausschließlich Energie aus vorhandenen Quellen vor Ort, die ohne diese Einrichtung unbemerkt und ungenutzt bliebe.

Im Olympiapark in Athen sind Dutzende Klang- und Bewegungssensoren aufgestellt, die die akustische und dynamische Vielfalt der Tausenden von Besuchern aufzeichnen, die Tag und Nacht zu den Spielen kommen. Die gesammelten Informationen werden mittels eines Rechners in die pneumatische Bewegung einer riesigen Figur übersetzt. In Echtzeit kommuniziert diese Figur über Veränderungen von Form und Farbe die heftigen oder verhaltenen Reaktionen des Publikums. Verschiedene Bewegungs- und Farbmuster stellen unterschiedliche Stimmungen, Klangintensitäten und Frequenzen dar.

Unter den Produkten ist der Datenbrunnen ein Beispiel für ein Verschmelzen von Landschaft, Medien und Information. Das System bezieht Daten aus den aktuellen Nachrichten und Börsenberichten. Ein Computerprogramm rechnet die relativen Daten um, über die dann Wassermenge und Rhythmus eines Brunnenstrahls angesteuert wird.

Sandscape und Illuminating Clay sind als Hilfsmittel für die Planung in der Landschaftsgestaltung entwickelt worden; in ihnen verbindet sich das Anfertigen eines realen Modells und die Computeranalyse in Echtzeit. Noch während der Planer das Gelände aus Ton oder Sand mit den Händen modelliert, nimmt eine Sensortechnik die veränderte Form ab. Die ermittelten Daten werden in ein dreidimensionales digitales Modell sowie in eine Reihe von Geographic-Information-System-Analysekarten (GIS) (Hangneigung, Sonneneinstrahlung, Fluss des Wassers und Schattenwurf) umgewandelt und auf das Landschaftsmodell rückprojiziert. Pro Zyklus benötigt die gesamte Interaktionsschleife eine Sekunde. Digitale Daten und physische Gestalt werden innerhalb des selben Raums generiert, wobei immer die Werte des jeweils anderen Systems berücksichtigt werden. Gestaltung und umfassende Analyse verschmelzen zu einem einzigen, in Echtzeit ablaufenden Prozess, das intuitive Modellieren einer Landschaft aus der ungehemmten Bewegung heraus erhält dadurch eine ungeahnte Präzision.

Pneumatic Body //
ONL [Oosterhuis_Lénárd]

Temporäre Bauten, Olympische Spiele, Athen, Griechenland

Pneumatic Body wurde von den Architekten ONL als Pavillon für die Olympischen Spiele in Athen entworfen, ein interaktives Wahrzeichen, das vom Energiestrom der Fans und Besucher aktiviert wird. **DIE PNEUMATISCHE SPANNKONSTRUKTION RAGT IM ZENTRUM DES OLYMPIAGELÄNDES 30 M IN DIE HÖHE, SIE NIMMT DIE AKTIVITÄTEN, DIE SPANNUNG UND ERREGUNG DER SPORTLER, BESUCHER UND FANS AUF UND ÜBERSETZT INTENSITÄT UND LAUTSTÄRKE IN DIE BEWEGUNGEN EINER SKULPTURALEN ANATOMIE.** Indem akustische und mobile Energien der Besucher im Park über den Tagesverlauf hinweg sichtbar gemacht werden, „wird sich das Kollektiv seines eigenen Verhaltens, seines eigenen Einflusses bewusst".

Im gesamten olympischen Gelände nehmen verstreute „Agenten" nahe und entfernte akustisch-kinetische Events auf und übertragen die Signale über eingebaute drahtlose Sensoren an den Körper. „Ob kollektives Summen oder Gebrüll" – der Körper reagiert in Echtzeit darauf, verändert Form und Farbe. Mit seiner Grundkonstruktion aus einem Gerüst aus pneumatischen Röhren, so genannten Fluidic Muscles, ahmt der Körper die Gesten ausgestreckter oder gebeugter Gliedmaßen nach.

Bei den von der Firma Festo hergestellten pneumatischen Muskeln handelt es sich um einen druckversiegelten Gummischlauch, der in ein textiles Netzgewebe eingebunden ist. Die Haut des Body besteht aus durchscheinendem Elastomer in den Farben der Olympischen Ringe. Ein im Innern angebrachtes Leuchtsystem lässt den Körper bei Dunkelheit erstrahlen, über eine animierte LED-Anzeigentafel laufen zusätzliche Informationen.

Die Pneumatik der Fluidic Muscles wird individuell über magnetische, an einen Rechner angeschlossene Ventile angesteuert. Das eigentlich für interaktive Computerspiele verwendete Programm Virtools berechnet die Verhaltensprofile des Body. Die Software ist mit einer Druckluftanlage verbunden und übersetzt Klang- und Bewegungssignale in Druckstärken. Wird Luft in das System gepumpt, füllt sich der Schlauch, die erzeugte Spannung bewirkt eine Kontraktionsbewegung auf ganzer Länge und die gummiartige Überhaut dehnt sich in alle Richtungen: triumphierend wirbeln und kicken die vielen Arme des Body in die Luft.

1 Pneumatic Body kennt verschiedene Grade von Emotion: vom trägen Tanzsolo über Euphorie bis hin zu Panik. **2** Gestalt, Farbe und Bewegung des Pneumatic Body bilden den Energiestrom der Besuchermassen in Echtzeit ab.

Übertragen // 125

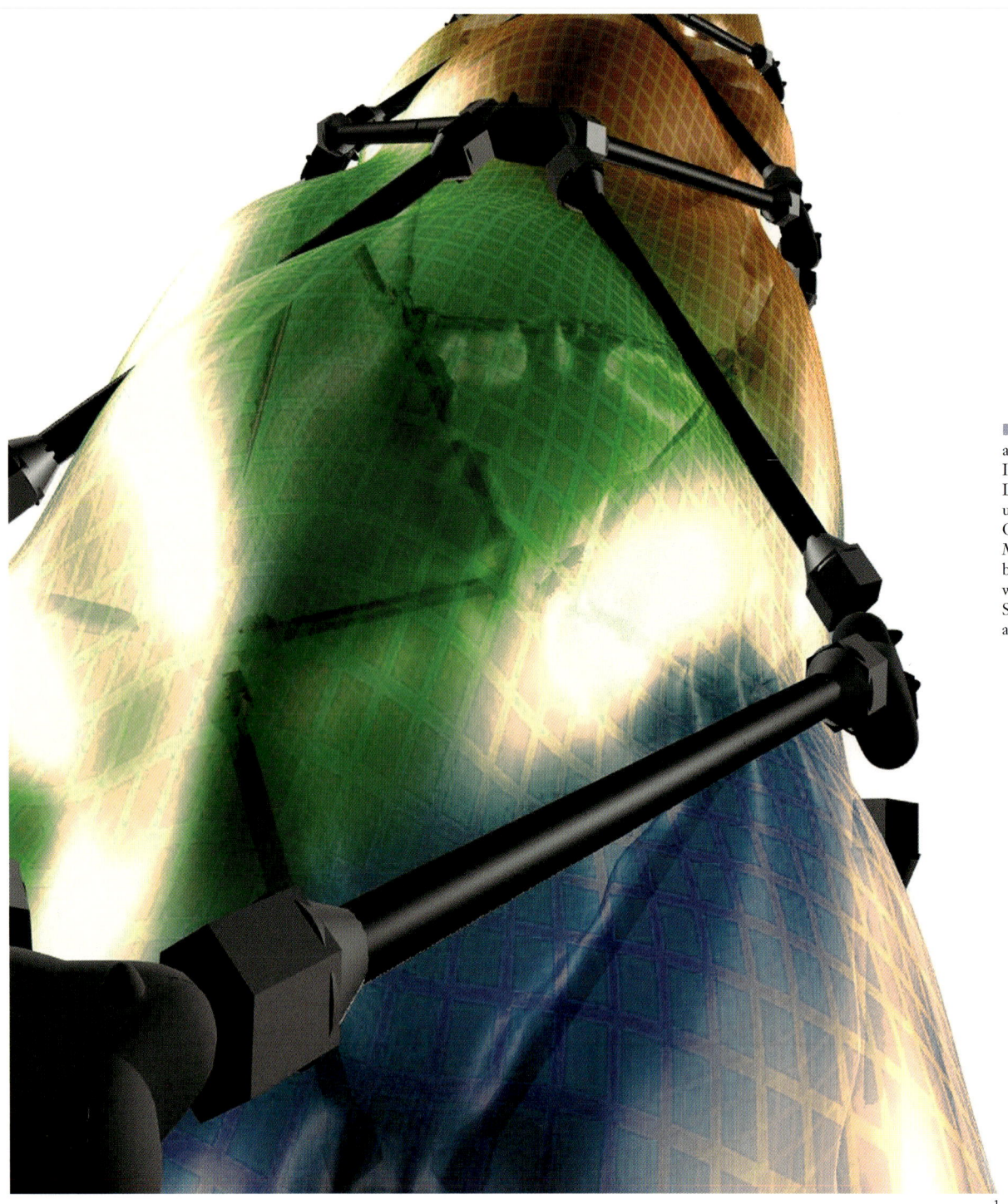

1 Die Haut des Pneumatic Body besteht aus transluzentem elastischen Polymer, im Inneren angebrachte LEDs bringt sie zum Leuchten. **2** Pneumatic Body setzt akustische und kinetische Energien aus dem gesamten Olympiagelände um. **3** Mit Hilfe der Fluidic Muscles des Herstellers Festo können sich bewegliche Konstruktion ausdehnen und wieder zusammenziehen. **4** Sensoren zeichnen Signale von Aktivität auf und übertragen sie an den Pneumatic Body.

8.3%   67%   100%

Übertragen // 127

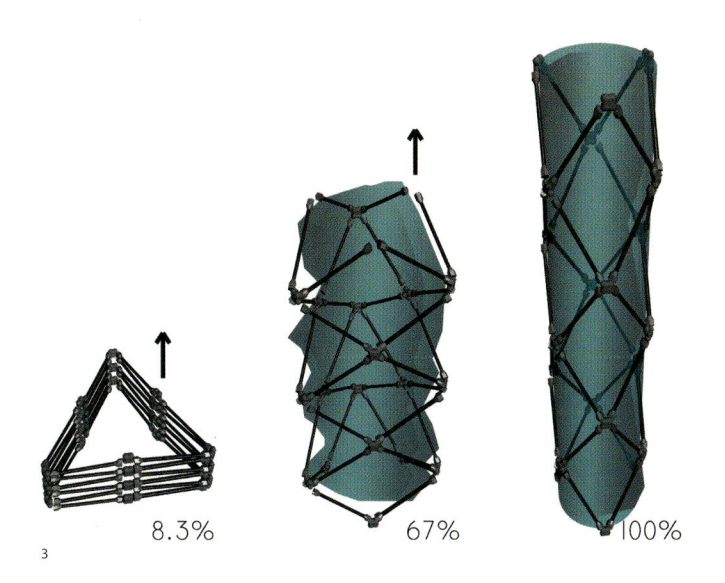

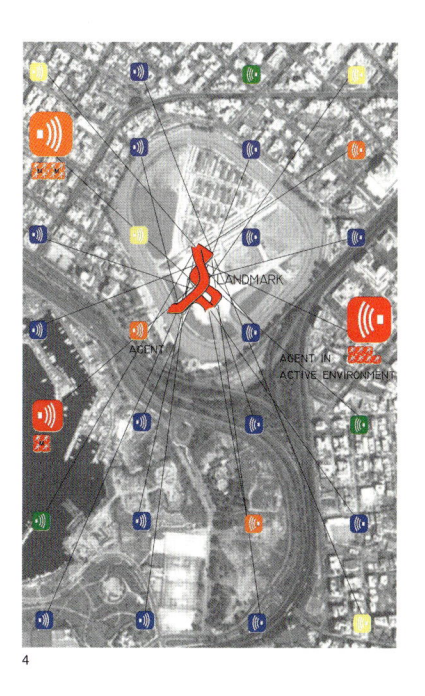

Windkraftgetriebene rotierende Gartenbühne //
Acconci Studio + Wolfgang Hermann Niemeyer

Courtyard in the Wind, Technisches Rathaus, München, Deutschland

Windkraft wird in die verblüffende Drehbewegung einer mechanischen Plattform im Innenhof des Technischen Rathauses der Stadt München übersetzt. Die von einer Windturbine auf dem Dach des Gebäudes erzeugte Energie dreht eine Landschaftsbühne, die geschützt zwischen den Wänden des Gebäudes liegt. Es entsteht eine – abstrakte und subtile – Verbindung zwischen der Windstärke und der langsamen Rotation der Plattform. Die Wirkung dieser ungewöhnlichen Verbindung ist eine surreale und nie dagewesene Erfahrung von Landschaft: EIN TEIL EINER HERKÖMMLICHEN INNENHOFGESTALTUNG WIRD ZU EINEM BEWEGTEN PANORAMA KONSTRUIERTER NATUR, IN DER BÄUME, WEGE, BELEUCHTUNG UND BÄNKE SICH WIE AUF EINER BÜHNE DREHEN.

Der rotierende Garten schließt bündig mit den umliegenden Rasenflächen und der Pflasterung des Innenhofs ab. Auf der Drehscheibe finden sich alle typischen landschaftsgestalterischen Elemente und schaffen die Illusion einer Kontinuität von Bäumen, Gras und gepflasterten Bereichen des ansonsten klassisch gehaltenen Innenhofs – jedoch nur ein einziges Mal pro Umdrehung. Denn durch die Rotation passen die Anschlüsse nur phasenweise, Bäume und Besucher drehen sich mit. Dem Betrachter im Gebäude präsentiert sich eine scheinbar „normale" Gartenlandschaft in mechanischer Tanzbewegung.

Die Drehscheibe als solche ist ein massiver mobiler Pflanztrog. Sie dreht sich auf einer Schiene, die in eine ringförmige unterirdische Kammer für Motoren und Räderwerk eingelassen ist. Oben auf dem Büroturm erzeugt eine Windturbine Energie für die Antriebsmotoren der Räder. Mit etwa zwei Umdrehungen pro Stunde (etwa 2 cm / sec) bewegt sich das Landschaftskarussell recht langsam. Bei dieser Geschwindigkeit ist die Bewegung mit dem Auge fast nicht wahrnehmbar, auch die über die Drehscheibe laufenden Besucher spüren sie kaum.
ZWAR LÄSST SICH NICHT VON EINER DIREKTEN „ÜBERTRAGUNG" DER WINDSTÄRKE ODER VON EINER ANZEIGE DER WINDRICHTUNG SPRECHEN, DOCH DIE PRÄSENZ IM GARTEN VERLEIHT DER NICHT FASSBAREN KRAFT DES WINDES GESTALT UND AUSDRUCK.

■ **1** Der rotierende Garten schließt bündig mit den umliegenden Rasenflächen und der Pflasterung des Innenhofs ab. **2** Durch die Rotation durchlaufen Bäume und Besucher Phasen des Einpassens und des Ausscherens. **3** Eine Windturbine auf dem Dach des Büroturms erzeugt die Energie für die Antriebsmotoren. **4** Planzeichnungen von Fundament, Sockel und Drehscheibe.

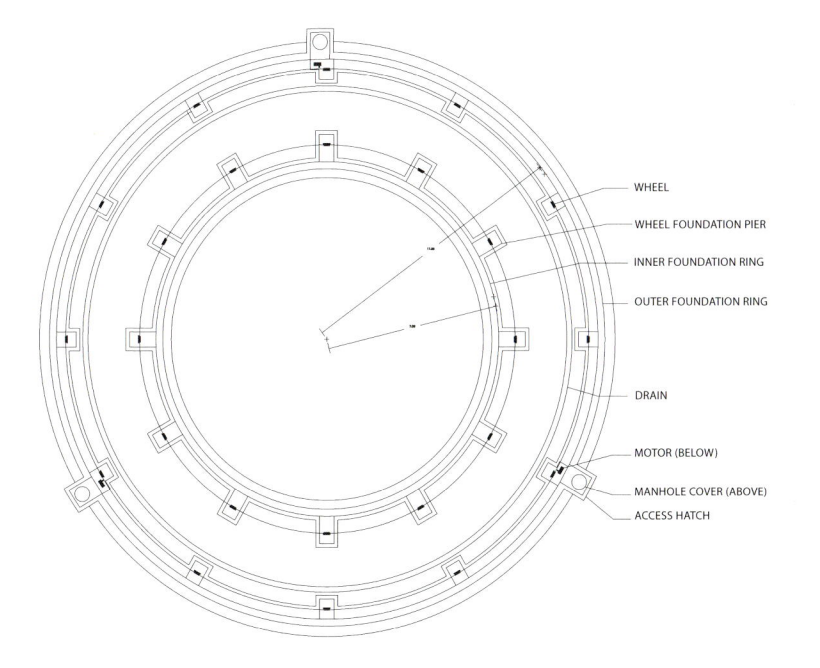

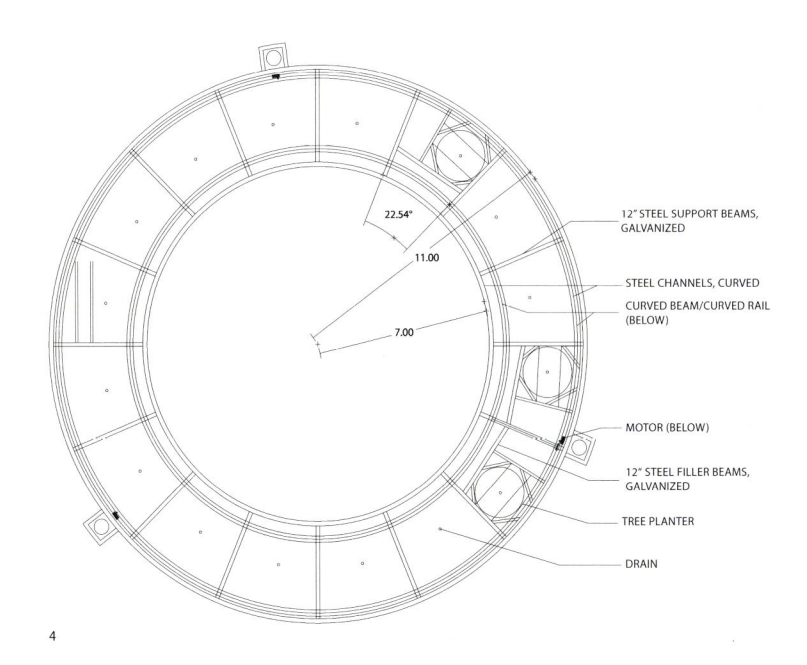

WHEEL
WHEEL FOUNDATION PIER
INNER FOUNDATION RING
OUTER FOUNDATION RING

DRAIN

MOTOR (BELOW)
MANHOLE COVER (ABOVE)
ACCESS HATCH

22.54°
11.00
7.00

12" STEEL SUPPORT BEAMS, GALVANIZED

STEEL CHANNELS, CURVED
CURVED BEAM/CURVED RAIL (BELOW)

MOTOR (BELOW)
12" STEEL FILLER BEAMS, GALVANIZED

TREE PLANTER

DRAIN

Übertragen // 129

Wettergesteuertes Parkzugangssystem //
Barcelona Regional, Agència Metropolitana de Desenvolupament Urbanístic i d'Infraestructures S.A.

Ökologische Restauration des Río Besòs, Barcelona, Spanien

1962 forderte eine Flutkatastrophe am Río Besòs in Barcelona 800 Todesopfer und richtete große Zerstörungen an. Um weitere Katastrophen zu verhindern, wurden die Deiche mit 4 m hohen Betonwänden verstärkt, die dem Fluss einen 130 m breiten Kanal beließen. Zwar wurden weitere Überflutungen wirkungsvoll verhindert, doch war der Wasserweg ökologisch wertlos geworden. Der misshandelte und verwahrloste Fluss litt unter starker Verschmutzung und der immer näher heranrückenden Stadt. Das Renaturierungsprojekt für den Río Besòs von 1996 setzte die Erkenntnis um, dass eine zukünftige Nutzung des Flusses auf die aktive, wache Mitarbeit der Anlieger bauen musste, und entwickelte ein Konzept für den sicheren Zugang zu Freiflächen in den breiteren Abschnitten.

Wegen des trockenen Klimas ist die Anlage fast das gesamte Jahr über ruhig und sicher; doch bei Regen kann der Fluss rasch anschwellen und zu einer Gefahr für die Menschen innerhalb der Deichmauern werden. Um ein drohendes Unwetter rechtzeitig anzukündigen, fehlte den Nutzern der Anlage ein Frühwarnsystem. Für sie entwickelte Barcelona Regional ein intelligentes Zugangskontrollsystem. Das SAHBE genannte Hochwasserwarnsystem verknüpft mit Hilfe eines Rechenmodells im 15 km flussaufwärts gelegenen Kontrollzentrum die Zugangsmöglichkeiten für Besucher mit den aktuellen Wetterbedingungen. In dieses Modell fließen Daten aus sehr vielen Quellen ein, etwa Angaben über Wassermenge und -druck, die entlang des Flusses mit Sensoren gemessen werden, sowie Informationen von Satelliten und Wetterradarstationen. Hinzu kommt Bildmaterial von entlang des Flussufers aufgestellten Videokameras. An 19 Stellen regeln die Ergebnisse dieser Modellberechnungen den Zugang zum Fluss. Jeder Übergang – eine Treppe mit einer Rampe zum Flussbett hinunter – ist mit manuell verschließbaren Toren sowie mit digitalen Anzeigentafeln ausgestattet. Vier Angestellte sind täglich im Park unterwegs, um Besuchern beizustehen und für die Einhaltung der Sicherheitsbestimmungen zu sorgen. Bei Gefahrensituationen warnen zusätzlich Sirenen und Lautsprecher die Menschen im Flussbereich.

Das SAHBE-System ist beispielhaft für eine wettersensitive Parkanlage. DAS SYSTEM ARBEITET MIT DER UMWELTWAHRNEHMUNG DER BESUCHER UND BIETET DAMIT EINE WIRKUNGSVOLLE ALTERNATIVE ZU TOPOGRAFISCHEN ODER WASSERWIRTSCHAFTLICHEN EINGRIFFEN. MIT DEM ZUGRIFF DER NUTZER AUF WICHTIGE INFORMATIONSZUSAMMENHÄNGE ÜBER DEN ZUSTAND DES FLUSSES WURDE AUS EINER POTENZIELLEN GEFAHRENZONE EIN WERTVOLLES NAHERHOLUNGSGEBIET FÜR DIE REGION. Zwar sind solche Remote Information Systems (RIS) Standard bei Autobahnen, als Unterstützung für Nutzer von anderen komplexen Infrastruktureinrichtungen kommen sie aber noch sehr selten zum Einsatz. In der Parkgestaltung gibt es noch ein großes Potenzial für die Integration von interaktiven, informativen und responsiven Signalsystemen.

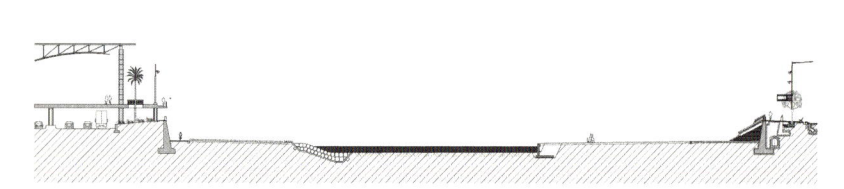

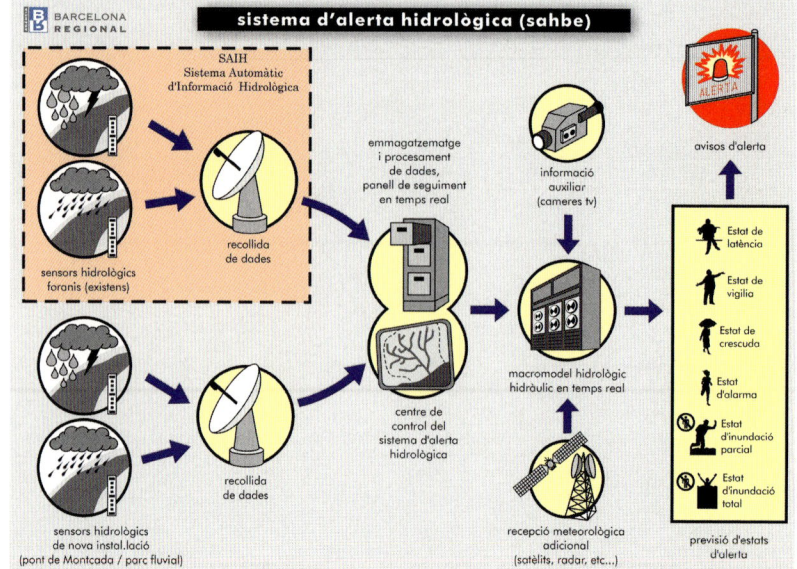

1 Bei starkem Regen reicht das Wasser bis an die Deichflanken des Kanals und überschwemmt die Parkanlage am Flussbett. **2** Das SAHBE-Frühwarnsystem synthetisiert von Sensoren entlang des Flusses gesammelte hydrologische Daten, Satelliten- und Wetterradar-Informationen sowie Videoaufnahmen der Uferzonen. **3** Eine LED-Anzeige weist auf Zutrittsbeschränkungen zur Flussanlage hin. **4** Die 19 Zugänge erfolgen über Treppen, Rampen und manuell verschließbare Tore.

Übertragen // 131

Glasfaser-Marsch //
Abby Feldman, Harvard University, Graduate School of Design

Field's Point, Providence, Rhode Island, USA

Nachts erglüht das Wasser an der Küste von Field's Point in Providence in wechselnden, lumineszierenden Farben. Glasfaserbündel, durch ein fest verankertes Leitungssystem miteinander verbunden, wiegen sich im Sog der Gezeiten. Die Glasfaserstäbe messen den Verschmutzungsgrad des Wassers und setzen diese Daten in ein dynamisches Bild aus einzelnen Punkten um. Es soll auch wieder Fische geben in diesem artifiziell rekonstruierten Lebensraum, die die Mikroorganismen an den synthetischen Stängeln abweiden.

DAS GLASFASERBIOTOP IST ALS HYBRID AUS ZWEI DYNAMISCHEN SYSTEMEN KONZIPIERT: EINERSEITS ALS STRUKTUR, DIE DEN WIEDERAUFBAU DER ZERSTÖRTEN SEEGRAS-MARSCHEN IN EINEM STARK VERSCHMUTZTEN KÜSTENBEREICH ERMÖGLICHT, UND ANDERERSEITS ALS EIN MESSSYSTEM, DAS DIE ERMITTELTEN DATEN IM ÜBERTRAGENEN UND IM WÖRTLICHEN SINN „BELEUCHTET". Mit Hilfe der Glasfasern soll ein Ökosystem wieder aufgebaut werden, die Nahrungskette erneuert und der Lebensraum für das einstmals vorhandene Seegras zurück erobert werden. Konzipiert ist diese künstliche Lösung als Maßnahme gegen Überdüngung durch den zu hohen Eintrag von Nährstoffen in das Wasser (hauptsächlich Phosphor, Stickstoff und Kohlenstoff) aus dem städtischen Oberflächenwasser und aus Industrieabwassern. Ein Dominoeffekt setzt ein: Durch das Überangebot an Nährstoffen im Wasser gibt es zu viele Algen, die Algenblüte verhindert, dass ultraviolettes Licht unter die Wasseroberfläche dringt. In der Folge können sich wichtige epiphytische Pflanzen, Mikroorganismen und Seegräser nicht mehr entwickeln, die Nahrungskette ist unterbrochen und der Lebensraum für Wasserpflanzen und -tiere zerstört. Ein solch komplexes und fragiles Küstenökosystem neu aufzubauen ist sehr schwierig, künstliche Starthilfen sind notwendig.

Der vorgeschlagene Einsatz von Glasfasern geht davon aus, dass Epiphyten zwar eine Oberfläche benötigen, an der sie anhaften können, dass diese Oberfläche aber nicht unbedingt pflanzlich sein muss. Sobald sich die epiphytischen Mikroorganismen angesiedelt und begonnen haben, gelöste Nähr- und Schadstoffe zu verstoffwechseln, kehrt sich der Effekt der Überdüngung um, die Wasserqualität verbessert sich und die natürliche Vegetation schlägt erneut Wurzeln. Die künstliche Marschlandschaft ist auch als ein Übergangssystem aus biologisch abbaubaren Polymerglasfasern denkbar, die sich innerhalb einer bestimmten Zeit zersetzen. Darüber hinaus kann das Ankergitter der Glasfaserbüschel dem Erosionsschutz dienen und den Küstenbereich stabilisieren, bis die Wurzeln der Pflanzen Halt gefunden haben.

Um eine gute Farbtonstabilität zu erreichen sollte die Glasfaser-Marsch dicht genug stehen; benötigt werden Glasfaser-Endlichte, wobei die Auswahl nach dem Dämpfungsgrad entsprechend der geforderten Leuchtstärke erfolgen sollte. Die einzelnen Stäbe sind sehr energieeffizient, erzeugen keine Wärme und geben weder ultraviolettes Licht noch Infrarotstrahlung ab.

DIE „FIBER OPTIC MARSH" MACHT DEN ZUSTAND EINES WASSERÖKOSYSTEMS VISUELL ERFAHRBAR, ZUGLEICH ZAUBERT DAS ABGEGEBENE LICHT EIN NÄCHTLICHES SCHAUSPIEL AUF DIE WASSEROBERFLÄCHE.

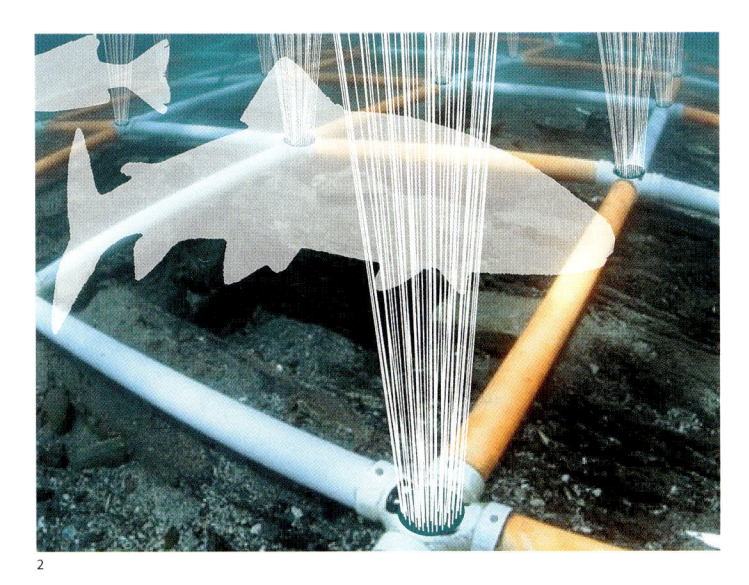

1 Glasfaserbündel bieten Lebensraum für auf den Oberflächen siedelnde Algen und für Fische. 2 Gitterförmig ausgelegte Zuleitungen können zugleich als Erosionsschutz dienen. 3 Durch eine entsprechende Programmierung übersetzen die Glasfaserstäbe Messdaten in unterschiedliche Helligkeitsstufen. 4 Die Glasfaser-Marsch ermöglicht den Neuaufbau eines durch hohe Schadstoffmengen zerstörten Seegras-Ökosystems entlang der Küste.

Reflektieren

DIE FLÜCHTIGEN KRÄFTE VON WIND, REGEN, NEBEL, WOLKEN, LICHT, SCHALL UND TEMPERATUR HABEN EINEN MOMENT, EINEN TAG ODER EINE JAHRESZEIT BESTAND UND LASSEN LANDSCHAFT IN UNTERSCHIEDLICHSTER FORM ERFAHRBAR, ERLEBBAR WERDEN. DIESE ATMOSPHÄRISCHEN PHÄNOMENE BESTIMMEN WESENTLICH DIE WIRKUNG EINES GELÄNDES, OHNE DOCH EINEN PHYSISCH BESTIMMBAREN RAUM EINZUNEHMEN.

Alltäglich, elementar und ephemer zugleich: Wetterphänomene sind die erstaunlichsten und die am wenigsten fassbaren Vorgänge in der Natur. Die flüchtigen Kräfte von Wind, Regen, Nebel, Wolken, Licht, Schall und Temperatur haben einen Moment, einen Tag oder eine Jahreszeit Bestand und lassen Landschaft in unterschiedlichster Form erfahrbar, erlebbar werden. Diese atmosphärischen Phänomene bestimmen wesentlich die Wirkung eines Geländes, ohne doch einen physisch bestimmbaren Raum einzunehmen.

In diesem Kapitel steht das Immaterielle von atmosphärischen Phänomenen im Vordergrund. Es geht um die Frage, wie die Dynamik des Wetters zu einer greifbaren Erfahrung von Landschaft werden kann. Reflektieren zeigt, wie Substanzen ohne Form mit technischen Mitteln zu generieren und zu definieren sind, wie Konstruktionen und Techniken solch unkontrollierbare Systeme schaffen und steuern können, um künstliches, choreographiertes Wetter zu erzeugen.

Windwände, Pergolen mit Nebeldüsen, künstliche Wolken, digital animierter Regen – all diese Inszenierungen assoziieren Prozesse, die Landschaft im Großen bestimmen; sie nehmen Bezug auf größere, umfassende Muster, die zwar global sind, aber ein Gelände lokal und konkret aktivieren. Die ausgewählten Projekte entwickeln Methoden, die diese flüchtigen Muster vor Ort reproduzieren, beschreiben und kenntlich machen um die unterschiedlichen Phasen, die akustischen, visuellen und kinästhetischen Wirkungen aus der Zeit herauszulösen.

In diesem Kapitel führt die Choreographie des Wetters zu der Frage nach dem Theatralischen von Landschaft. Reflektieren unternimmt den Versuch, die Poesie sinnlichen Geschehens ins Rampenlicht zu rücken, indem die flüchtigen und ätherischen Effekte neu gefasst und bewusst sichtbar gemacht werden.

Der Wettergarten in Zürich ist eine Bühne für die in Wasserlachen gespiegelten Himmelsbilder. Die Natursteinfläche im Innenhof ist so modelliert, dass der Regen als Pfützen stehen bleibt. Da das Wasser unterschiedlich schnell verdunstet, ergibt sich ein lebhaftes Tableau aus immer neuen Formen, in denen sich die am Himmel ziehenden Wolken und die wechselnden Lichtverhältnisse spiegeln.

Der Wind Veil (etwa: Windschleier) des amerikanischen Künstlers Ned Kahn macht die extreme Komplexität und Flüchtigkeit von Windbewegungen als visuellen Eindruck bewusst. Auch wenn Wind immer präsent ist und jeder weiß, wie es ist, wenn der Wind in den Blättern eines Baumes raschelt und rauscht, sind die Bewegungsmuster und Verwirbelungen selbst meist nicht fassbar. Die Fassade der Windwand setzt sich aus Tausenden von im Wind flirrenden Plättchen oder Pixeln zusammen und wird damit zur Leinwand, auf der die komplizierten Bewegungsmuster für das Auge hervortreten, gleich einer vom Wüstenwind geformten Sanddüne. Daneben fungiert die durchlässige Wand wirkungsvoll als Schattenspender, sie filtert die Sonneneinstrahlung und reguliert so das Raumklima.

Reflektieren betrachtet auch das Thema des technologisch/digital Erhabenen und die Verbindungen zwischen Medien und Wetter. Es geht um Methoden, durch die ein Wetterphänomen nachgestellt, gesteuert, überwacht und angepasst werden kann, um auf äußere Bedingungen oder Vorgaben aus dem Programm einzugehen.

> DAS KAPITEL ZEIGT, WIE SUBSTANZEN OHNE FORM MIT TECHNISCHEN MITTELN ZU GENERIEREN UND ZU DEFINIEREN SIND, WIE KONSTRUKTIONEN UND TECHNIKEN SOLCH UNKONTROLLIERBARE SYSTEME SCHAFFEN UND STEUERN KÖNNEN, UM KÜNSTLICHES, CHOREOGRAPHIERTES WETTER ZU ERZEUGEN.

Pitterpatterns hängt computergesteuerten Regen vor eine Gebäudefassade. Traditionelle Landschaftsentwürfe und Gebäude sollen den Elementen widerstehen und Schutz davor bieten; hier dagegen ist ein System zum Wettermachen in die Gebäudefassade integriert. Eine künstliche „Wolke" thematisiert die Schwellensituation und verwischt dabei die konventionelle Unterscheidung zwischen außen und innen. Jede einzelne Regendüse im auskragenden Dachtrauf wird über ein Programm gesteuert, das bestimmte räumlich-zeitliche Muster, so genannte „Rainformations", generieren kann. Die digitalen Kompositionen produzieren die umfassende Sinneserfahrung einer Passage durch eine Regen-Klanglandschaft, ein kühleres Mikroklima oder ein nächtliches Lichtschauspiel.

Pink Cloud ist ein Denkmal in Form einer eingefärbten künstlichen Wolke, die über einer Kreuzung in San Francisco schwebt. Die Wolke wird – passend zum häufig Nebel verhangenen Klima der Stadt – mit Hilfe einer Nebelmaschine erzeugt, indem auf hohe Stangen montierte Düsen feine Wassertröpfchen versprühen und Nebel über der Kreuzung erzeugen. Die künstliche Wolke ist auch als interaktives Medium geplant, die sich durch Einwurf einer Münze aktivieren lassen soll. Wirksam setzt Pink Cloud an die Stelle der konventionellen Stabilität materieller Denkmäler ein flüchtiges Spektakel, das erfrischend ausdrucksvoll und witzig vorüberzieht. Die ätherische Ikonografie ist zugleich flüchtig und monumental.

Die Pergola im Parque de Diagonal Mar im Kapitel Aufbauen sprüht feinste Wassertropfen zur Kühlung der Luft an einem heißen Sommertag in Barcelona und imitiert damit die feuchte Luft des nahe gelegenen Meeres.

Der Bambusgarten im Kapitel Pflegen nutzt im Winter heißen Wasserdampf. Die Pflanzbeete für den Bambus sind mit Pumpen ausgestattet, aus dem geförderten Grundwasser wird Dampf erzeugt, es entstehen ein warmes Mikroklima und eine geheimnisvolle Traumlandschaft vor der Kulisse einer verschneiten Winterlandschaft.

Interaktive Wolkenmaschine //
Christian Werthmann & LOMA architecture.landscape.urbanism

Harvey Milk Memorial, San Francisco, Kalifornien, USA

DIE „INTERAKTIVE WETTERMASCHINE" PINK CLOUD (ROSA WOLKE) GREIFT DIE TAGTÄGLICHEN EINSCHRÄNKUNGEN AUF, DIE DAS NEBLIGE WETTER FÜR DAS LEBEN IN SAN FRANCISCO MIT SICH BRINGT. Die Wolke ist ein Denkmalentwurf für Harvey Milk, einen Aktivisten der Schwulen- und Lesbenbewegung und der erste bekennende Homosexuelle in einem amerikanischen City Council. 1978 wurde er ermordet – ein Kollege erschoss ihn und den Bürgermeister George Moscone. Den im Jahr 2000 ausgeschriebenen Wettbewerb für das Harvey Milk Memorial gewannen Christian Werthmann & LOMA mit einem Entwurf, der „mit der konzeptionellen Tradition von Bauten der Erinnerungskultur bricht". Die Planer schlugen eine künstliche Wolke vor, immaterielle Alternative zu „Stein oder Bronze als dem Standardmaterial im Kampf gegen die Erosion von Erinnerung".

Pink Cloud schwebt über der zentralen Straßenkreuzung des Castro-Viertels, direkt über der sechsspurigen Market Street und ihren 50.000 Autos täglich; sie ist nicht einfach ,Wetter', sondern Dreamscape – Traumlandschaft – und zugleich Metapher für die kulturelle Dynamik von The Castro, der Gay Community San Franciscos.

Die Wolke wird von einer Nebelmaschine erzeugt, wie sie sonst bei Bühnenveranstaltungen zum Einsatz kommt. Der Nebel besteht aus einem Glykol-Wasser-Gemisch in variablen Konzentrationen. Die Mischung wird bei Temperaturen von ca. 95 – 150 °C verdampft, im Kontakt mit der kühleren Außenluft bildet der kondensierende Dampf eine dichte Nebelwolke, die durch das Zerstäuben bis zu 12 m Reichweite hat. Werthmann & LOMA testeten eine Reihe von Techniken zur Wolkenerzeugung, etwa die Herstellung von Regenwolken in Dürregebieten, Wolken aus Wasserdampf oder mit Hilfe von Spezialeffekten des Theaters, etwa Trockeneis oder Pyrotechnik. Viele dieser Verfahren benötigten eine umfangreiche Infrastruktur und verbrauchten große Mengen an Energie, überdies traten nachteilige Nebeneffekte auf, etwa Niederschlag, Dunstentwicklung oder Kohlendioxidbelastung. Die flüchtigen Werkstücke wurden zudem auf Dauerhaftigkeit, Größe, das Streuspektrum und ihr Auflösungsverhalten untersucht, wobei die tägliche Dynamik des Wetters eine wichtige Rolle spielte. Als wirkungsvollstes Instrument erwies sich schließlich die gewöhnliche Nebelmaschine.

Für die Anlage werden je zwei oder drei gut 9 m hohe Masten an den Eckpunkten der Kreuzung aufgestellt. Die Nebelmaschine selbst befindet sich in einer unterirdischen Kammer und pumpt das Glykol-Wasser-Gemisch durch an den Spitzen der Masten montierte Zerstäuberdüsen. Alle Düsen werden zeitgleich geschaltet. Auf den Masten montierte Scheinwerfer strahlen die Wolke in unterschiedlichen Farben an. DURCH DIE EINWIRKUNGEN DES WINDES VERÄNDERT DIE WOLKE STÄNDIG IHRE FORM, ZUDEM SIEHT DER ENTWURF EINE INTERAKTIVE KOMPONENTE VOR: PASSANTEN SOLLEN DIE WOLKE MIT HILFE EINES MÜNZAUTOMATEN ODER ÜBER IHRE MOBILEN TELEFONE STEUERN KÖNNEN.

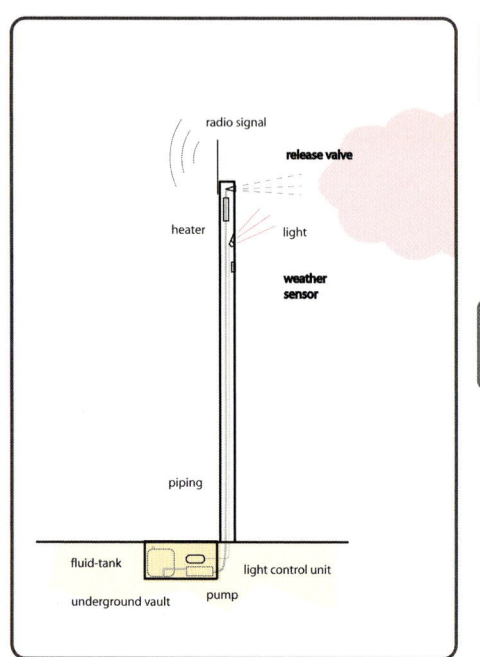

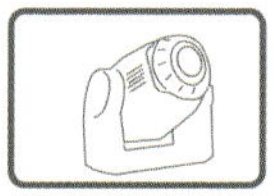

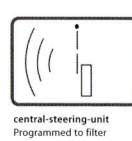

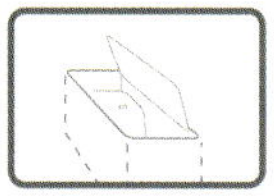

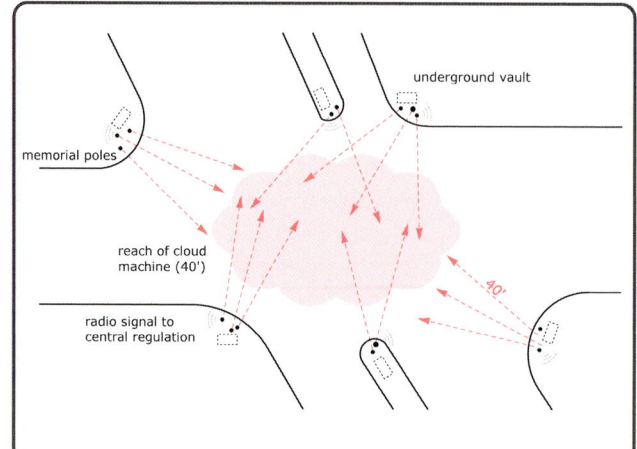

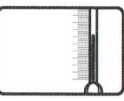

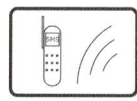

1 Die Nebelmaschine in einer unterirdischen Kammer pumpt ein Glykol-Wasser-Gemisch durch an den Mastspitzen montierte Zerstäuberdüsen. Die sechs 9,10 m hohen Masten befinden sich an den Eckpunkten der Straßenkreuzung. **2** Pink Cloud: vom Wetter zur „Dreamscape", Metapher für die kulturelle Dynamik des von der Gay Community San Franciscos geprägten Stadtviertels. **3** Pink Cloud Monument.

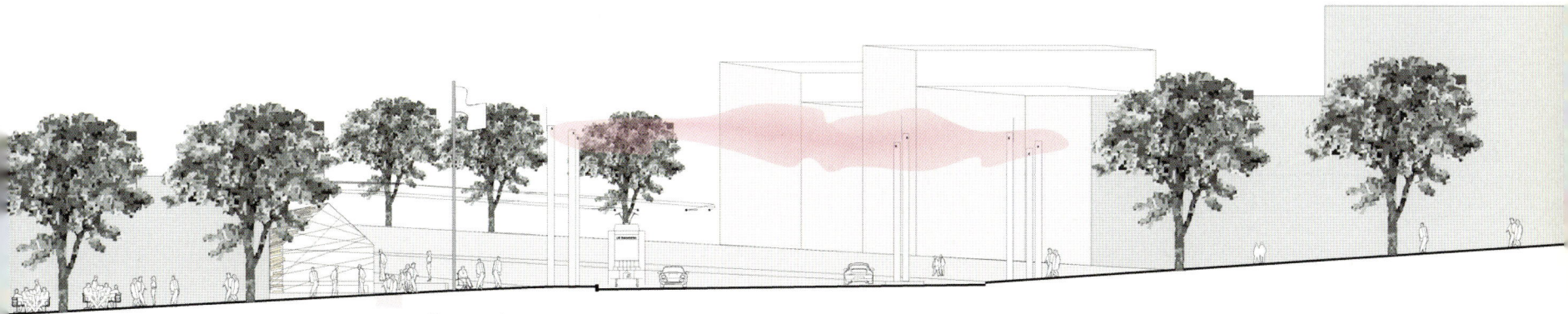

Harvey Milk Pavilion

Reflektieren // 137

Computergesteuerter Regenvorhang //
J. MAYER H. Architekten

Pitterpatterns, Stadt.haus, Scharnhauser Park, Stuttgart, Deutschland

Pitterpatterns ist eine Maschine für künstlichen Regen in der Fassade eines städtischen Verwaltungsgebäudes in Stuttgart. Computergesteuerter Regen fällt aus einem weit auskragenden Vordach: eine gebaute „Wolke", die über dem Gebäudeeingang schwebt. IM GEGENSATZ ZU ÜBLICHEN GEBÄUDEFASSADEN SETZT PITTERPATTERNS DIE ARCHITEKTUR DEM KÜNSTLICH ERZEUGTEN WETTER AUS, DER ENTWURF KONTROLLIERT DEN AN SICH FLÜCHTIGEN EFFEKT UND DEFINIERT DAMIT RAUM. Das an sich unberechenbare Wetter wird zu einem steuerbaren Geschehen, das sich außen am Gebäude ereignet und den angrenzenden Marktplatz und die Umgebung 'bespielt'.

Im Kragdach befindet sich ein Reservoir mit Filteranlage, in dem gesammeltes Regenwasser aufbereitet wird. Das saubere Oberflächenwasser wird durch ein Rohrsystem an der Dachunterseite gepumpt, über eine Software lassen sich die 200 darin eingebauten Düsen individuell ansteuern. Der von der Programmierung in unterschiedlichen Rhythmen und Mustern erzeugte Regen transformiert das Entrée in einen meteorologisch-dynamischen Raum. In schnellen Wechseln kann das Regensystem Mikroklima, Klanglandschaften, optische Effekte und den Zugang zum Gebäude regeln. Die Muster des fallenden Regens erlauben kontextuelle, menschliche wie meteorologische Bezüge.

„Diese ‚Rainformations' stellen unser Verständnis von natürlichen und künstlichen Wetterverhältnissen auf den Prüfstand", meint der Architekt. Er verwirft unsere eigentlich gefestigte Vorstellung von Natur als einem natürlichen Geschehen und zeigt den konstruierten und technologischen Charakter natürlicher Systeme auf, insbesondere im Zusammenhang mit Stadtlandschaften. Die computergesteuerten Regenmuster zitieren allgegenwärtige, digital dargestellte Informationen, etwa Bar Codes oder die Digitalanzeige von Uhren, und erklären damit die Natur zu einer Form von Technologie.

1

2

1 Computergesteuerter Regen fällt aus der weit auskragenden Dachtraufe. **2** Über die Pitterpatterns-Software werden die 200 im Rohrsystem eingebauten Düsen angesteuert.

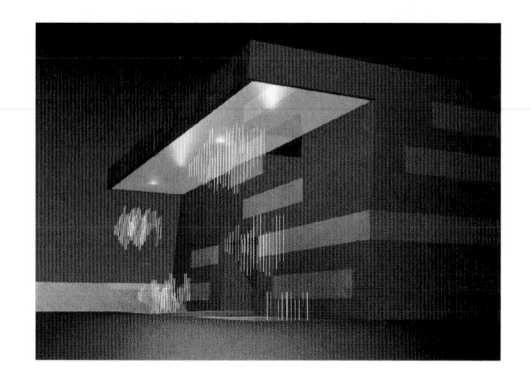

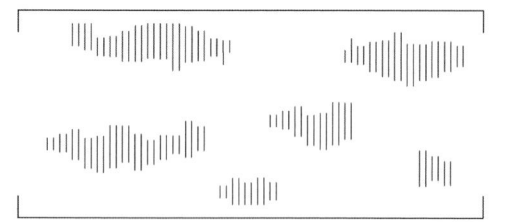

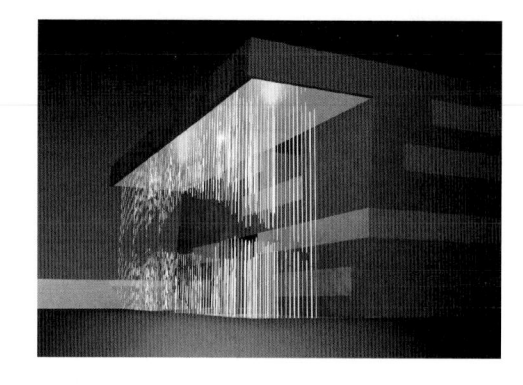

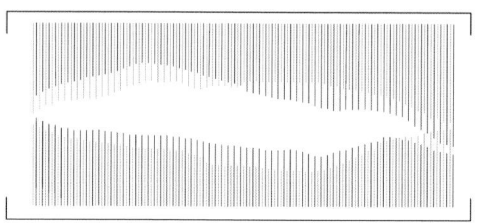

falling clouds

rain cave

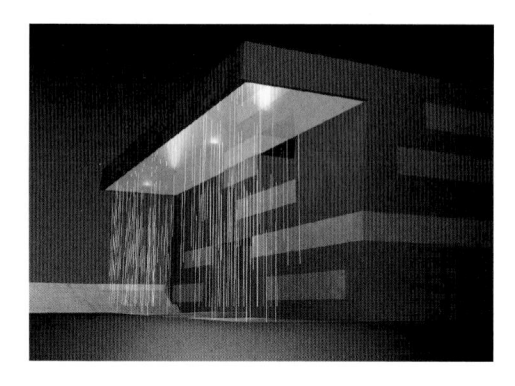

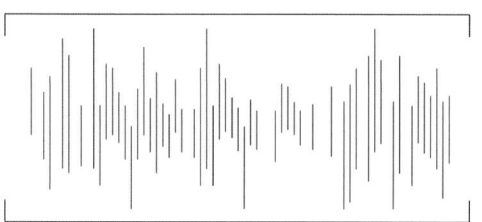

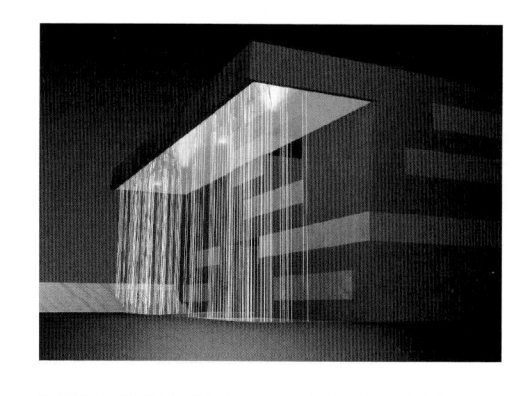

frequency shower

rain code

sinus drops

time gaps

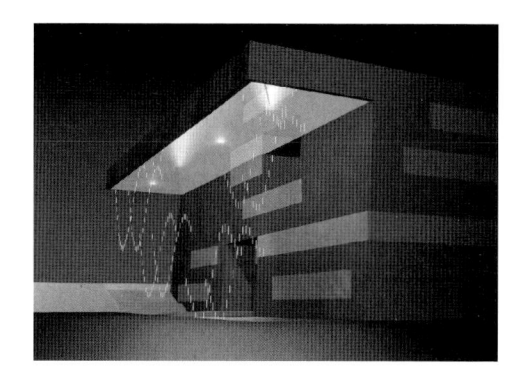

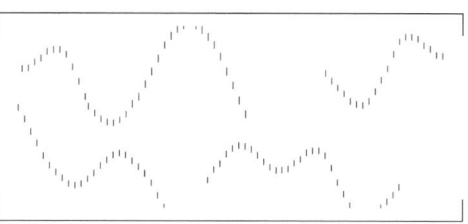

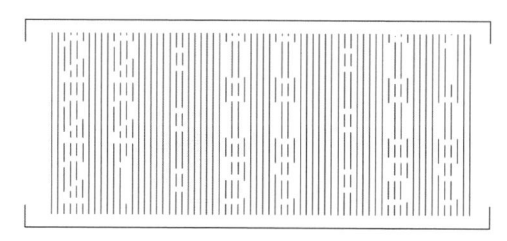

1 Die vom Regen gebildeten Muster zitieren digitale Informationen wie z. B. Strichcodes oder eine digitale Zeitanzeige – Natur als Technologie: fallende Wolken – Regenhöhle – Frequenzdusche – Regencode – Sinustropfen – Zeitlücken – Zeittropfen – Zickzack.

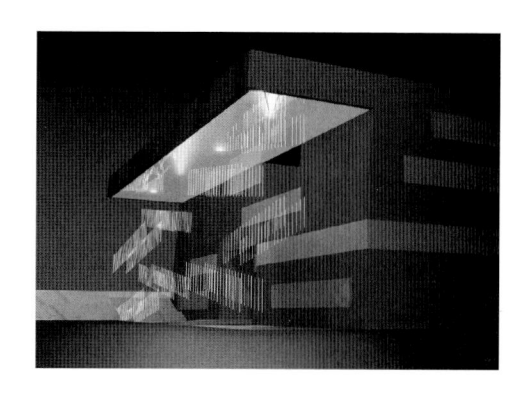

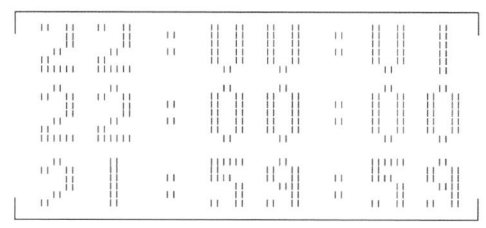

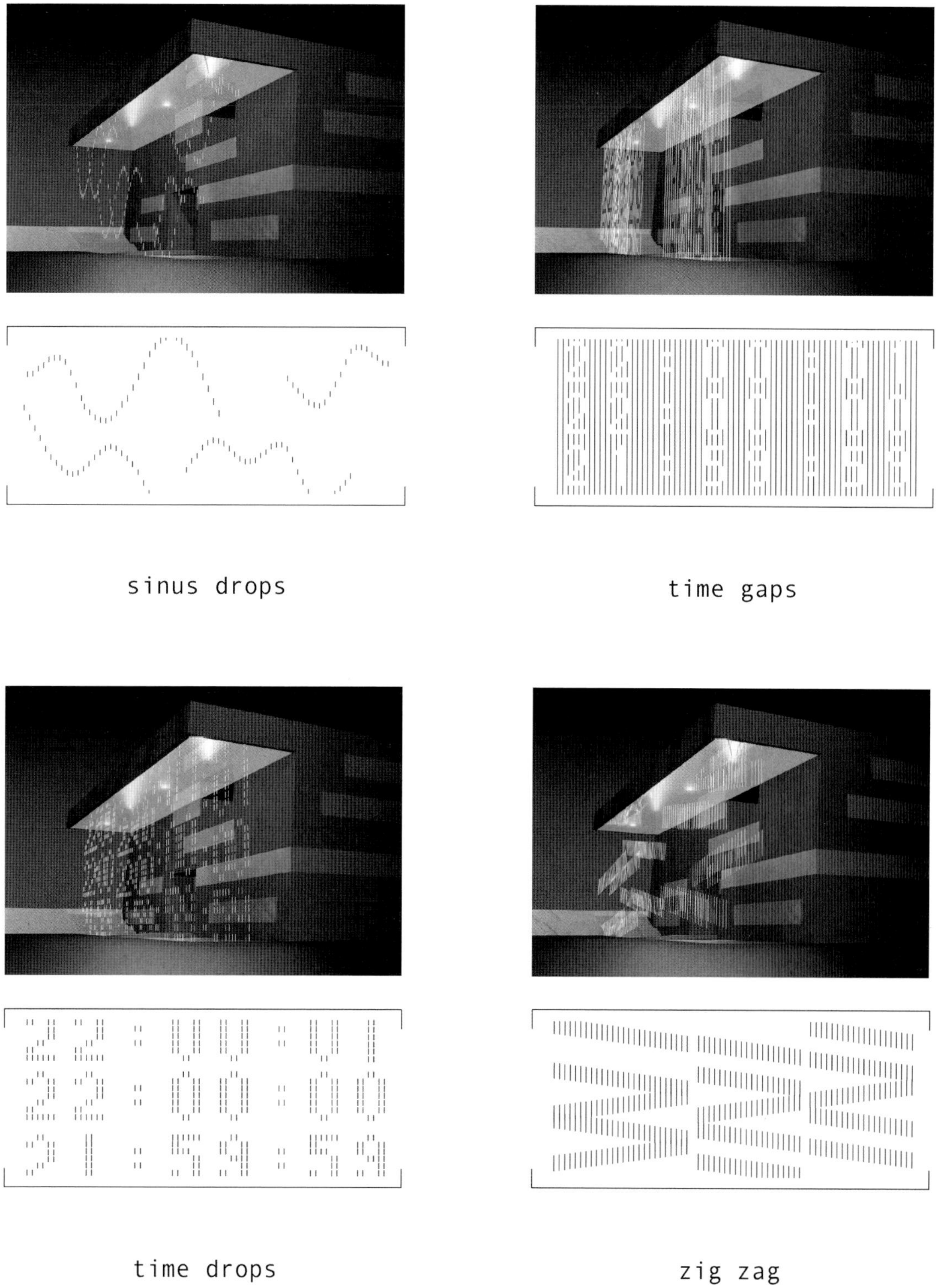

time drops

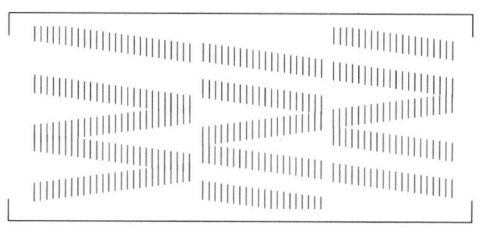

zig zag

Kinetische Klimafassade //
Ned Kahn

Wind Veil, Mesa Arts Center, Mesa, Arizona, USA
und **Technorama Fassade,** Winterthur, Schweiz

Windmesser sind in der Regel eindimensionale Instrumente, sie geben entweder das Vorhandensein, die Richtung oder die Stärke von Wind an. Nur selten, etwa in einem Getreidefeld oder inmitten des eben noch akkurat gestapelten Papiers, erkennt man die Dynamik und Komplexität von Windmustern. Ned Kahns kinetische Klimawände machen die Schönheit dieser lebendigen Kraft sichtbar. Kahn fasst seine „Wind Veils" als Detektoren auf – analog zu den Detektoren von Teleskopen oder anderen Geräten, die „unsichtbare Effekte sichtbar machen".

An der Fassade des Technorama sind 80.000 im Wind bewegliche Plättchen aus gebürstetem Aluminium angebracht. Jede dieser Aluminiumschuppen ist mit einer reibungsreduzierten Aufhängung befestigt, so dass die kinetische Energie des Windes die Plättchen leicht in Bewegung setzt. Die erstaunlichen Muster dieser Pixelbilder werden durch die Spiegelwirkung der Plättchen noch verstärkt. DIE FASSADE LÖST SICH AUF IN EIN HYBRID AUS HIMMEL, LICHT UND WIND, GEBÄUDE UND UMGEBUNG VERSCHMELZEN UND AUS DER MASSIVEN GEBÄUDEHÜLLE WIRD EINE AMORPHE, FAST FLÜSSIGE SUBSTANZ. Zugleich fungiert die Fassade als Exponat, das die an einem Gebäude entstehenden Windturbulenzen anschaulich darstellt. Die beeindruckende Reaktionsgeschwindigkeit und Beweglichkeit der Teilchen ist in der Fotografie kaum wiederzugeben (besser im Film).

Die kinetischen Windwände des Mesa Arts Center unterscheiden sich von der Windfassade am Technorama durch ihre ästhetische Komplexität und das größere funktionale Spektrum im Wüstenklima. Die kleinere der beiden Wände stellt einen noch intensiveren Bezug zwischen Wind und Landschaft her, da in den knapp 23 cm großen Plättchen ein Foto von Sanddünen als perforiertes Muster eingearbeitet ist und das zarte Muster der Dünen das Spiegelbild der Umgebung unterlegt. An der zweiten Wand wird ein anderer hybrider Ansatz versucht: Blau eloxierte, nur 7,6 cm große Aluminiumpailletten sollen die Illusion eines in eine vertikale Wasserfläche getauchten Gebäudes erzeugen.

BEIDE FASSADENSYSTEME DIENEN ZUGLEICH DER TEMPERIERUNG DES EINGANGSFOYERS. SIE STEHEN IN 90 CM ABSTAND VOR DER GLASVORHANGFASSADE, IM ZWISCHENRAUM ZIRKULIERT DIE LUFT UND KÜHLT DAS GEBÄUDE. DA SICH DIE METALLPLÄTTCHEN IN DER SONNE ERHITZEN, ERZEUGEN SIE KONVEKTIONSSTRÖME UND SORGEN ZUSÄTZLICH FÜR ENTLANG DER GLASFLÄCHEN AUFSTRÖMENDE KÜHLENDE LUFT. Insgesamt bleiben 50 % der Fassadenfläche offen, Luft und Licht dringen ins Innere, das flüchtige Spiel des Windes übernimmt die Lichtregie in der Lobby. Zu entsprechenden Jahreszeiten kann 30 % der sonst notwendigen Kühlleistung eingespart werden. Darüber hinaus bewirkt das Glitzern der blauen Oberfläche womöglich einen psychologischer Kühleffekt.

Hier verknüpft die visuelle Struktur zwei komplexe Phänomene – das gespiegelte Licht der Umgebung und die Windmuster – und lässt etwas gänzlich Neues daraus entstehen, ein flirrendes, flimmerndes Schauspiel, zugleich eine Anregung, nach weiteren hybriden Konstruktionen auf diesem Gebiet zu suchen.

Diese hybriden Konstruktionen fungieren zudem als effizienter Sonnenschutz, der zugleich die scharfe Trennung zwischen Landschaft und Architektur aufhebt. Es sind vertikale Landschaften: Sie erobern eine im Vergleich zum Erdboden noch relativ unverbaute Dimension – die aber unter den Bedingungen urbaner Verdichtung zunehmend an Bedeutung gewinnt.

1 Die Fassade des Technorama bedecken 80.000 Windpixel. **2** Die 7,6 cm großen Aluminiumpaneele des Wind Veil am Mesa Arts Center sollen die Illusion eines in „vertikales Wasser" getauchten Gebäudes schaffen. **3** Jedes einzelne Plättchen aus gebürstetem Aluminium ist an einer reibungsreduzierten Aufhängung befestigt, so dass die kinetische Energie des Windes diese Pixel leicht in Bewegung setzt. **4** Windwand am Mesa Arts Center.

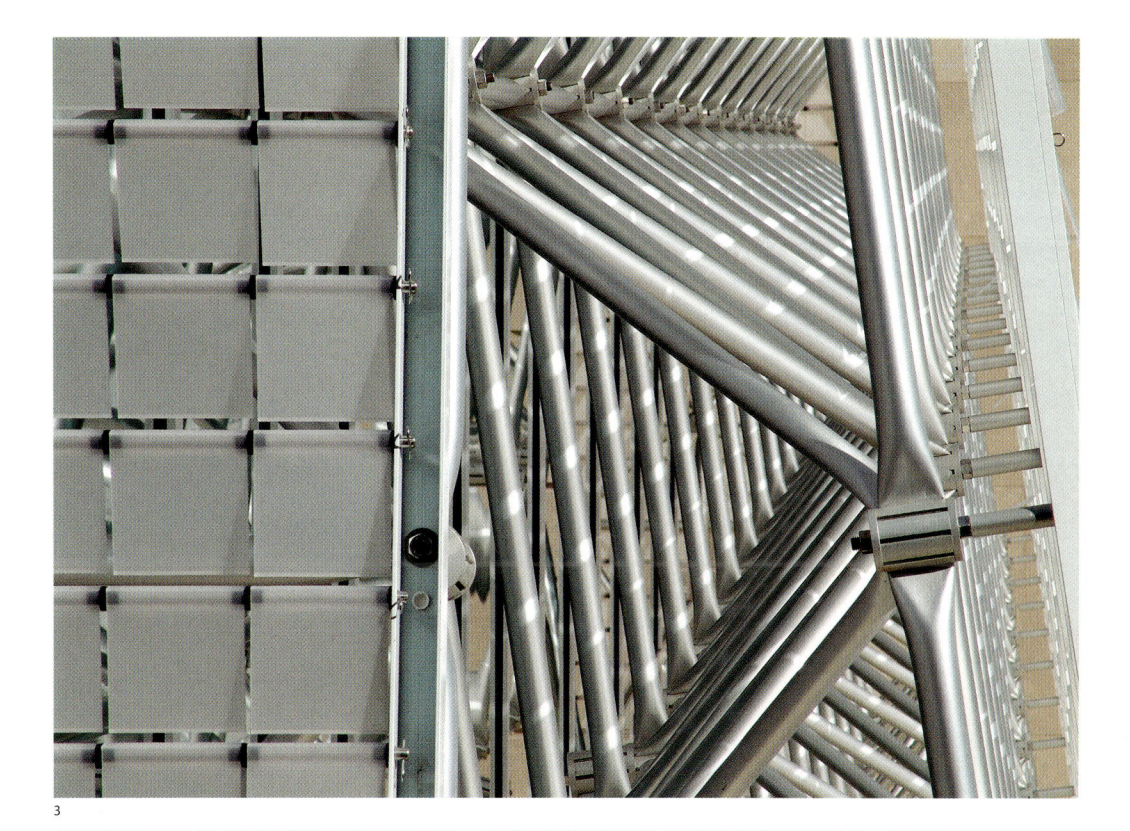

1,2 In der Funktion einer Sonnenmarkise dient die Windwand zur Temperierung des Gebäudeinneren. **3** Die Mesa Wind Veils sind zu insgesamt 50 % offen und reduzieren auf diese Weise die erforderliche Kühlung zu bestimmten Jahreszeiten um bis zu 30 %.

3

Spuren des Regens //
Vogt Landschaftsarchitekten + Meili, Peter Architekten

Wettergarten, Park Hyatt Hotel, Zürich, Schweiz

Bei dieser assoziativen Interpretation eines Steingartens hinterlässt das Wetter seine Spuren im Muster von Regenpfützen. Der Innenhof im zweiten Geschoss des Park Hyatt Hotels ist als Gegenstück zum Zürcher Himmel konzipiert, ein Raum, den man von den umliegenden Hotelzimmern aus betrachten soll. Der Entwurf thematisiert die Dimension der Zeit, denn die Regenlachen spiegeln die Veränderungen am Himmel und verdunsten dabei gleichzeitig selbst.

Im Garten bildet ein Plateau mit Natursteinplatten die Bühne für die flüchtige Performance des Wetters. Das Pflaster besteht aus rechteckigen Platten mit unterschiedlich konkav bzw. konvex geschliffenen Profilen. Bei Regen entsteht auf der sacht gewellten Oberfläche eine Landschaft aus Miniaturteichen. Da die Lachen verschieden groß und tief sind, verdunstet das Wasser auch unterschiedlich schnell und es entstehen immer andere, sich ständig wandelnde Formen.

Diese flüchtige Installation macht den schwer fassbaren Zyklus des Wassers sichtbar. **DIE INTERVENTIONEN BLEIBEN DENKBAR SUBTIL, DOCH DIE NATURSTEINBÜHNE ARBEITET DIE STOFFLICHKEIT VON REGENWASSER UND SEINE VERÄNDERLICHKEIT HERAUS.** Sie ist eine poetische Anspielung auf die alltägliche und häufig übersehene „Streetscape", die Landschaft der Straße nach einem Regen. Nicht zuletzt stellt der Garten außerdem eine einfache Verbindung her zwischen den Regenpfützen und den am Himmel ziehenden Wolken als dem Ursprung und Ziel ihrer vergänglichen Existenz.

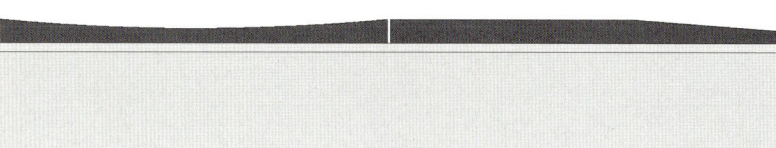

1 Ein schlichtes Plateau aus Naturstein wird zur Bühne für die flüchtige Performance des Wetters. **2** Die Steinplatten sind poliert und weisen unterschiedliche, konkav bzw. konvex eingeschliffene Profile auf. **3** Je nach dem Relief der Platte verdunstet das Regenwasser unterschiedlich rasch. **4** In den Regenlachen spiegelt sich das Wechselspiel der Wolken.

3

4

Reflektieren // 147

PRODUKTE UND TECHNOLOGIEN

G-Sky Grünwandpaneele

PFLANZMODULE FÜR SENKRECHTE WÄNDE //

| Aufbauen | Schichten | Leiten | Pflegen | Absorbieren | Übertragen | Reflektieren |

Diese Grünwandpaneele sind patentierte Pflanzmodule für senkrechte Wände. Sie eignen sich für den Innen- und Außenbereich sowie für unterschiedliche klimatische Bedingungen. Die ca. 30 x 30 cm großen Elemente sind frei kombinierbar und schaffen eine lebendige grüne Wandverkleidung. Auch Anordnung und Auswahl der Pflanzen sind entsprechend der Bedingungen vor Ort und individuellen Gestaltungswünschen nach Belieben wählbar.

Die Pflanzmodule bestehen aus UV-stabilem, nicht entflammbarem Polypropylen. Als Pflanzmedium im Modul dient ein in nicht korrodierendes, nicht entflammbares Vliesgewebe eingeschlagener Torfblock. Die Tiefe der Elemente beträgt zwischen 82 und 89 mm; sie werden in einen Rahmen aus Edelstahl oder Aluminium eingehängt, der an einer Betonwand oder einer anderen entsprechenden Konstruktion verankert ist.

Die Elemente werden mit 13 beziehungsweise 25 angewachsenen Pflanzen geliefert, für die große Öffnungen im perforierten Vlies ausgespart sind. Die Pflanzenauswahl richtet sich danach, ob eine Spezies in die Horizontale wächst, außerdem nach der Eignung für den geplanten Standort. Wasser erhalten die Pflanzen über das G-Sky GWP Drip Irrigation System, einer Tropfbewässerung mit druckausgleichenden Strahlreglern. Je nach Art der gewählten Pflanzen wachsen diese etwa 75 bis 200 mm aus den Elementen und bilden einen dichten Wandteppich aus lebendem Grün.

Der voraussichtliche Pflegeaufwand für das System ist gering. Unkraut sollte entfernt, abgestorbene Pflanzen müssen ersetzt werden. Empfohlen wird gelegentliches Schneiden sowie die Gabe von flüssigem Dünger über die Tropfbewässerung; so bleiben die Pflanzen über lange Zeit gesund.

Hersteller: G-SKY, Inc.

Earth Cinch

BIOLOGISCH ABBAUBARE WUCHSHILFEN //

| Aufbauen | Schichten | Leiten | Pflegen | **Absorbieren** | Übertragen | Reflektieren |

Earth Cinch ist ein biologisch abbaubares System für die Begrünung von senkrechten oder waagrechten Flächen. In Matten aus Ingeo™-Fasern (aus NatureWorks™-PLA, ein Biopolymer des Herstellers Dow Cargill) sind mit Pflanzerde und Samen gefüllte Taschen eingearbeitet. Die Taschen sind so aneinander geheftet, dass eine leicht gewellte Fläche entsteht, sie zersetzen sich mit der Zeit rückstandsfrei.
Earth Cinch können als temporäre vegetative Decken für nicht mehr genutzte Flächen wie ehemalige Parkplätze oder Fassaden von Abbruchhäusern dienen. Sie wurden ursprünglich als dicke grüne Teppiche konzipiert, die ohne Pflanzaufwand leicht ausgelegt werden können, ohne dass Kosten für die Aufstellung von Pflanzkübeln anfallen. Sie können als Massenware hergestellt werden. Nach dem Anbringen an einer Wand, dem Auslegen auf verunreinigtem Boden oder einem Dach keimen die Samen und verwandeln unansehnliche Orte in eine Grünfläche.
Durch die Durchlässigkeit des Gewebes sind die Bewässerung durch Niederschläge sowie die Luftzirkulation und der Wasserabfluss gewährleistet. Aufgrund der hydrophilen Eigenschaften der Ingeo™-Fasern können diese viel Wasser aufnehmen. Dank der gesteppten Struktur absorbiert und hält das Gewebe die Feuchtigkeit für eine gewisse Zeit und leitet das Wasser über seine Oberfläche zu den Pflanzen. Neben der hohen Formstabilität, der Unverwüstlichkeit sowie der UV-Stabilität besitzt die Ingeo™-Faser einen leichten Glanz, der dieses Produkt optisch ansprechender macht als die üblichen industriell gefertigten Geotextilien.

Entwurf: Freecell

Flexterra®, Soil Guard

FLEXIBLE WACHSTUMSMEDIEN (FGM) UND FASERGEMISCHE (BFM) //

| Aufbauen | Schichten | Leiten | Pflegen | Absorbieren | Übertragen | Reflektieren |

Flexible Growth Medium (FGM) und Bonded Fiber Matrix (BFM), flexible Wuchsunterlagen und Fasergemische, sind zwei unter Hochdruck angespritzte Materialien für den Erosionsschutz, die einer temporären Bodenstabilisierung dienen sollen. Sie bestehen aus losen Naturfasern sowie einem Bindemittel und werden innerhalb eines Jahres biologisch abgebaut, wenn die frisch gepflanzte Vegetation Wurzeln geschlagen hat und für einen langfristigen Erosionsschutz sorgt. Durch das Anspritzen kann der Fasermix aus einer gewissen Entfernung auf unzugängliche oder gefährlich steile Bereiche mit einer Hangneigung bis 1:1 sowie unregelmäßige Oberflächen aufgetragen werden. Häufige Anwendung findet das Produkt bei Rasenflächen an Wohnhäusern, auf Golfplätzen, an Erdwällen, Autobahnen, Uferböschungen kanalisierter Flüsse und bei Rekultivierungen von Minengeländen.

FGM Flexterra® besteht aus thermisch vergüteten langen Holzfasern (Pappel, Kiefer und Eiche), einem Kopolymer und einem pflanzlichen hydrokolloiden Tackifier. Zwei Stunden nach dem Anspritzen haften die Fasern aneinander und am Boden und bilden eine Decke, die sofort als effizienter Erosionsschutz wirkt. BFM Soil Guard besteht aus thermisch behandelten und mechanisch zerfaserten Holzfasern (Espe, Birke), Polysaccharid-Guar-Bindemittel und Langzeitdünger. FGM und BFM können beide auf einen frisch angesäten Boden oder in einem Arbeitsgang zusammen mit Samen angespritzt werden.

Das Gemisch löst sich schnell in Wasser, die Suspension bleibt unter Rühren stabil und wird zu einer breiartigen Substanz, die aufgesprüht werden kann. Nach dem Auftrag bilden die Fasern eine einheitliche und feste Matte, die die Feuchtigkeit hält und sich der Form des Geländes anpasst. Die wasserfeste Matte erfordert keine Abbindezeit und eignet sich daher besonders für die schnelle Stabilisierung von geneigten Flächen kurz vor starken Regenfällen.

Im Vergleich zu Erosionsschutzmatten (Erosion Control Blankets, ECB) können FGM und BFM nicht so sehr auf Zug belastet werden, dafür decken sie den Boden gleichmäßiger ab und reduzieren das Ausschwemmen von Boden an geneigten Oberflächen bei Regen. Darüber hinaus muss das Gelände für das Aufbringen von FGM und BFM nicht vorbereitet werden, was die Installationskosten gegenüber ECB senkt, da weder der Boden geebnet noch Matten befestigt werden müssen. Falls eine Reißfestigkeit erforderlich ist, etwa an Flussufern oder Küsten, bei denen das Gelände starken Winden oder schnell fließendem Wasser ausgesetzt ist, können FGM und BFM in Verbindung mit Erosionsschutznetzen verwendet werden.

Hersteller: Profile Products LLC; Mat, Inc.

SaiCoir Erosionsnetz, BioNet, Nedia Erosionkontroll-Decken

BIOLOGISCH ABBAUBARE GEOTEXTILIEN
FÜR DEN EROSIONSSCHUTZ //

| Aufbauen | Schichten | Leiten | Pflegen | Absorbieren | Übertragen | Reflektieren |

Biologisch abbaubare Geotextilien für den Erosionsschutz bestehen aus Naturfasern und sollen für eine Übergangszeit der Bodenstabilisierung dienen. Sie schützen der Witterung ausgesetzte Hänge vor Erosion und verrotten langsam. In der Regel werden diese Textilien aus Stroh, Kokos- oder Jutefasern *(Corchorus tiliaceae)* gewebt, gewirkt oder zu Vliesen verarbeitet und in große Ballen gerollt, wobei auch Samenmischungen mit eingearbeitet sein können. Oft sind sie zusätzlich versteppt mit biologisch abbaubaren Jute- oder Kokosfasernetzen, sich im Licht zersetzenden oder UV-stabilisierten Polypropylennetzen; die Lebensdauer reicht von drei Monaten bis acht Jahren, möglich ist eine Verwendung bei einer Fließgeschwindigkeit von 2,40 bis 4,90 m/sec und Hangneigungen von 4:1 bis 1:1.

Die üblichen Geotextilrollen sind 1,20 bis 3,90 m breit und bis zu 68 m lang. Kokosfasern werden auch zu Walzen gearbeitet, die einen stabilen Untergrund für Pflanzungen an Küstenstreifen, Flussufern und Feuchtgebieten bieten. Sie verhindern eine weitere Erosion des Bodens durch das fließende Wasser und fördern die Anlagerung von Schlamm und Sedimenten; es entsteht eine geschützte und durchlüftete Zone, in der wieder Pflanzen wachsen können.

Erosionsschutzmatten besitzen eine längere Lebensdauer und besitzen eine höhere Zug- und Scherfestigkeit als angespritzte Produkte (vgl. Bonded Fiber Matrix). Sie eignen sich daher eher für steile Hänge oder für Bereiche, die extremen Witterungsbedingungen mit hohen Fließgeschwindigkeiten ausgesetzt sind. Doch diese Textilien bedecken den Boden nie vollständig, und ihr Ausbringen vor Ort ist arbeitsintensiver.

Die Textilien sind resistent gegen Pilzbefall und UV-Licht. Sie sind zwar durchlässig, können aber gut Wasser absorbieren und das Fünffache ihres Gewichts an Wasser speichern, das sie langsam wieder an den Boden abgeben und damit das Keimen der Saat sowie das Wachstum der Pflanzen unterstützen. Ihr PH-Wert ist ideal für Pflanzenwachstum, und sie besitzen einen hohen T-Wert. Darüber hinaus verhindern sie das Ansiedeln von Krankheitserregern an Wurzeln wie *Pithium* und *Phtothora* und fördern die Entwicklung eines starken Wurzelwerks.

Zu den verbreiteten Anwendungsbereichen gehören Regenrückhaltebecken und Feuchtgebiete, Uferbereiche, Drainagegräben und saisonal Wasser führende Kanäle, Deiche, See- und Flussufer. Die Netze dienen als Basis für Anspritzbegrünungen und Anlagen im Hochgebirge, bei der Rekultivierung von Minen und Deponien werden sie ebenso eingesetzt wie an Autobahnböschungen und Bahndämmen, erodierten Küstenstreifen und Dünenbefestigungsgebieten sowie Skihängen.

Hersteller: Sai International Trading Corporation; North America Green; Nedia Enterprises, Inc.

Envirogrid

GEOCELL – DREIDIMENSIONALE BODENZELLEN //

| Aufbauen | Schichten | Leiten | Pflegen | Absorbieren | Übertragen | Reflektieren |

Envirogrid ist eine flexible und erweiterbare Bodenzelle mit großer Formstabilität und guter Drainage für den Erosionsschutz an Hängen und Flussufern sowie zur Bodenstabilisierung und für Schutzwälle. Das System wurde ursprünglich vom Corps of Engineers entwickelt und ist allgemein unter dem Begriff Geozelle bekannt. Hierfür werden Streifen aus hochdichtem Polyethylen (HDPE) thermoverschweißt, beim Auseinanderziehen entstehen Kammern, die mit Pflanzen, Zuschlagstoffen, Beton oder einem Gemisch daraus gefüllt werden können. Eine Geozellmatte besteht aus je 58 Streifen aus geschlossenem oder perforiertem HDPE, das entspricht 29 Zellen in der Länge und fünf Zellen in der Breite; eine Matte ist 3,60 m lang, die Höhe variiert zwischen 5,1 und 20,4 cm.

Envirogrid ist eine Alternative zu Geotextilien, Anspritzbegrünung, Gabionen und Hangstabilisatoren aus Beton. Die Menge des benötigten Bodenmaterials ist hier deutlich geringer als bei einem Schichtaufbau mit Geotextilien. Die gedehnten Zellwände verhindern, dass der Boden unter Last verdrängt wird, und verteilen diese Lasten auf die gesamte Fläche.

Zwar ist eine Anspritzbegrünung möglich, wenn Boden und Saat bis zum Keimen sicheren Halt finden, doch eignet sie sich nicht für einen Erosionsschutz an steilen Hängen, die hohen Fließgeschwindigkeiten von Wasser ausgesetzt sind. Envirogrid stärkt das Wurzelwerk und leitet das fließende Wasser über die Zellen, die wie viele kleine Rückhaltedämme wirken und so das Entstehen von Rinnen und Gräben verhindern. Darüber hinaus kann das Bodenmaterial von Schwerkraft oder Wasserströmung nicht verschoben werden, da sich die Strömung in und unterhalb der Kammern bricht und das Bodenmaterial in den Waben eingeschlossen ist. Zudem wird ein Teil des Wassers zurückgehalten, bis es langsam im Erdboden versickert ist.

Wird das System an sehr steilen Hängen eingesetzt, verbleibt das Bodenmaterial auch bei senkrechten Wandkonstruktionen in den Zellen, die darüber hinaus eine Drainage des gesamten Aufbaus bieten. Die große Oberfläche mindert das Risiko einer Bodenverdichtung und ermöglicht sogar das Befahren mit schweren Lastwagen.

Die Wabenstruktur bleibt auch bei einer Befüllung mit Beton flexibel und ermöglicht die Anwendung auf einem Unterboden, der sich bewegt, was bei einer Ortbetonplatte leicht zu Rissen und Unterspülungen führt. Die Baukosten sind sehr gering, da teure Schalungen und andere mit dem Gießen von Betonauskleidungen verbundene Kosten entfallen. In Bereichen mit begrenzten Übergangsflächen lassen sich Fluss- und Kanalhänge mit Begrenzungswänden aus übereinander gestapelten Geozellen aufbauen, deren äußere Zellen mit Vegetation, Granulat oder Beton befüllt werden; so können Böschungen steiler werden und der Aufbau gegenüber schnellen Fließgeschwindigkeiten widerstandsfähiger werden.

Hersteller: GeoProducts

Produkte und Technologien // 155

Land.Tiles

EROSIONSSCHUTZMODULE //

Aufbauen | Schichten | Leiten | Pflegen | Absorbieren | Übertragen | Reflektieren

Land.Tiles ist ein modulares System für den Erosionsschutz, das der Geländedeformation vor Ort und der Dynamik von fließendem Wasser angepasst werden kann. Es wurde im Zusammenhang mit Erosionsschutz und Hangstabilisierung entwickelt und bietet einen alternativen Ansatz. Die Gestaltung und das Aussehen der Bodenmodule sind integraler Bestandteil eines architektonischen Entwurfsprozesses; sie sind auf das Fließverhalten von Wasser abgestimmt, schaffen einen Höhenausgleich zwischen Retentionsbereichen, bieten Erosionsschutz, begehbare Flächen, durchlässige und begrünte Flächen sowie Bewässerungsmöglichkeiten.

Für konkrete Untersuchungen wurde eine Testumgebung geschaffen, um die Möglichkeiten einer integrierten Topografie- und Fließanalyse sowie geländespezifische Aufbauvarianten der unterschiedlich geformten Elemente zu prüfen. 140 gegossene und strukturierte Betonelemente wurden in einem digitalen Entwurfs- und Herstellungsverfahren mit CNC-Fräsen und vakuumgeformten Kunststoffformen gefertigt. Alle Elemente sind in ähnlicher Weise gewellt, eine Struktur, die vom Plissieren bei der Textilverarbeitung abgeleitet ist und eine durchgehende, doch zugleich gekrümmte Oberfläche schafft. Durch die Unterteilung passt sich jedes Element an die geländetypischen Bedingungen und die Vorgaben aus dem Bauprogramm an, behält aber zugleich seine prototypische Form. Textur, Gestalt und Form der Module variieren und passen sich dem unterschiedlichen Verhalten von Wasser an, indem sie die Fließgeschwindigkeit herabsetzen und entweder das Wasser stauen, damit es in den Boden versickern kann, oder auch zur Bewässerung umleiten.

Entwurf: PATTERNS / Marcelo Spina

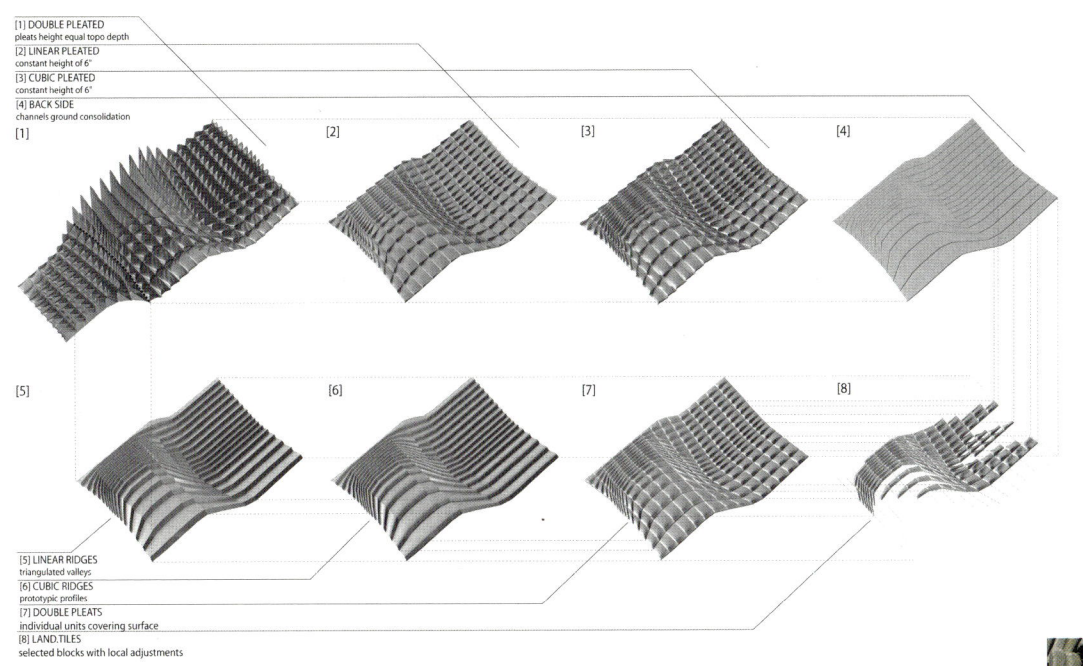

[1] DOUBLE PLEATED
pleats height equal topo depth
[2] LINEAR PLEATED
constant height of 6"
[3] CUBIC PLEATED
constant height of 6"
[4] BACK SIDE
channels ground consolidation

[5] LINEAR RIDGES
triangulated valleys
[6] CUBIC RIDGES
prototypic profiles
[7] DOUBLE PLEATS
individual units covering surface
[8] LAND.TILES
selected blocks with local adjustments

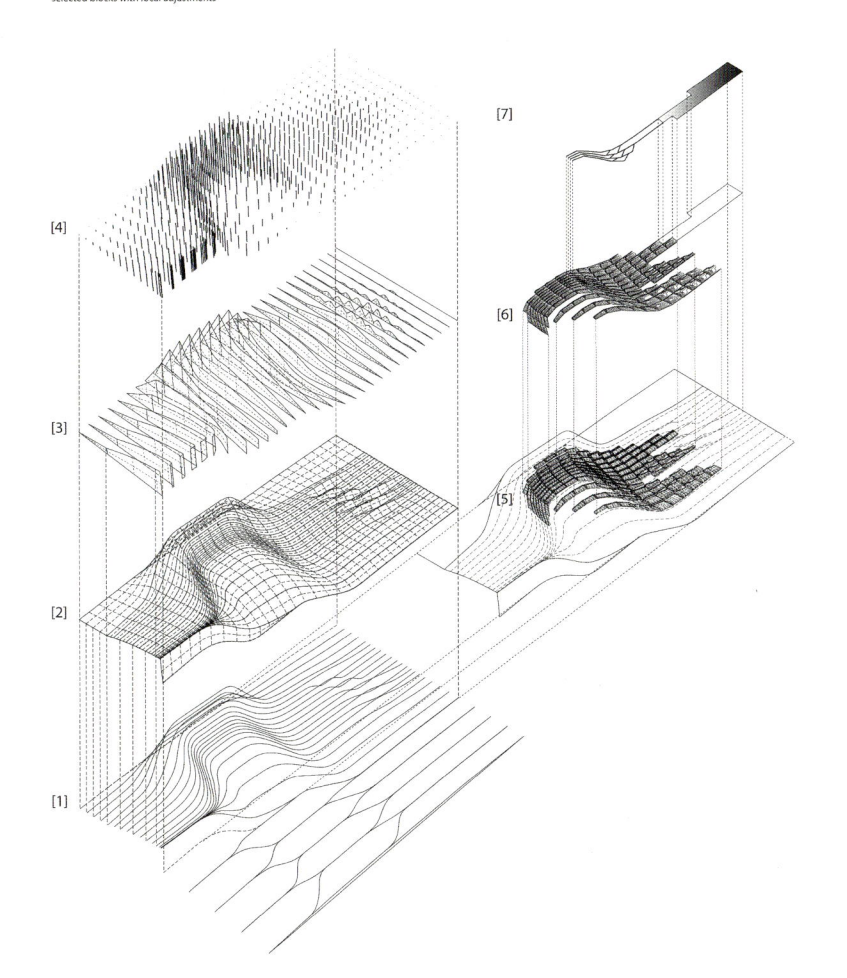

Produkte und Technologien // 157

Cornell University (CU)-Structural Soil™ und Amsterdam Tree Sand

STRUKTURBÖDEN //

| Aufbauen | Schichten | Leiten | Pflegen | Absorbieren | Übertragen | Reflektieren |

Bäumen in Städten fehlt es häufig an ausreichend Erdboden. Dadurch sind die Pflanzen und Bäume in mehrfacher Weise behindert, was sich auf den Wuchs insgesamt, die Empfindlichkeit gegen Krankheiten und Trockenheit und damit auf das langfristige Überleben auswirkt. Mit Strukturböden kann diesem Problem begegnet werden, da dieses aufbereitete Pflanzmedium sowohl die erforderlichen Lasten aufnehmen kann als auch Wurzelwachstum ermöglicht. „Structural Soils" bestehen aus einer Kombination aus organischem und tragendem Material und können als Unterboden einer gepflasterten Fläche oder von Fahrdämmen eingesetzt werden. Da sich Wurzeln mit Hilfe von Strukturböden unter befestigten Flächen gut entwickeln können, sind die Bäume im urbanen Umfeld gesünder und es besteht auch weniger Gefahr, dass Wurzeln Gehwege anheben. Zwei Arten von Strukturböden sind Cornell University Structural Soil™ und Amsterdam Tree Sand. Für Cornell University Structural Soil (U.S.-Patent Nr. 5.849.069) wird grober Schotter als tragende Basis des Bodens verwendet. Der Boden ist „Lücken-klassifiziert", das heißt es gibt keine Bodenpartikel in der Zwischengröße, die die Hohlräume verstopfen könnten, wodurch eine angemessene Durchlüftung und Drainage sichergestellt wird. Fetter toniger Lehm und organisches Material werden unter den Schotter gemischt, da sie Feuchtigkeit und Nährstoffe binden und für eine ausreichende Kationenaustauschkapazität sorgen. Insgesamt besteht der Boden aus Schotter (Granit oder Kalkstein) in Korngrößen von 1,3–1,9 cm, tonigem Lehm gemäß USDA Soil Classification System mit <30 % Kies, 25–30 % Sand, 20–40 % Schluff, 25–40 % Ton und einem geringen Anteil Gelscape®, einem Hydrogelstabilisator, der als Tackifier dient.

Amsterdam Tree Sand von Heicom wurde in den Niederlanden entwickelt und wird heute weltweit unter dem Markennamen Amsterdam Tree Sand (bzw. Soil) hergestellt. Das Produkt ist bereits seit mehr als 20 Jahren auf dem Markt und hat sich als gutes Wuchsmedium für Bäume im städtischen Umfeld erwiesen. Es besteht in der Regel aus 60–70 % klassifiziertem Silikatsand und 30–40 % organischem Material (Kompostierung von Grünschnitt). Aufgrund der Beschaffenheit des Silikatgranulats kann der Boden 85 % bis 90 % verdichtet werden und damit als Unterbau für gepflasterte Wege, Gehwege und Fahrstraßen dienen. Die Struktur des Silikats lässt Raum, damit Sauerstoff und Feuchtigkeit zu den Wurzeln gelangen und gesunde Bäume wachsen können. Die Zugabe von organischem Material sorgt für zusätzliche Belüftung, erhöht die Speicherkapazität von Feuchtigkeit und stellt ausreichend Nährstoffe zur Verfügung.

Quellen: Urban Horticulture Institute, Department of Horticulture, Cornell University; Heicom, UK

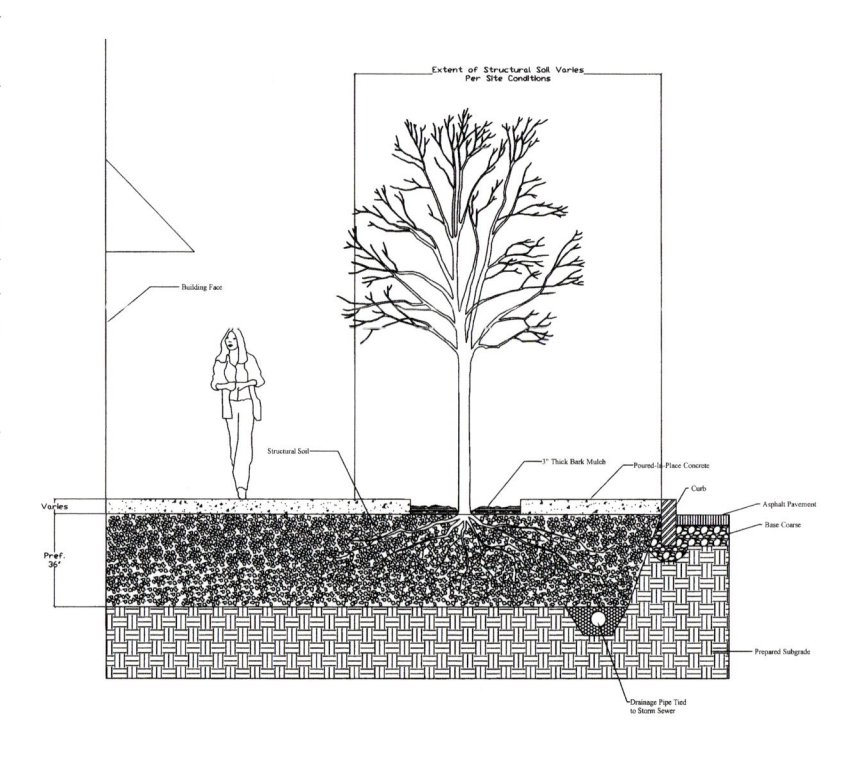

EnduraSafe™

MULCH AUS WIEDERVERWERTETEM GUMMI //

| Aufbauen | Schichten | Leiten | Pflegen | Absorbieren | Übertragen | Reflektieren |

EnduraSafe™ ist ein Produkt aus wiederverwertetem Gummi, das als Alternative für Mulche aus Naturmaterialien in der Landschaftsgestaltung und als Fallschutz auf Spielplätzen und Außensportanlagen eingesetzt wird. Es besteht aus alten Auto- und LKW-Reifen, deren unter Wärme gehärtetes Gummi-Polymer sich nicht wieder einschmelzen lässt, sondern nur noch gemahlen und als Granulat verwendet oder durch ein Polymerbindemittel gebunden vor Ort zu einer glatten Fläche gegossen werden kann.

Im Gegensatz zu Mulch aus Holzfasern entzieht das Gummi bei trockener Witterung dem Boden keine Feuchtigkeit, ein Feuchtigkeitsverlust des Bodens wird verhindert, der Bewässerungsaufwand reduziert. Gummi besitzt eine größere Dichte als Holz-Mulch und wird weder vom Wind noch bei Starkregen weggetragen. Und da sich das Material nicht zersetzt, muss es nicht jedes Jahr erneuert beziehungsweise aufgefüllt werden. Gummi ist resistent gegen Schimmel-, Pilz- und Ungezieferbefall. Die Höhe des Belags beträgt bei landschaftsarchitektonischer Verwendung im Allgemeinen 3,8 cm, wobei das Gummi sehr druckbeständig ist. Die Farbechtheit ist auch unter UV-Strahlung gewährleistet und das Material beginnt erst nach 8 bis 10 Jahren auszubleichen. Dieser Gummimulch ist in neun Standardfarben erhältlich: Braun, Kupfer, Dunkelgrün, Grasgrün, Rostrot, Schwarz, Stahlblau, Violett und Türkis. Sonderfarben sind auf Wunsch möglich.

Als Fallschutz auf Spielplätzen beträgt die Höhe der Gummimulchauflage zwischen ca. 10 und 15 cm und federt so Stürze aus etwa 2 bis 4 m Höhe ab. Die Auflagenhöhe leitet sich aus den entsprechenden Sicherheitsbestimmungen ab, bei denen die als gefährlich eingestufte Fallhöhe von einem Spielgerät den Dämpfungsgrad des Bodens zum Abfangen des Sturzes bestimmt.

EnduraSafe™ ist gemäß der Bestimmungen des ADA (Americans with Disabilities Act, ASTM F1951-99) als rollstuhltauglich und laut ASTM (American Society for Testing and Materials, F1292) als stoßdämpfend klassifiziert.

Hersteller: Advanced Ground Care Products LLC

Poröser Beton und Asphalt

DURCHLÄSSIGES PFLASTER //

Aufbauen | **Schichten** | **Leiten** | Pflegen | Absorbieren | Übertragen | Reflektieren

Asphalt und Beton lassen sich so mischen, dass eine Reihe von Hohlräumen entsteht, die ein Passieren von Wasser und Luft ermöglichen. Diese durchlässigen Bodenbeläge schaffen eine deutlich verbesserte Oberflächenentwässerung. Durchlässiger Asphalt ist die kostengünstigere Alternative, doch beide Materialien werden bereits seit 20 Jahren erfolgreich eingesetzt. Sowohl durchlässiger Asphalt als auch durchlässiger Beton bestehen aus den konventionellen Bestandteilen, unter Verzicht auf feine Zuschlagstoffe. Der Anteil der Hohlräume liegt bei derartigen Mischungen bei etwa 15 – 25 %, was ein rasches Durchsickern des Wassers bei normaler Niederschlagsmenge ermöglicht. Das größte Problem ist das Verstopfen der Hohlräume, was sich durch einen richtigen Neigungswinkel verhindern lässt, sodass keine ungefilterten Schwemmpartikel die Pflasterung erreichen. Darüber hinaus ist das Reinigen der Straße empfehlenswert; die durchlässigen Flächen sollten im Halbjahresrhythmus oder bei zugesetzten Poren gründlich gesäubert werden. Unter der durchlässigen Deckschicht befindet sich meist ein Steinbett in einer Stärke von 45 – 90 cm, das das Oberflächenwasser aufnimmt und hält, bis es ganz im Erdboden versickert ist. Das Steinbett kann auch tiefer sein, wenn es weiteres Oberflächenwasser aus anderen Bereichen, etwa Dächern oder angrenzenden versiegelten Flächen, aufnehmen soll. Bei Bereichen, in denen das Wasser nur langsam versickern kann, ist es auch möglich, über eine Rohrverbindung einen Teil des Sickerbereichs von der durchlässigen Fläche abzusetzen, um so die Versickerung zu verbessern oder zu ergänzen. Der außergewöhnlich starke Unterbau dient zugleich als geeignetes Fundament für den Deckbelag. Die lange Haltbarkeit einiger früher Anwendungen von durchlässigen Materialien ist zum Teil auf diese sorgfältige Gründung zurückzuführen. Darüber hinaus bewirkt die Kombination aus der verhältnismäßig guten Dämmung durch den Unterbau und der Durchlässigkeit des Belags, dass Schnee schneller schmilzt als auf undurchlässigen Belägen und damit weniger Schnee geräumt und weniger Salz eingesetzt werden muss. Durchlässige Beläge werden zwar hauptsächlich bei Parkplätzen eingesetzt, sie eignen sich aber für eine breite Anwendungspalette, etwa für Fußwege und Sportplätze. Ohne die feinen Partikel entsteht eine Oberfläche, die meist rauer ist als bei üblichen Belägen. Aus konstruktiver Sicht reduziert das Fehlen feiner Partikel die Scherfestigkeit des Materials, daher ist es für abschüssige Flächen nicht geeignet. Materialzusätze wie Lavastein können je nach Leistungsanforderung an den Belag gewählt werden, um eine verbesserte Scherfestigkeit oder eine Wasserspeicherung zu erreichen. Betrachtet man die Kosten, so sind durchlässige Beläge nicht teurer als reguläres Belagmaterial, allerdings führt der zusätzliche Unterbau zu weiteren Kosten. Diese Summen müssen aber den Ausgaben für eine umfangreiche Drainage bei konventionellen Belägen gegenübergestellt werden.

Quelle: Portland Cement Association; National Ready Mixed Concrete Association; Cahill Associates

Erdbeton

ZEMENTVERSETZTE BÖDEN //

| Aufbauen | Schichten | Leiten | Pflegen | Absorbieren | Übertragen | Reflektieren |

Erdbeton ist ein stark verdichtetes Gemisch aus Erde oder anderem Aushub, Portlandzement und Wasser. Erdbeton und Portlandzement unterscheiden sich in mehrfacher Hinsicht, insbesondere in der allgemeinen physikalischen Zusammensetzung und den Einsatzbereichen. Das Material ist kostengünstig, weil bis zu 90 % der Anteile bereits vor Ort verfügbar sein können. Vorhandenes Erdmaterial, unbrauchbare Straßenbeläge, Asche, Gießereisand und Siebgut von Steinbrüchen und Kiesgruben lassen sich beimischen. Praktisch jedes nicht-organische Bodenmaterial kann verwendet werden, wobei jedoch körniger Boden gegenüber Tonböden bevorzugt wird. Verwendet man Bodenmaterial des jeweiligen Ortes für die Herstellung des Boden-Zement-Gemischs, kann dies die vorhandene Landschaft und das neu gebaute Element optisch und konstruktiv besser miteinander verbinden.

Im Allgemeinen besitzt Erdbeton eine hohe Druck- und Scherfestigkeit, dagegen ist die Zugfestigkeit eher gering und das Material eher spröde, was zu Rissen führen kann. Da es sehr starr wird und wie eine massive Platte reagiert, ist die erforderliche Stärke bei einer Anwendung für Straßen und andere Flächen geringer als bei Belägen auf der Basis von körnigerem Material. Es lässt sich praktisch undurchlässiges Material herstellen, so dass es nicht zu Frostschäden kommen kann und Intensivnutzungen in Zusammenhang mit Wasser möglich sind. Einfache Labortests legen den Zementgehalt, den Verdichtungsgrad und die hydraulischen Eigenschaften für die konstruktiven Vorgaben fest. Proben aus Straßen zeigen, dass die Festigkeit von Erdbeton mit dem Alter sogar steigt; bei einigen Proben hatte sich die Festigkeit nach vier Jahren Nutzung vervierfacht.

Das Vermengen von vor Ort vorhandenem Material ist ein einfacher, mehrstufiger Vorgang. Die benötigte Menge Zement wird über dem vorhandenen Boden ausgestreut, dann werden Zement, Boden und Wasser maschinell vermengt. Im nächsten Schritt wird die Mischung mit einer Standardmaschine stark verdichtet, um maximale Haltbarkeit zu erzielen. Schließlich muss die Mischung abbinden. Werden Bodenmaterialien eingesetzt, die nicht vor Ort vorhanden sind, kann Erdbeton auch im Werk gemischt und dann an Ort und Stelle gebracht werden, wo er vor dem Abbinden verteilt und verdichtet wird.

Das Material eignet sich für vielerlei Anwendungen. Neben der Nutzung als Deckschicht für Straßen und Wege aller Art kann es auch für Uferschutz, Sohlenschutz, Einlaufbauwerke, Teichränder und Staumauern eingesetzt werden. Seine Undurchlässigkeit, Steifigkeit und Wirtschaftlichkeit machen es ideal für Großprojekte an Wasserwegen. Aufgrund des naturnahen Aussehens fügen sich Stützbauwerke an Wasserwegen aus Erdbeton gut in die vorhandene Landschaft. Wird ein geringerer Anteil Portlandzement dem Boden beigemischt, erhält man eine weicherem Gestein vergleichbare Geländestruktur; diese Techniken zur Bodenstabilisierung eignen sich für Fundamente, Stützbauten oder temporäre Auflager.

Quelle: Portland Cement Association

Soil Moist, Stockabsorb®, Watersorb®, PetroGuard, Oasis

SUPERABSORBIERENDE POLYMERE (HYDROGEL) //

| Aufbauen | Schichten | Leiten | Pflegen | Absorbieren | Übertragen | Reflektieren |

Superabsorbierende Polymere (SAP) können das 200- bis 400-fache ihres Eigengewichts in Form von Wasser oder anderen Flüssigkeiten aufnehmen. Sobald man SAP in Wasser legt, absorbieren sie dieses sehr schnell und quellen zu einem Gel auf. Aufnahme und Abgabe der Flüssigkeit wird über den osmotischen Druck gesteuert, daher kann man das Gel nicht wie einen Schwamm ausdrücken. SAP sind in vielen unterschiedlichen Formen erhältlich, als Granulat, Fasern, Vliese, gewirkte und gewebte Textilien.

Im Bereich des Garten- und Landschaftsbaus sind SAP im Allgemeinen unter dem Namen Hydrogel bekannt und werden unter anderem unter den Markennamen Soil Moist, Stockabsorb®, Oasis Super Absorbent Fiber, PetroGuard und Watersorb® vertrieben. SAP bestehen aus Polyacrylat/Polyacrylamid-Kopolymeren und wurden ursprünglich für die Anwendung unter Bedingungen hergestellt, in denen es einen hohen Elektrolyt- oder Mineralgehalt gibt und langfristig mehrere Nass/Trocken-Zyklen stabil gehalten werden sollen, wie etwa in der Landwirtschaft oder dem Gartenbau. Entscheidend für die Wirkkraft der Osmose ist in der Regel die im Vergleich zur Umgebung höhere Konzentration von Natrium- oder Kaliumionen im Polymer. Somit wird das Wasser in das Polymer eingesogen beziehungsweise davon abgegeben, um ein Gleichgewicht zu erreichen.

Im Garten- und Landschaftsbau nutzt man die außergewöhnliche Absorptionsfähigkeit des Materials und erreicht so, dass ein Boden 50 bis 100 % mehr Wasser speichern kann; somit muss weniger bewässert werden, es wird weniger Dünger ausgewaschen, das Oberflächenwasser versickert nicht so schnell und es gibt weniger Bodenerosion. Sobald die Erde austrocknet und die Pflanzen Wasser benötigen, geben SAP über den osmotischen Druck Wasser und Dünger langsam wieder ab. SAP verbessern die Belüftung des Bodens, reduzieren den Stress für die Pflanzen beim Umsetzen und verhindern eine Verdichtung des Bodens, so dass die Wurzeln tief eindringen können.

SAP-Granulat kann in Erde gemischt oder als Tackifier bei der Nassansaat verwendet werden. Gewebte oder als Vlies gearbeitete Geotextilien werden für Maßnahmen in Flussbereichen und im Uferschutz eingesetzt und könnten auch für den Hochwasserschutz verwendet werden, da sie Wasser extrem schnell absorbieren. SAP lassen sich mit speziellen Filter- und Absorptionseigenschaften ausstatten, sie können hydrophob sein und nehmen dann reaktive Chemikalien, aliphatische und aromatische Kohlenwasserstoffe sowie Chlorkohlenwasserstoffe auf; damit eignen sie sich hervorragend zum Binden und Beseitigen von chemischen Verunreinigungen.

Hersteller: JRM Chemical, Inc.; Stockhausen, Inc.; Polymers, Inc.; Advanced Polymeric Absorbents; Technical Absorbents Limited

Bridgestone Rubber Dam

PNEUMATISCHE DÄMME //

| Aufbauen | Schichten | **Leiten** | Pflegen | Absorbieren | Übertragen | Reflektieren |

Luftkissendämme werden immer häufiger in Flüssen eingebaut, da man bei ihnen die Luft leicht und schnell ablassen und so Überflutungen im oberen Flusslauf verhindern kann. Die Technologie gibt es seit 30 Jahren, weltweit wurden bereits 2.200 dieser pneumatischen Dämme errichtet. Sie eignen sich besonders für kleine und mittlere Gewässer, deren Breite deutlich größer ist als die Tiefe. Im Vergleich zu anderen regulierbaren Dämmen reichen auch bei breiten Flusstälern nur wenige Stützpfeiler aus, wodurch Hochwasser geringstmöglich am Durchfluss gehindert wird, sobald die Luft aus dem Damm abgelassen ist. Da diese Dämme gut reguliert werden können, eignen sie sich für die unterschiedlichsten Zwecke, etwa die Gewinnung von Strom aus Wasserkraft, Grundwasserrücklauf, Wasserversorgung, Hochwasserschutz, Bewässerung, Wasseraufbereitung, Flutschutz und Naherholung.

Die Bridgestone Rubber Dams bestehen aus strapazierfähigem, mit Nylon verstärktem Gummi mit einer UV-Schutzhülle aus EPDM (Ethylen-Propylen-Dien-Monomer). Jedes Teilstück befindet sich in einer mit Keramikchips verstärkten Gewebetasche, damit das Gummi nicht reißen kann. Das Gummi enthält außerdem eine selbst dichtende Substanz zum Schließen kleiner Löcher. Ist der Damm aufgepumpt, kann er eine Höhe von ca. 6 m und eine Spannweite von ca. 18,20 m erreichen. Die Materialstärke beträgt in Abhängigkeit von der Dammhöhe ca. 9,5 bis 25 mm.

Das aufgeblasene Element besitzt oben eine dünne Rippe, die den Aufprall des Wassers gleichmäßig über die gesamte Oberfläche des Damms verteilt und ein Schwingen des Elements und damit mögliches Reißen verhindert. Durch diese Rippe liegt der Damm während eines Hochwassers vollkommen flach auf dem Boden auf. In manchen Fällen kann die Luftkammer auch durch eine Schleuse betreten werden. Das Aufpumpen und Ablassen der Luft lässt sich manuell oder automatisch steuern. Durch ein Überwachungssystem im Oberlauf werden Veränderungen in der Wasserhöhe erkannt und der Luftdruck im Damm automatisch so angepasst, dass der gewünschte Wasserstand gehalten wird.

Die Dämme sind mit einem einfachen Klemmsystem aus Bodenankern und Klemmplatten aus Stahl an einer Gründung befestigt. Im Gegensatz zu Stahltoren spielt die Neigung der Uferhänge hier keine Rolle und muss das Flussufer nicht entsprechend angepasst werden. Die Luft wird durch ein Niederdruckgebläse zugeführt. Da es vergleichsweise wenige bewegliche Teile gibt, arbeiten pneumatische Dämme sehr zuverlässig und benötigen wenig Wartung.

Hersteller: Bridgestone Industrial Products America, Inc.

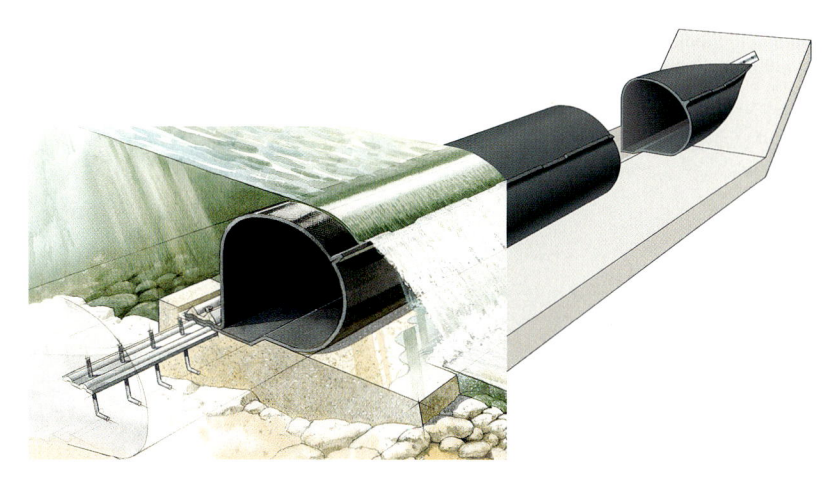

Biobarrier®

WURZELHEMMENDE GEOTEXTILIEN //

| Aufbauen | Schichten | Leiten | Pflegen | Absorbieren | Übertragen | Reflektieren |

Biobarrier® ist ein Geotextil-Vlies mit wurzelhemmender Wirkung, um Bauten vor dem Einwachsen von Wurzelwerk zu schützen. Das Material besitzt Noppen, die im Spritzgussverfahren in Typar®, einem Vlies aus thermisch verfestigten Polypropylenfasern, eingearbeitet wurden. Die dauerhaft angebrachten Noppen setzen Trifluralin, ein wachstumshemmendes Herbizid in den Boden frei. Durch das patentierte langsame Abgabeverfahren wird immer die richtige Menge Wirkstoff ausgeschüttet, damit die Wurzeln nicht weiterwachsen.

Das Trifluralin wird zwar rasch abgebaut, aber auch beständig ersetzt und baut damit einen konstanten Wirkungsbereich auf. Die Bereiche um die im Abstand von ca. 3,8 cm angebrachten Noppen überlappen sich und bilden eine durchgehend wurzelfreie Zone. Der Wirkstoff verhindert, dass sich die Zellen an den Wurzelspitzen teilen, was ein weiteres Wachstum in dieser Richtung verhindert. Trifluralin wirkt nicht systemisch und wird daher auch nicht von den Pflanzen aufgenommen. Daher wird das Wurzelwerk von der durch Biobarrier® geschützten Anlage abgelenkt, negative Folgen für Pflanzen oder Bäume bleiben jedoch aus. Wurzeln außerhalb der Zone sind nicht betroffen.

Trifluralin wird seit über 40 Jahren als Pflanzenschutzmittel in der Landwirtschaft verwendet. Es ist nicht toxisch und ist in der Schadstoffklassifizierung der US-amerikanischen Umweltbehörde EPA in der Klasse IV eingeordnet, was es nach Aussage des Herstellers Reemay „etwas toxischer als Zucker, aber weniger toxisch als Salz" macht. Aufgrund der sehr geringen Wasserlöslichkeit versickert es nicht, und wegen der hohen Bodenadsorption verteilt es sich kaum im Erdreich. Darüber hinaus baut sich die freigesetzte Chemikalie innerhalb von sechs Monaten ab und verbleibt somit nicht im Boden.

Das Biobarrier®-Vlies wird zwischen Wurzelballen und Bauwerk ausgelegt. Verwendung findet das Material bei Beeteinfassungen, Anzuchtbereichen, unterirdischen Faulbecken und Abwasserrohren, Fundamenten und Abdeckungen für Sondermüll. Damit lässt sich auch das Eindringen von Wurzeln in mit Erde aufgefüllte Anlagen und Dränsysteme bei Dämmen und Kanälen verhindern. Die Durchlässigkeit erlaubt einen Austausch von Luft, Nährstoffen und Wasser im Boden.

Biobarrier® ist in den Maßen ca. 30,50 cm x 6 m bis maximal ca. 148,60 cm x 30,50 m erhältlich und kann senkrecht und waagrecht verlegt oder auch um zu schützende Elemente herum gewickelt werden. Häufig benötigt man Drahtagraffen für die Verankerung des Vlieses. Es sollte mindestens ca. 46 cm über die Anlage, die geschützt werden soll, hinausreichen, da die Wurzeln um den Rand des Vlieses herumwachsen können. Bei senkrechter Verarbeitung muss der obere Rand mit der Bodenoberfläche abschließen. Wird das Material waagrecht verlegt, sollte die Bodenauflage mindestens ca. 5 cm betragen. Falls bei nachträglichem Einbau bereits Wurzeln ausgebildet sind, müssen diese beschnitten werden.

Hersteller: BBA Nonwovens: Reemay, Inc.

Kontrollierte Brände

ANGELEGTE FEUER //

| Aufbauen | Schichten | Leiten | **Pflegen** | **Absorbieren** | Übertragen | Reflektieren |

Kontrollierte Brände werden in der Land- und Forstwirtschaft sowie bei der Renaturierung von Grassteppen eingesetzt, um keine gefährlichen Brände aufkommen zu lassen und um angestrebte Ökosysteme zu erhalten beziehungsweise zu erneuern. Zu den Vorteilen gehören die Eindämmung von konkurrierender Vegetation, die Schaffung von besserem Weideland, die Verbesserung des Aussehens sowie der Zugänglichkeit, die Eindämmung von Pflanzenkrankheiten sowie der Erhalt von feuerliebenden Pflanzen.

Der Zeitpunkt des kontrollierten Brennens bestimmt das Überleben der gewünschten Pflanzen und die Auswirkungen auf die Tierwelt. Ein Brand zugunsten von gewünschten Gräsern muss erfolgen, wenn die Gräser gerade keimen und die Erdoberfläche feucht ist. Im Allgemeinen reguliert ein Abbrennen am Ende des Frühlings Gehölze und Gräser der kälteren Jahreszeit besser als ein Abbrennen zu Beginn des Frühjahrs; jedoch wirkt es sich dann nachteilig auf das Wachstum von Wildblumen aus. Dieses Abbrennen versorgt die Gräser der wärmeren Jahreszeit mit den Nährstoffen, die sie zum Wachsen benötigen. Vor dem Legen der Brände muss die Nistzeit der in den Wiesen lebenden Tiere geprüft werden, damit das Feuer nicht deren Nester zerstört. Ein Abbrennen im Herbst wird aufgrund der kühleren Temperaturen, des trockeneren Bodens und der Zerstörungen der Lebensräume für die im Winter dort lebenden Tierarten nur ungern durchgeführt.

Es gibt vier Grundtechniken für das kontrollierte Abbrennen von Grasland – Gegenfeuer, Parallel- oder Flankenfeuer, Ringfeuer und streifenweises Lauffeuer. Ein Gegenfeuer wird auf der Abwindseite des abzubrennenden Geländes entzündet und gilt als das kühlste und sicherste Feuer; es brennt jedoch recht langsam und das Abbrennen dauert daher länger. Das Parallel- oder Flankenfeuer brennt heißer und schneller als das Gegenfeuer und eignet sich besonders für quadratische oder runde Parzellen. Das Feuer wird an den Seiten des abzubrennenden Geländes, die parallel zur Windrichtung liegen, zur gleichen Zeit oder kurz nach Entzünden eines Gegenfeuers entfacht. Das Ringfeuer ist nicht nur eine der schnellsten Abbrennmethoden, es entsteht dabei auch ein deutlich heißeres Feuer. Hier beginnt man mit dem Entzünden eines Gegenfeuers, zündet dann die Seiten an und entzündet schließlich ein Feuer an der Aufwindseite des abzubrennenden Geländes, der Front. Dieses Lauffeuer bewegt sich schnell auf die Flanken- und Gegenfeuer zu. Das streifenweise Lauffeuer brennt etwas langsamer als ein Gegenfeuer, ist relativ sicher und eignet sich für rechteckige oder ungleichmäßig geformte Parzellen. Es ist kostengünstiger als die anderen Abbrennmethoden. Mehrere schmale Streifen werden beginnend auf der Abwindseite des abzubrennenden Geländes nacheinander und immer einzeln angezündet. Diese Methode eignet sich besonders, wenn nur eine begrenzte Anzahl von Helfern zur Verfügung steht.

Quelle: Ministry of Forests and Range; U.S. Environmental Protection Agency

Filtern von Giftstoffen durch Pilze

MYCOREMEDIATION //

Aufbauen | Schichten | Leiten | Pflegen | **Absorbieren** | Übertragen | Reflektieren

Der Begriff Mycofiltration (Filterung mit Hilfe von Pilzen) stammt von dem Pilzforscher Paul Stamets und beschreibt die Nutzung des Pilzmyzels als biologischen Filter zur Reinigung von verseuchtem Boden. Das Myzel ist der vegetative Teil eines Pilzes und besteht aus einem umfangreichen Geflecht feiner Fäden im Boden. Saprophyten leben symbiotisch mit fast allen Pflanzen, indem sie Biomasse und chemische Verbindungen in deren Grundbestandteile zerlegen und damit den Pflanzen Nährstoffe zur Verfügung stellen.

Gemeinsam mit den Battelle Laboratories, einer im Bereich der Bioremediation tätigen Stiftung, entwickelte Stamets ein Patent für den Einsatz von Myzelien zum Abbau von toxischen Abfällen, ein Prozess, der Mycoremediation genannt wird. Die Forschungsarbeiten basieren auf der Tatsache, dass Myzelien Enzyme und Säuren produzieren, die ihrerseits Holzfasern in Lignin und Zellulose aufspalten und Kohlenwasserstoffe – also die Grundbestandteile von Ölen, Erdölprodukten, Pestiziden, PCB (Polychlorierte Biphenyle) und vieler anderer Schadstoffe – zersetzen.

Die Studien von Stamets und Battelle zeigen, dass Austernpilze das aus polyzyklischen aromatischen Kohlenwasserstoffen bestehende Schweröl in nicht-toxische Bestandteile aufspalten können. Andere Pilzarten sind in der Lage, E. coli-Bakterien vollständig zu verwerten. Die Forscher wiesen überdies nach, dass durch das Verrotten der Pilze eine Reihe von weiteren biologischen Prozessen in Gang gesetzt wird: Fliegen besiedeln den Bereich und verwerten die Pilze; diese Fliegen ziehen andere Insekten an, durch die wiederum Vögel angelockt werden; die Vögel verteilen Samen und fördern damit die Verbreitung unterschiedlichster Spezies.

Myzelien wachsen sehr schnell. Die Myzelmasse breitet sich mit einer Geschwindigkeit von 1 bis 5 cm pro Tag aus, wobei es Pilzarten gibt, deren Myzel über 8 ha bedeckt. Die schnelle Ausbreitung auf einem Gelände erhöht die Effizienz der Bodenremediation. Das Stamets-Battelle-Team legt Pufferzonen entlang der Uferbereiche von Flüssen als idealen Gebieten für die Mycoremediation an. Entlang der Zonen bietet das Laub von Bäumen und Büschen zusammen mit dem Grasbewuchs eine üppige Grundlage an Biomasse, in der die Myzelien das von angrenzenden Agrarbetrieben, Autobahnen und vorstädtischen Wohnbezirken abfließende Wasser filtern können.

Forschung: Paul Stamets, Fungi Perfecti + Battelle Laboratories

Produkte und Technologien // 167

Land Imprinting

WIEDERBEGRÜNUNG VON ERODIERTEM BODEN //

| Aufbauen | Schichten | **Leiten** | **Pflegen** | **Absorbieren** | Übertragen | Reflektieren |

Land Imprinting ist eine einfache Technik zur Wiederbegrünung von Flächen, die durch eine fortschreitende Wüstenbildung oder Erosion geschädigt sind. Das Verfahren ahmt die Hufabdrücke von Tierherden künstlich nach, in den von der Land-Imprinting-Maschine eingedrückten Furchen sammeln sich Wasser und Nährstoffe, so dass Samen keimen und aufgehen können. Die Technik eignet sich besonders für die Ansiedlung von mehrjährigen Pflanzen, die beim Keimen vermehrt Feuchtigkeit benötigen, und für Flächen in ariden Klimazonen, wo Samen ohne Unterstützung sonst nicht auskeimen würden.

Im ersten Schritt zieht ein Traktor die Imprinting-Walze über das Gelände, wodurch 25 cm breite, V-förmige Furchen entstehen. Eine Sävorrichtung hinter der Walze bringt die Samen auf die bearbeitete Oberfläche aus. Jede eingearbeitete Furche beziehungsweise „Mikro-Wasserscheide" kann mehrere Liter Regenwasser aufnehmen, genug für einen oder mehrere Sämlinge. Etwa 5 cm hohe Wälle trennen die einzelnen Furchen und stauen das Regenwasser, bis es im Boden versickert ist. Nach dem Einarbeiten der Furchen erhöht sich die Versickerungsrate innerhalb der ersten Stunde eines Regenschauers um mindestens das Zehnfache. Durch das langsame und tiefe Eindringen des Wassers in den Boden wird die Ansiedlung von mehrjährigen Pflanzen zu Ungunsten der weniger erwünschten einjährigen Pflanzen gefördert. Die Furchen steigern zudem die Feuchtigkeit im Mikroklima und schützen die jungen Sämlinge besser vor zu starker Sonneneinstrahlung und trockenen Winden. Bei entsprechender Bodenbeschaffenheit bleiben die Furchen mehrere Jahre stabil, bis ausreichender Regen ein Keimen der Saat ermöglicht.

Die Technik des Land Imprinting macht jede weitere Vorbereitung des Bodens überflüssig. Ein vorheriges Pflügen wird nicht empfohlen, da dies die vorhandene Vegetation zerstören, Pflanzenreste überdecken, die Bodenstruktur schädigen und Unkrautwachstum fördern würde. Zwar werden beim Land Imprinting Pflanzen geknickt, doch deren Wurzeln bleiben unangetastet und teiben höchstwahrscheinlich neu aus. Ist der Boden sehr hart, kann die Walze auf einen höheren Druck eingestellt oder der Bereich mehrmals bearbeitet werden. Darüber hinaus können während des Land Imprinting Mycorrhiza in den Boden geimpft werden, damit sich Pflanzen auch unter schwierigen Bedingungen besser entwickeln können.

Hersteller: Western Ecology, LLC

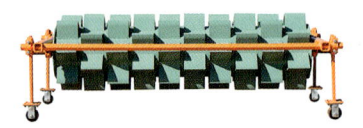

Produkte und Technologien // 169

Naturaire® Systems

BIO-LUFTFILTER FÜR INNENRÄUME //

| **Aufbauen** | Schichten | Leiten | Pflegen | **Absorbieren** | Übertragen | Reflektieren |

Der Naturaire® Bio-Luftfilter für Innenräume ist eine grüne Hydrokulturwand mit reichem Blattwerk und vielen blühenden Pflanzen, die die üblichen Schadstoffe aus der Luft von Innenräumen entfernen. Die Wirkung basiert auf der Biofiltration, die häufig im industriellen Bereich zur Luftreinigung eingesetzt wird. Die Luft passiert ein mit nutzbringenden Mikroben angereichertes bioaktives Medium, in dem die Schadstoffe aufgespalten werden.

Die Pflanzen werden nach ihrem Wirkungsgrad als Biofilter ausgewählt, ihrem Wuchserfolg in Hydrokulturen und ihrer Eignung für Innenräume, in denen Lichtzufuhr und Temperatur stark schwanken kann. Es lassen sich zwar sehr viele Pflanzen einsetzen, aber Tropengehölze wie Feigenarten (Ficus spp.) und Aralien (Schefflera spp.) haben sich als besonders wirkungsvoll erwiesen.

Zum Aufbau der grünen Wand gehört eine ca. 5 cm starke synthetische Matte als Halt für die Wurzeln der Pflanzen. Aus einem Behälter am Fuß der Wand wird Gießwasser zum obersten Punkt der Wand gepumpt und tropft von dort aus wieder nach unten. Die Luft wird aktiv, mittels eines hinter der grünen Wand eingebauten Ventilators durch den Biofilter gesogen. Beim Durchgang durch die feuchte Vegetation kühlt die Luft ab, führt man sie dann über die Klimaanlage des Gebäudes wieder zurück, trägt sie zur Regulierung der Temperatur bei und spart Energie für die Klimatisierung.

Der Naturaire® Biofilter ist widerstandsfähig und lässt sich in bestehenden Gebäuden nachrüsten oder in Neubauten einplanen. Er verbessert das Innenraumklima durch eine Reduktion der Schadstoffe und die Regulierung von Temperatur und Feuchtigkeit. In Labortests konnten bis zu 90 % der Formaldehyde durch ein einmaliges Passieren des Biofilters resorbiert werden. Mikroben im Wurzelbereich zersetzen Schadstoffe, etwa Formaldehyde und Benzol, in unschädliche Bestandteile wie Wasser und Kohlendioxid.

Hersteller: Air Quality Solutions Ltd

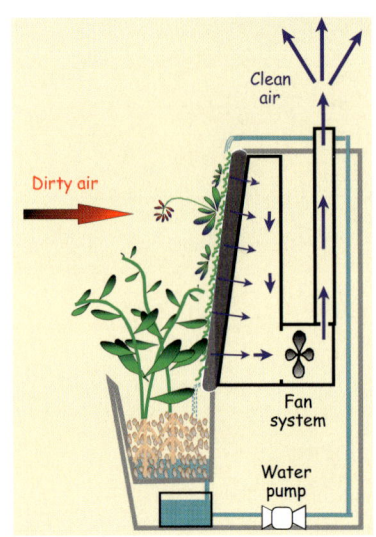

TXActive®, Photokatalytischer Zement

SELBSTREINIGENDER BETON
MIT ANTI-SMOG-WIRKUNG //

| Aufbauen | Schichten | Leiten | Pflegen | Absorbieren | Übertragen | Reflektieren |

TXActive® ist ein photokatalytischer Zement, der organische und anorganische Schadstoffe in der Luft reduzieren kann. Photokatalyse ist ein natürlicher Vorgang, bei dem eine Substanz – der Photokatalysator – die Geschwindigkeit einer chemischen Reaktion unter Lichteinfluss verändert. Durch Nutzung der Lichtenergie bewirken Photokatalysatoren die Bildung von starken Oxidationsmitteln, die zum Abbau bestimmter organischer und anorganischer Substanzen in der umgebenden Luft führen können.

Bei Kontakt mit der Oberfläche von TXActive® werden Schadstoffe aus Autoabgasen und Heizungsabgasen in Form von Stickoxiden (NOx), Schwefeloxiden und Kohlenmonoxid zu unschädlichen Salzen umgewandelt. Nur drei Minuten Sonneneinstrahlung reichen aus, um eine Reduktion der Schadstoffe um bis zu 75 % zu erzielen. Besäßen 15 % der sichtbaren Flächen einer Großstadt wie Mailand einen Belag, der TXActive® enthält, so würde das laut Berechnungen zu einer Verringerung der Luftverschmutzung um etwa 50 % führen.

In einem ersten Testeinsatz von photokatalytischem TXActive®-Mörtel wurde die Asphaltdecke eines Teils der Via Morandi in Segrate (Provinz Mailand) mit dem Material überzogen; das Straßenstück ist 230 m lang und 10 m breit und wird im Tagesmittel von etwa 1.000 Fahrzeugen pro Stunde befahren. Messungen ergaben eine Reduktion der Stickoxide über der Straße um etwa 60 %.

Andere auf dem Markt erhältliche Photokatalyse-Produkte von Italcementi sind Mörtel, Farbe und Bodenbeläge. In Japan wird die Technik für selbstreinigende Lampen, Autolacke und Baumaterialien, für nicht beschlagende Spiegel und Gläser, antibakterielle Fliesen und Fasern sowie für Luftreiniger angewandt.

Hersteller: Essroc, Italcementi Group

BioHaven™ Wild Floating Islands

SCHWIMMENDES HABITAT //

| Aufbauen | Schichten | **Leiten** | Pflegen | **Absorbieren** | Übertragen | Reflektieren |

BioHaven™ Wild Floating Islands sind schwimmende Habitate; aufgrund der speziell ausgewählten Pflanzen, des Substrats mit großer Oberfläche und eines individuellen Mikroben- und Belüftungssystems erhalten sie die Gesundheit von Gewässern. Sie eignen sich für eutrophische Gewässer, Wassergärten, Flüsse, Bäche oder Abwasserbereiche, um dort überschüssige Nährstoffe sowie Schwermetalle und andere Schadstoffe zu entfernen.

Eingebettet in das Substrat und die Wurzeln der Pflanzen entnehmen Mikroben dem Wasser überschüssige Nährstoffe und reduzieren auf diese Weise deutlich Algenwachstum und Überdüngung. Fische profitieren von der verbesserten Wasserqualität, da die Wurzeln unter Wasser Nahrungsquelle und Lebensraum sind. Die Inseln bieten Schutz, Nistmöglichkeiten, Laichplätze sowie Ruhezonen für Vögel, Frösche, Eidechsen, Schildkröten und wirbellose Wassertiere.

Zwar dienen die im Wasser gelösten Nährstoffe der Vegetation als Nahrungsgrundlage, doch erst Mikroben zerlegen sie in für die Pflanzen nutzbare Bestandteile. Da Mikroben die Nährstoffe schneller verarbeiten als Algen, werden die Algen ausgehungert. Der dem Wasser zugeführte Sauerstoff kommt Fischen, Fröschen und wirbellosen Wassertieren zugute. Darüber hinaus entstehen rund um die Wurzeln der Pflanzen Gase, die für den Auftrieb der Insel sorgen.

Das Pflanzsubstrat ist eine Matrix aus wiederverwerteten Polymeren, die mit wasserfestem Schaum gebunden sind, dadurch ist Wasserzirkulation und Pflanzenwachstum im Substrat möglich. Im Vergleich zu Inseln aus Erdreich sind BioHaven™ Wild Floating Islands leichter, einfacher und kostengünstiger zu installieren, Pflanzen wachsen besser an.

In Substrat und Wurzelwerk siedeln spezielle, den Stickstoff- und Phosphorgehalt reduzierende Mikroben, sie wandeln etwa Ammoniakstickstoff $NH_3\text{-}N$ in Nitrat NO_3 um. Zusätzlich können die Inseln beim Einsetzen und später in regelmäßigen Abständen mit spezifischen Bakterien geimpft werden, um die Wirksamkeit des Biofiltrationsprozesses aufrecht zu erhalten. Je nach Verschmutzungsgrad lässt sich auch die Oberfläche der Biofilter in einigen Bereichen anpassen.

BioHaven™-Inseln können in jeder Größe hergestellt und auf Wunsch auch mit stärkerem hydrostatischem Auftrieb geliefert werden. Ca. 46,50 m² BioHaven™ sind mit ca. 453,5 kg Gewicht belastbar und können damit auch Menschen, Stege und Freiraummöblierung tragen. Kleine BioHaven™-Inseln von bis zu ca. 2,30 m² Fläche können leicht von einem Becken in ein anderes versetzt werden, am gewünschten Standort empfiehlt sich eine Verankerung, damit die Inseln nicht ans Ufer treiben.

Hersteller: Floating Island International

Produkte und Technologien // 173

Nitratreduktion durch Zeitungspapier

BIORETENTIONSMEDIUM //

| *Aufbauen* | *Schichten* | *Leiten* | *Pflegen* | *Absorbieren* | *Übertragen* | *Reflektieren* |

Bei der Bioretention wird die Qualität von Oberflächenwasser mit Hilfe eines speziellen Bodenaufbaus und geeigneter Pflanzenauswahl verbessert. Von versiegelten Oberflächen wie Parkplätzen und Straßen verunreinigtes Oberflächenwasser wird in einem begrünten Bioretentionsbecken aufgefangen, hier passiert es eine Schicht speziell aufbereiteten Bodens, bevor es versickert oder in einem unterirdischen Drainagekanal gesammelt und in ein Gewässer geleitet wird. Boden und Mulchsubstrat filtern und absorbieren Sedimente und Schwermetalle. Auch die Vegetation dient als Filter für Sedimente und bietet darüber hinaus Lebensraum für Mikroben, die Chemikalien aufspalten können und einige der überschüssigen Nährstoffe aufnehmen.

Gewisse Verunreinigungen lassen sich durch Bioretention jedoch nicht herausfiltern. Nitrate etwa gehören zu den Hauptverantwortlichen für die Schädigung von Gewässern, sie wandern ungehindert durch den Bodenaufbau hindurch. An der University of Maryland erforscht Allen P. Davis technologische Varianten des Bioretentions-Verfahrens, um Oberflächenwasser auch von Nitraten reinigen zu können. Er untersucht die Denitrifikation durch Mikroben, eine der wenigen Formen der Nitratentfernung mit Mitteln der Natur. Denitrifizierende Organismen wandeln im Wasser gelöste Nitrate in harmloses Stickstoffgas um, allerdings muss eine wirkungsvolle Denitrifikation unter anaeroben Bedingungen (ohne Sauerstoff) und unter Zufuhr von Kohlenstoff erfolgen.

Interessanterweise erwies sich zerkleinertes Zeitungspapier, ein synthetisches Abfallprodukt, als geeignete Kohlenstoffquelle und setzte sich unter Laborbedingungen gegen eine ganze Reihe organischer Materialien wie Stroh und Sägemehl durch. In einem nächsten Schritt veränderten Davis und sein Team ein standardmäßig aufgebautes Bioretentionsbecken. Zerkleinertes Zeitungspapier wurde mit grobem Sand gemischt und als zusätzliche Lage unter der Bodenschicht eingebracht. Diese Lage steht beständig unter Wasser, was durch ein aufwärts gewinkeltes Knie im Ablaufrohr sichergestellt wird, um auf diese Weise konstant anaerobe Bedingungen zu schaffen. Im Feldversuch wurden 17 g Zeitungspapier auf 1 kg Sand zugesetzt. Messreihen und künftige Beobachtungen werden zeigen, wie wirksam ein entsprechender Umbau die Nitratwerte im Oberflächenwasser eines angrenzenden Parkplatzes reduzieren kann.

Forschung: Dr. Allen P. Davis, Leitender Tiefbau- und Umweltingenieur, Maryland Water Resources, University of Maryland

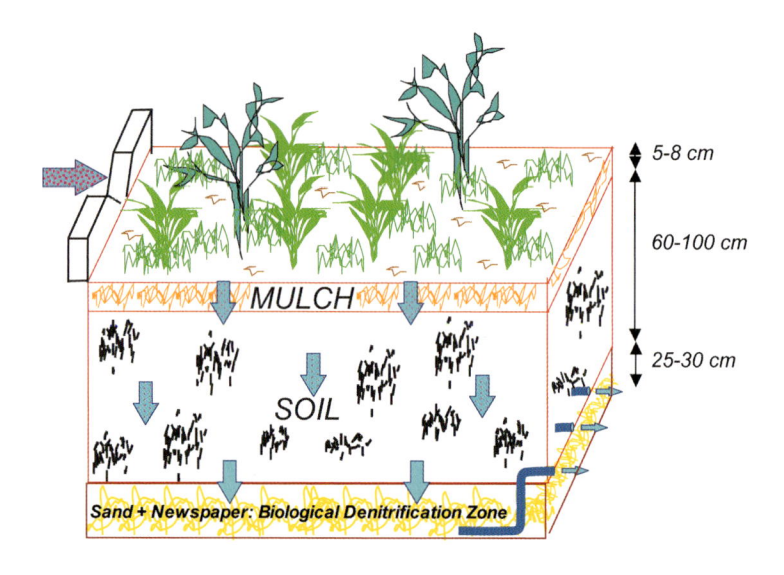

Datenbrunnen

VERGLEICHENDE INFORMATIONSANZEIGE //

| Aufbauen | Schichten | **Leiten** | Pflegen | Absorbieren | **Übertragen** | Reflektieren |

Data Fountain – der Datenbrunnen – ist der Prototyp für eine Übertragung in Echtzeit von vergleichenden Informationen, in diesem Fall Währungskursen, auf einen Brunnen. Der Datenbrunnen besteht aus drei Fontänen vor je einer Tafel mit dem jeweiligen Währungssymbol, die Intensität des Wasserstrahls zeigt den relativen Wert und die Schwankungen der entsprechenden Währung an. Alle fünf Sekunden werden die Währungsdaten online abgerufen und aktualisiert.

Mit Data Fountain möchte Koert van Mensvoort die „lauten" Bildschirme, die typisch für Informationsanzeigen sind, durch „Calm Technology" ersetzen. Für ihn sind Brunnen eine Quelle der Ruhe und könnten dazu anregen, den Darstellungsmodus von Informationen in unserer Alltagsumgebung neu zu überdenken. Die Anzeige von Data Fountain ist eine attraktive, oder zumindest unaufdringliche, Darstellung von Informationen in Echtzeit im Rahmen eines passiven Umfeldes. Während für die Bereitstellung der benötigten Information jede (und jede distante) Datenquelle dienen kann, deren Werte sich für eine Umsetzung in das Medium Wasser eignen, suggeriert der Brunnen als konkreter Ort eine Beziehung zwischen Inhalt und Kontext. Manche Informationen über die Umwelt, etwa Niederschlagsmenge, Bewegungsenergie oder Transportvolumina, können als Data Fountain-Anzeige besondere Bedeutung erlangen.

Die größte Herausforderung bei der Umsetzung des Projekts war die Definition des Algorithmus, der die relativen Werte der Währungen so miteinander in Beziehung setzt, dass sie in dem Erscheinungsbild des Wasserstrahls darstellbar sind und ein optisch ansprechendes Bild ergeben. Der errechnete Algorithmus zeigt die längerfristige Entwicklung der Wechselkurse als die eher konstante Höhe des Strahls an und kurzfristige Schwankungen als knappes, übertriebenes Aufschießen und Zusammenfallen der Fontänen.

Entwurf: Koert van Mensvoort

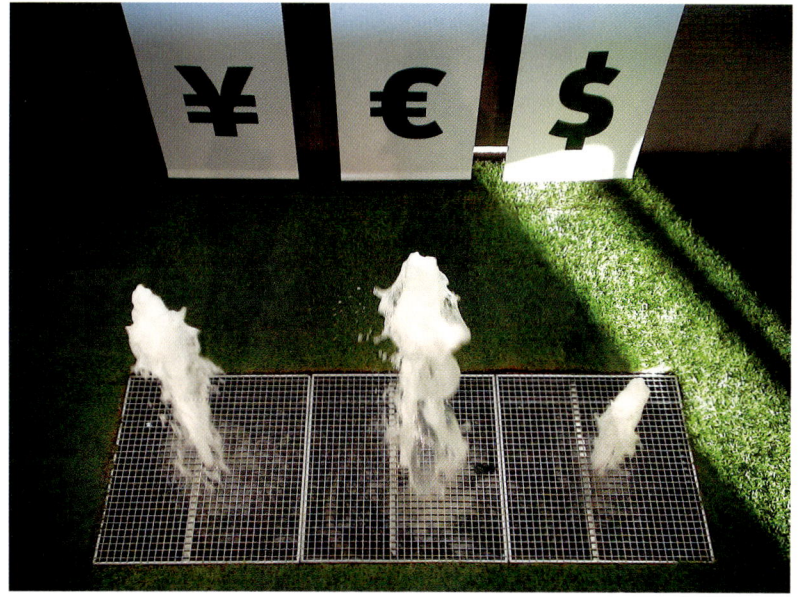

Sandscape und Illuminating Clay

TAKTILE GEOGRAPHISCH-RÄUMLICHE ANALYSE //

| Aufbauen | Schichten | Leiten | Pflegen | Absorbieren | **Übertragen** | Reflektieren |

Sandscape und Illuminating Clay verknüpfen das Arbeiten an realen Modellen mit einer digitalen Analyse in Echtzeit. Digitale und physische Darstellung findet immer gleichzeitig statt, anstelle sich wie sonst als getrennte Phasen im Entwurfsprozess aufzusplitten. Dank dieser Technologie lassen sich komplexe Landschaftsformen rasch modellieren und erfassen, außerdem werden damit die Konsequenzen von Veränderungen innerhalb des geo-räumlichen Modells unmittelbar transparent. Die Analyse des physischen Modells ermöglicht eine Darstellung veränderlicher Parameter und liefert numerische Daten in einer Genauigkeit, die die Toleranzen der meisten physischen Modelle weit unterschreiten.

Die Nutzer modellieren die Topografie eines Ton/Sand-Landschaftsmodells mit der Hand, die veränderten Formen werden von einem an der Decke angebrachten Laserscanner oder über eine Infrarot-Sensortechnik registriert. Der Rechner setzt diese Ergebnisse in DEM-Formate (Digital Elevation Model) sowie in eine Reihe von GIS-Analysekarten (Geographic Information System) um und projiziert sie auf das Landschaftsmodell zurück. Die gesamte Interaktionsschleife läuft fast in Echtzeit ab (etwa eine Sekunde pro Zyklus).

Hangneigungen werden am Modell mit Hilfe einer Farbkarte von rot bis violett angezeigt. Bodenauf- und -abtrag, Fließrichtung von Wasser, Bodenerosion, Sichtfelder und Sonneneinstrahlung können berechnet und dargestellt werden. Neben dem Modell werden seitlich zwei Querschnitte projiziert, um die 3-D-Geometrie des Geländes zu verdeutlichen. Ein vertikaler Bildschirm beziehungsweise LCD-Monitor zeigt eine 3-D-Perspektive der Landschaft.

Illuminating Clay verwendet einen umgebauten, handelsüblichen Laserscanner, der auf einen Videoprojektor kalibriert wurde. Das Scanner/Projektor-Paar befindet sich in einem Aluminiumgehäuse auf einer Höhe von 2 m über der Oberfläche des Modelliermaterials. Die gescannten Daten werden in x-, y- und z-Koordinaten umgerechnet und in das GIS-Format konvertiert.

Sandscape setzt eine vergleichsweise kostengünstige Sensortechnik ein; in einem Kasten befinden sich Glasperlen mit einem Durchmesser von 1 mm, die von unten mit 600 Hochleistungs-Infrarot-Leuchtdioden (LED) angestrahlt werden. Eine 2 m darüber befestigte Infrarot-Kamera zeichnet die Stärke der durch das Modell dringenden Strahlen auf. Die Intensität des durchgeleiteten Lichts ergibt sich aus der Anzahl der übereinander liegenden Perlen, eine Umrechnungstabelle zeigt an, welcher topografische Wert der gemessenen Lichtintensität entspricht.

Forschung und Entwicklung: SENSEable City Laboratory, Tangible Media Group, MIT
Wissenschaftler: Hiroshi Ishii, Carlo Ratti, Ben Piper, Yao Wang, Assaf Biderman, Eran Ben-Joseph

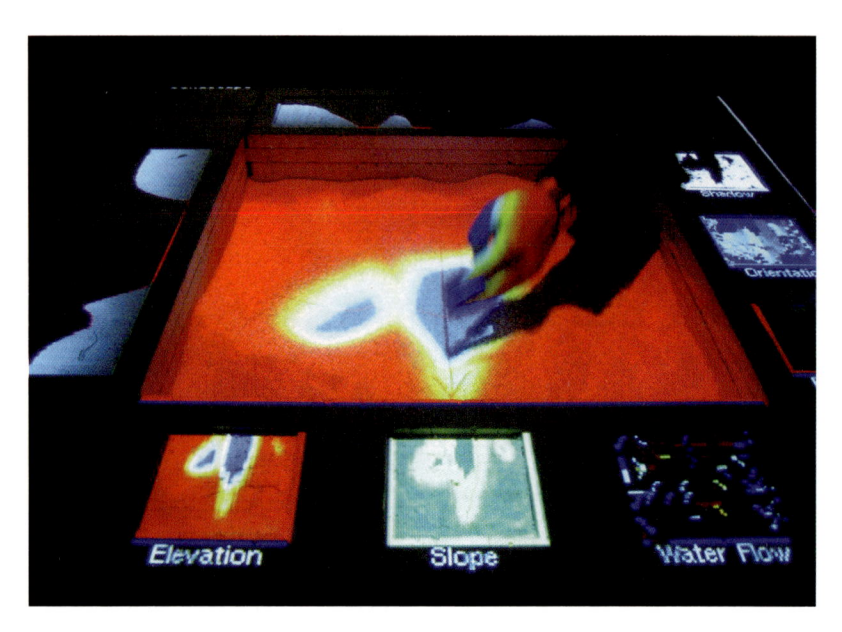

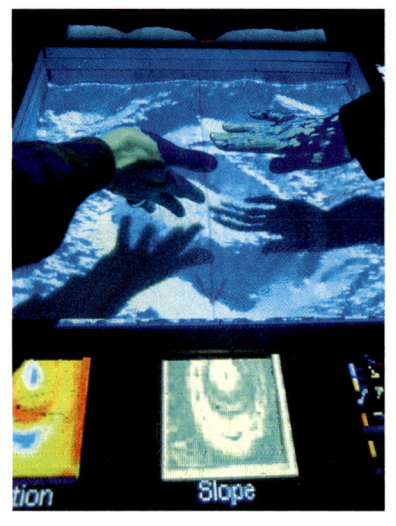

Nebelsysteme im Außenraum

DAMPF- UND NEBELSYSTEME //

Aufbauen | Schichten | **Leiten** | Pflegen | Absorbieren | Übertragen | **Reflektieren**

Diese Nebel-Systeme für den Außenraum erzeugen Nebeleffekte für eine Reihe von Anwendungen, von Kühlung über Insektenbekämpfung und Staubpartikelbindung bis hin zu optischen Spezialeffekten. Mit Hilfe einer Hochdruckpumpe wird Wasser mit 1.000 psi (6.894 kPa) Druck durch feine Düsen gepresst und der Wasserstrahl in kleine Tröpfchen von 5 µm umgewandelt. Aufgrund ihrer geringen Größe kommt es zu einer „flash evaporation", einer Entspannungsverdampfung, bei der der Umgebung Wärme entzogen wird und sich die Umgebungstemperatur um bis zu 4,4 °C (je nach relativer Luftfeuchtigkeit) verringern lässt.

Als Kühlung kann dieser Nebel in mehrfacher Weise zur Veränderung der Umgebungstemperatur genutzt werden. Möglich ist die Koppelung mit einem Ventilator um ein spezielles Mikroklima zu schaffen. Als Befeuchter kann der künstliche Nebel den idealen Feuchtigkeitsgehalt in einem Gewächshaus sicherstellen und die statische Elektrizität verringern.

Nebel-Systeme für den Außenraum kommen auch zum Binden von Staubpartikeln und Gerüchen sowie zur Bekämpfung von Insekten zum Einsatz. Mit einem Fogco-System lässt sich eine hohe Konzentration von 10 µm großen Tröpfchen herstellen; dies ist die optimale Größe für das Binden von Staubpartikeln, deren Größe von 0,1 – 1000 µm reicht. Nebel-Systeme entziehen Geruchspartikel in Anlagen zur Verarbeitung von Festmüll, bei der Zersetzung von Mist durch Mikroben und von giftigen flüchtigen Verbindungen. Zu den verbreiteten Problemstoffen gehören Kohlendioxid, Ammoniak, Schwefelwasserstoff und Methan. Kohlendioxid und Methan sind zwar geruchlos, können aber tödliche Wirkung haben. Daher werden Nebel-Systeme zur Geruchsbekämpfung in chemischen Betrieben eingesetzt, in Anlieferstationen für Festmüll und Müllumfüllstationen, auf Baustellen, Deponien, Kompostieranlagen und anderen mehr.

Mischt man in das Wasser für das Nebel-System ein natürliches Insektizid wie den Chrysanthemenblüten-Extrakt Pyrethrum bei, hält dies viele Insekten, auch Stechmücken, fern.

Nebel-Systeme erzeugen außerdem besondere optische Effekte. Rings um ein Wasserbecken positioniert bieten sie das dramatische Schauspiel von aus dem Wasser wallenden Nebelschwaden. Der Nebel kann für die unterschiedlichsten Licht-Arrangements eingesetzt werden und erstrahlt dann in allen Farben des Regenbogens.

Hersteller: Fogco Systems, Inc.

Projektangaben

Aufbauen

Geschichteter Park mit Rankpflanzen

Projekt	MFO-Park
Ort	Zürich, Schweiz
Bauherr	Grün Stadt Zürich
Entwurf	Raderschall Landschaftsarchitekten AG, Meilen, Schweiz, www.raderschall.ch
Planung	Planergemeinschaft MFO-Park, Burckhardt + Partner AG
Tragwerksplanung	Basler und Hofmann, Zürich, Schweiz
Entwurf Mobiliar	Frédéric Dedeley, Zürich, Schweiz
Jahr	Wettbewerb 1998, Bau 2001–2002, Eröffnung 2003

Sprühnebel erzeugende Pergola

Projekt	Parque De Diagonal Mar
Ort	Barcelona, Spanien
Architekten	Enric Miralles Benedetta Tagliabue, EMBT Arquitectes Associates, www.mirallestagliabue.com
Entwurfsteam	Elena Rocchi, Lluis Cabtallops, Fabiaán Asunción
Stadtplanung	Oscar Tusquets, Xavier Sust
Ingenieurbüro	Europroject Consultores Asociados, José María Velasco
Bauausführung	Benjumea
Jahr	1997–2002

Sturmfeste Straßenüberdachung

Projekt	Palio de Bougainvilleas
Ort	Avenida Roosevelt, San Juan, Puerto Rico
Bauherr	DTOP – Departamento de Transportaciòn y Obras Públicas San Juan
Entwurf	West 8, Rotterdam, Niederlande, www.west8.nl
Entwurfsteam	Adriaan Geuze, Edzo Bindels, Jerry van Eyck, Cyrus B. Clark, Sander Lap, Juan Sánchez Muñoz, Anna Holder, Carlos Peña, Karsten Buchholz
Jahr	2004 –

Ökosystem für Feuertreppen

Projekt	Vertical Garden
Ort	Wohnanlage Fair Street, London, Großbritannien
Bauherr	Fair Street Housing
Entwurf	GROSS.MAX (Landschaftsarchitekten), Edinburgh, Großbritannien, www.grossmax.com + Mark Dion (Künstler), Pennsylvania, USA
Art Management	Isabel Vaseur / Vicky Lewis, Art Office London
Jahr	geplante Fertigstellung 2007

Parasitäre grüne Konstruktion

Projekt	MAK t6 VACANT
Ort	The MAK Center und SCI-Arc, Los Angeles, Kalifornien, USA
Bauherr	The MAK Center und SCI-Arc
Entwurf	David Fletcher + Juan Azulay
Jahr	Wettbewerb 2006

Schichten

Mechanisch stabilisierte Bodenform

Projekt	Olympic Sculpture Park
Ort	Seattle Art Museum, Seattle, Washington, USA
Bauherr	Seattle Art Museum
Entwurf	Weiss/Manfredi Architects, New York City, New York, USA
Entwurfsteam	Marion Weiss und Michael A. Manfredi (Entwurf), Christopher Ballentine (Projektleitung), Todd Hoehn und Yehre Suh (Architekten), Michael Blasberg, Emily Clanahan, Lauren Crahan, Kok Kian Goh, Hamilton Hadden, Mike Harshman, Mustapha Jundi, Justin Kwok, John Peek, Akari Takebayashi
Tragwerksplanung und Tiefbau	Magnusson Klemencic Associates
Landschaftsarchitektur	Charles Anderson Landschaftsarchitekt
Koordination Kunstprogramm	Owen Richards Architects

Technik und Elektrik	ABACUS Engineered Systems
Lichtdesign	Brandston Partnership Inc.
Geotechnische Planung	Hart Crowser
Umweltfragen	Aspect Consulting
Wasserbau	Anchor Environmental
Grafik	Pentagram
Sicherheit und Audio-Video/IT	ARUP
Projektmanagement	Barrientos LLC
Generalunternehmer	Sellen Construction
Jahr	2006

Schwebendes Rasenplateau

Projekt	Wonder Holland
Ort	Rom, Italien
Bauherr	Niederländische Botschaft, Mercati di Traiano
Entwurf	West 8, Rotterdam, Niederlande, www.west8.nl
Entwurfsteam	Adriaan Geuze, Edzo Bindels, Rob van 't Hof, Riëtte Bosch, Freek Boerwinkel, Adriana Mueller
Jahr	2004

Multifunktionale modulare Oberfläche

Projekt	The High Line, Section I
Ort	High Line, New York City, New York, USA
Entwurf	Field Operation, New York City, New York, USA, www.fieldoperations.net
Entwurfsteam	James Corner, Tom Jost, Lisa Switkin, Nahyun Hwang, Maura Rockcastle
Architekten	Diller Scofidio + Renfro
Pflanzkonzept	Piet Oudolf

Elastische Erdhügel

Projekt	Safe Zone
Ort	Jardins de Métis, 7. Internationales Gartenfestival, Reford Gardens, Grand-Métis, Quebec, Kanada
Landschaftsarchitekten	StoSS Landscape Urbanism, Boston, Massachusetts, USA, www.stoss.net
Entwurfsteam	Chris Reed (Leitung), Chris Muskopf, Tim Barner, Scott Bishop, Kristin Malone, Graham Palmer, Karyn Williams
Materialspenden	Gelbe Sicherheitsmatten von Cape Fear Systems, www.alertmat.com; Grundlage aus schwarzem, wiederverwertetem Kautschuk von SolPlast Inc., www.solplastics.com
Materiallieferanten	Schwarzes, wiederverwertetes SBR für die Oberfläche von Recovery Technologies, Canada Inc.; Gelbes EPDM von U.S. Rubber Recycling, Inc., www.usrubber.com
Bauausführung	Jim Knowles & Paul Wellington, Chunk Rubber, Sof Solutions

Invertierte Ebenen

Projekt	Jugendhaus am Meer
Ort	Sundby Havn, Kopenhagen, Dänemark
Bauherr	Kvarterløft Governmental, Stadterneuerungsprojekt, The Space and Facility Foundation for Sports, The Urban Development Fund, Kopenhagen
Entwurf	PLOT=BIG+JDS, Kopenhagen, Dänemark, www.plot.dk
Jahr	Eingeladener Wettbewerb, 1. Preis, fertiggestellt 2004

Leiten

Wegestruktur mit durchlässigen und undurchlässigen Oberflächen

Projekt	Allianz Arena
Ort	München, Deutschland
Bauherr	Allianz Arena München Stadion GmbH, FC Bayern München AG, TSV München von 1860 GmbH & Co. KG
Landschaftsarchitekten	Vogt Landschaftsarchitekten, Zürich, Schweiz, www.vogt-la.ch
Architekten	Herzog & de Meuron, Basel, Schweiz
Jahr	2001–2005

Pneumatische Dämme

Projekt	Ökologische Restauration des Río Besòs
Ort	Barcelona, Spanien
Bauherr	Stadtverwaltung Barcelona, Stadtverwaltung Santa Coloma de Gramenet, Stadtverwaltung Montcada i Reixac, Stadtverwaltung Sant Adrià de Besòs, Mancomunitat de Municipis de l'Àrea Metropolitana de Barcelona
Entwurf	Barcelona Regional Agència Metropolitana de Desenvolupament Urbanístic i d'Infraestructures S.A., Barcelona, Spanien
Jahr	1997–2000, 2002–2004

Starkregenpark

Projekt	Sanierung Kraftwerk Blackstone
Ort	Harvard University, Cambridge, Massachusetts, USA
Bauherr	Harvard University Operations Services
Entwurf	Landworks Studio, Inc., Boston, Massachusetts, USA, www.landworks-studio.com
Entwurfsteam	Michael Blier (Leitung), Tim Baird (leitender Landschaftsarchitekt), Letitia Tormay (Projektmanagement)
Architekt	Bruner/Cott, Cambridge, Massachusetts, USA
Bodenspezialist	Tim Craul, Craul Land Scientists
Ingenieurbüro	Green International
Jahr	2006

Einlaufbauwerke zur Reinigung von Oberflächenwasser

Projekt	Shop Creek
Ort	Aurora, Colorado, USA
Bauherr	City of Aurora, Colorado
Entwurf	Wenk Associates, Inc., Denver, Colorado, USA, www.wenkla.com
Architekt	Black & Veatch
Ingenieurbüro	Mueller Engineering, Inc.
Jahr	1988–1989

Gehweg mit integrierter Reihe von Sickermulden

Projekt	Southwest 12th Avenue Green Street Project
Ort	Portland, Oregon, USA
Bauherr	City of Portland, Oregon
Entwurf	Portland Bureau of Environmental Services, www.portlandonline.com/BES/
Jahr	2005

Biotechnischer Wellen- und Erosionsschutz

Projekt	The Delta In-Channel Island Work Group, CALFED Project # 2001-E200
Ort	Sacramento-San Joaquin River, San Francisco Bay, Kalifornien, USA
Beteiligte Regierungsstellen	San Francisco Estuary Project and Association of Bay Area Governments, CALFED Bay Delta Authority, Delta Protection Commission, Department of Fish and Game, Department of Water, State Lands Commission, US Fish and Wildlife Service
Technische Planung, Hauptplanungsbeauftragter	MBK Engineers
Kostenplanung	DCC Engineering
Dokumentation im Bereich Umwelt	EIP Associates
Biotechnik	Hart Inc.
Biologie	Kjeldsen Biological Consulting
Vermessung, oberirdisch und unter Wasser	KSN Engineers
Biotechnischer Entwurf	Dr. Andrew Leiser, Professor Emeritus UC, Davis
Biologische Überwachung	LFR Levine-Fricke
Biotechnischer Entwurf, Überwachung	LSA Associates, Inc.
Gutachten und Überwachung im Bereich Hydrodynamik	Swanson Hydrology and Geomorphology
Jahr	2001–2006

Pflegen

Baumkrücken/Wuchshilfen

Projekt	Hofgarten, Universitätsbibliothek
Ort	Universiteit Utrecht, Utrecht, Niederlande
Bauherr	Universiteit Utrecht
Entwurf	West 8, Rotterdam, Niederlande, www.west8.nl
Entwurfsteam	Adriaan Geuze, Martin Biewenga, Joost Koningen
Jahr	Fertigstellung 2005

Wuchs- und Pflegegerüst für Große Hecke

Projekt	Lurie Garden
Ort	Millennium Park, Chicago, Illinois, USA
Bauherr	Millennium Park, Inc.
Entwurf	Gustafson Guthrie Nichol, Seattle, Washington, USA, www.ggnltd.com
Pflanzkonzept	Piet Oudolf, Robert Israel
Ingenieurstechnische Leistungen	KPFF
Brunnenspezialisten	CMS Collaborative
Jahr	Fertigstellung 2004

Künstliches Mikroklima für einen Bambusgarten im Winter

Projekt	Hybridized Hydrologies
Ort	Erie Street Plaza, Milwaukee, Wisconsin, USA
Landschaftsarchitekten	StoSS Landscape Urbanism, Boston, Massachusetts, USA, www.stoss.net
Entwurfsteam	Chris Reed (Leitung), Tim Barner, Scott Bishop, Kristin Malone, Chris Muskopf, Graham Palmer
Stadtplanung	Vetter Denk Architecture, Milwaukee, Wisconsin, USA
Technik und Infrastruktur	Graef Anhalt Schloemer & Associates, Milwaukee, Wisconsin, USA
Lichtgestaltung	Light Th!s, Boston, Massachusetts, USA
Jahr	Siegreicher Wettbewerbsentwurf, geplante Fertigstellung 2007

Unkrautvernichtung durch Salzwasser

Projekt	Pflanzkästen im Marschland
Ort	East River Fährlände, New York City, New York, USA
Entwurf	Ken Smith Landscape Architect, New York City, New York, USA
Entwurfsteam	Tobias Arnborst, Elizabeth Asawa, Heike Begdolt, Yoonchul Cho, Alex Felson, Ruth Hartmann, Rocio Lastras Montana, Ken Smith, Dan Willner
Architekt	Kennedy & Violich Architecture, Boston, Massachusetts, USA
Wassertechnik und Statik	M.G. McLaren, P.C.
Bauleitung	Hudson Meridian Construction Group
Technik/Elektrik/Rohrleitung	Lakhani & Jordan Engineering
Sicherheit	Cosentini Associates
Experten für Uferfeuchtgebiete und Uferlebensräume	Carl Alderson, Parks Dept., Natural Resources Group; Dr. Michael Levandowsky, Meeresmikrobiologe an der Pace University; Steve Zahn, Department of Environmental Conservation Bureau of Marine Resources; Robbin Bergfors, NYC Parks Department; Sue Mcinich, Gartenspezialistin, Pinelands Nursery; Leslie Hunter, Umweltbeauftragte in Maryland; Edward Toth, Greenbelt Native Plant Center auf Staten Island
Jahr	Planungskonzept 2001

Pflanzstrategien für geringen Pflegeaufwand

Projekt	Staudenwiesen, Landschaftspark München-Riem
Ort	Messestadt Riem, München, Deutschland
Bauherr	Landeshauptstadt München, Baureferat HA Gartenbau
vertreten durch	MRG Maßnahmeträger München-Riem GmbH
Planung und Gestaltung	LUZ Landschaftsarchitekten München, Deutschland, www.heiner-luz.de
Entwurfsteam	Heiner Luz, Sibylle Kraft, Roland Großberger
Parkplanung	Latitude Nord, Gilles Vexlard, Laurence Vacherot, David Schulz, Philip Denkinger
Jahr	1998 – 2005

Pflanzmuster für Kümmerwuchs

Projekt	Geschäftshaus Elsässertor
Ort	Basel, Schweiz
Bauherr	ARGE Generalplaner Elsässertor, Geschäftshaus Elsässertor
Landschaftsarchitekten	Vogt Landschaftsarchitekten, Zürich, Schweiz, www.vogt-la.ch
Architekten	Herzog & de Meuron, Basel, Schweiz
Jahr	2003 – 2005

Absorbieren

Bioremediation eines Industrieareals

Projekt	Park auf dem British-Petroleum-Gelände
Ort	Sydney, Australien
Bauherr	North Sydney Council
Entwurf	McGregor+Partners, Sydney, Australien, www.mcgregorpartners.com.au
Tiefbau, Bautechnik und Statik	Northrop
Geotechnik	Jeffery and Katauskas
Denkmalschutz	Sue Rosen & Associates
Leitsystem	Wishart Design
Bodenexperten	Sydney Environmental and Soil Laboratory
Gutachter	DLM Consulting
Kostenplanung	Milliken Berson Madden
Vermessung	PSN Surveying
Generalunternehmer	BT Contractors
Jahr	2003 – 2005

Feuchtbiotope mit Klärwirkung am Flusslauf

Projekt	Ökologische Restauration Río Besòs
Ort	Barcelona, Spanien
Bauherr	Stadtverwaltung Barcelona, Stadtverwaltung Santa Coloma de Gramenet, Stadtverwaltung Montcada i Reixac, Stadtverwaltung Sant Adrià de Besòs, Mancomunitat de Municipis de l'Àrea Metropolitana de Barcelona
Entwurf	Barcelona Regional Agència Metropolitana de Desenvolupament Urbanístic i d'Infraestructures S.A., Barcelona, Spanien
Jahr	1997– 2000, 2002 – 2004

Biotop zur Wasserreinigung

Projekt	DaimlerChrysler Quartier
Ort	Potsdamer Platz, Berlin, Deutschland
Bauherr	DaimlerChrysler Immobilien AG, Karl-Heinz Bohn
Landschaftsarchitekten	Atelier Dreiseitl, Überlingen, Deutschland, www.dreiseitl.de
Entwurfsteam	Herbert Dreiseitl, Andreas Bockemühl, Klaus Schroll, Alexander Edel, Gerhard Hauber, Christoph Hald
Materialforschung zu Substraten	Technische Universität Berlin, Deutschland, Marco Schmidt, Katharina Teschner
Jahr	1999

Hauseigene Kläranlage

Projekt	Sidwell Friends Schule
Ort	Washington, D.C., USA
Bauherr	Sidwell Friends School, Washington, D.C.
Landschaftsarchitekten	Andropogon Associates, Ltd., Philadelphia, Pennsylvania, USA, www.andropogon.com
Architekt	Kieran Timberlake Associates, LLP
Abwassertechnik	Natural Systems International
Technik/Elektrik/ Kanalisation und Brandschutz	Bruce Brooks & Associates
Statik	CVM Engineers
Bautechnik	VIKA Inc.
Lichtplanung	Sean O'Connor Associates Lighting Consultants Inc.; Benya Lighting Design

Energie- und Umwelt-konzept	Green Shape LLC; Integrative Design Collaborative
Vertretung des Eigentümers	JFW, Inc.
Generalunternehmer	Hitt Contracting
Jahr	2006 –

Bodenrecycling-Strategie

Projekt	How to Barney Rubble
Ort	Werftgelände für Urban Outfitters, Philadelphia, Pennsylvania, USA
Architekten Industriegelände	D.I.R.T. studio, Charlottesville, Virginia, USA, www.dirtstudio.com
Entwurfsteam	Julie Bargmann (Gründerin und Leiterin), Chris Fannin (Geschäftsführer), David Hill (Partner)
Architekt	MS&R Architects, Minneapolis, Minnesota, USA
Ingenieur und Landschaftsplanung	Gladnick Wright Salameda, West Chester, Pennsylvania, USA
Landschaftsbau	Turning Leaf, Langhorn, Pennsylvania, USA
Jahr	Fertigstellung 2006

Umschichtung von verseuchtem Boden

Projekt	Cultuurpark Westergasfabriek
Ort	Amsterdam, Niederlande
Bauherr	Evert Verhagen, Projectbureau Westergasfabriek, Westerpark Bezirksrat und Stadt Amsterdam
Landschaftsarchitektur	Gustafson Porter, London, Großbritannien, www.gustafson-porter.com
Entwurfsteam	Kathryn Gustafson, Neil Porter, Neil Black, Juanita Cheung, Frances Kristie, Philippe Marchand, Gerben Mienis, Rachel Mooney, Mieke Tanghe, Pauline Wieringa
Architekten	Francine Houben, Mecanoo
Technisches Konzept	Arup
Statik	Arup
Bautechnik	Pieters Bouwtechniek, Rene Vilijn, Tauw
Projektmanagement Entwurf	Northcroft Belgium
Bauleitung	Rene Vilijn, Tauw

Generalunternehmer	Marcus bv
Jahr	Fertigstellung 2004

Übertragen

Pneumatic Body

Projekt	Pneumatic Body, Temporäre Bauten
Ort	Olympische Spiele, Athen, Griechenland
Entwurf	ONL [Oosterhuis_Lénárd], Rotterdam, Niederlande, www.oosterhuis.nl
Entwurfsteam	Kas Oosterhuis, Stephan Gustin, Titusz Tarnai, Ines Moreira
Jahr	Entwurf 2002

Windkraftgetriebene rotierende Gartenbühne

Projekt	Courtyard in the Wind
Ort	Technisches Rathaus, München, Deutschland
Bauherr	Bauverwaltung, München
Entwurf	Acconci Studio, New York City, New York, USA www.acconci.com
Entwurfsteam	Vito Acconci, Dario Nunez, Celia Imrey, Saija Singer, Luis Vera, Sergio Prego
Landschaftsarchitekt	Wolfgang Hermann Niemeyer, München, Deutschland
Jahr	1997– 2000

Wettergesteuertes Parkzugangssystem

Projekt	Ökologische Restauration des Río Besòs
Ort	Barcelona, Spanien
Bauherr	Stadtverwaltung Barcelona, Stadtverwaltung Santa Coloma de Gramenet, Stadtverwaltung Montcada i Reixac, Stadtverwaltung Sant Adrià de Besòs, Mancomunitat de Municipis de l'Àrea Metropolitana de Barcelona
Entwurf	Barcelona Regional Agència Metropolitana de Desenvolupament Urbanístic i d'Infraestructures S.A., Barcelona, Spanien
Jahr	1997– 2000, 2002 – 2004

Glasfaser-Marsch

Projekt	Field's Point
Ort	Providence, Rhode Island, USA
Entwurf	Abby Feldman, Brooklyn, New York, USA
Jahr	Konzept 2003

Reflektieren

Interaktive Wolkenmaschine

Projekt	Harvey Milk Memorial
Ort	San Francisco, Kalifornien, USA
Bauherr	Harvey Milk Memorial Wettbewerb, City of San Francisco, Kalifornien
Entwurf	Christian Werthmann & LOMA architecture.landscape.urbanism
Entwurfsteam	Christian Werthmann, Petra Brunnhofer, Wolfgang Schück, Ilija Vukorep
Jahr	Siegreicher Wettbewerbsbeitrag, 2000

Computergesteuerter Regenvorhang

Projekt	Pitterpatterns, Stadt.haus
Ort	Scharnhauser Park, Stuttgart, Deutschland
Bauherr	Stadt.haus, Stuttgart
Entwurfsteam	J. MAYER H. Architekten, Berlin, Deutschland, www.jmayerh.de + Sebastian Finckh
Projektarchitekten	Andre Santer, Sebastian Finckh
Bauleitung	Architekturbüro Uli Wiesler, Stuttgart
Jahr	1999

Kinetische Klimafassade

Projekt	Fragmented Dunes + Fragmented Sea
Ort	Mesa Arts Center, Mesa, Arizona, USA
Bauherr	Mesa Arts Center
Entwurf	Ned Kahn, www.nedkahn.com
Architekten	BOORA and DWL Architects
Bautechnik	Paragon
Jahr	2005

Projekt	Technorama Fassade
Ort	Technorama, Winterthur, Schweiz
Bauherr	Technorama
Entwurf	Ned Kahn, www.nedkahn.com
Architekten	Dürig & Rämi Architekten
Jahr	2002

Spuren des Regens

Projekt	Wettergarten
Ort	Park Hyatt Hotel, Zürich, Schweiz
Bauherr	Park Hyatt, Zürich, Hyatt International, EAME Ltd.
Landschaftsarchitekten	Vogt Landschaftsarchitekten, Zürich, Schweiz, www.vogt-la.ch
Architekten	Meili, Peter Architekten, Zürich, Schweiz
Jahr	2002 – 2004

Dank

Besonders danken möchten wir Niall Kirkwood, Dekan der Fakultät für Landschaftsarchitektur an der Harvard Graduate School of Design (GSD), sowie George Beylerian, Präsident und Gründer von Material ConneXion, für ihre fachlich fundierte und intellektuell engagierte Hilfe.

Das vorliegende Buch wäre ohne die Unterstützung vieler nicht möglich gewesen, dies gilt insbesondere für Darlene Montgomery mit ihrer großen Erfahrung in allen redaktionellen Fragen, Hugh Wilburn, Direktor der Frances Loeb Library & Materials Collection der GSD, Beatrice Saraga und Zaneta Hong, Researchers an der GSD Materials Collection, Toshiko Mori, Dekanin der Fakultät für Architektur an der Harvard Graduate School of Design sowie den vielen Firmen und Einzelpersonen, die Beträge zu diesem Buch geleistet haben.

Danken möchten wir ebenfalls unseren Familien, Freunden und den jeweiligen Arbeitgebern Hargreaves Associates sowie Mia Lehrer + Associates für ihre Unterstützung während der Entstehung dieses Buches.

Diese Veröffentlichung entstand mit der großzügigen Unterstützung der Graham Foundation.

Bildnachweis

Die Seitenzahlen verweisen auf die Bildlegenden

Acconci Studio: 128, 129
Acrayfish Alex Kotlov: 166
Andropogon Associates, Ltd.: 112, 113
Arup: 119, 120 (2 und 4), 121 (6)
Atelier Dreiseitl: 111
Barcelona Regional, Agència Metropolitana de Desenvolupament Urbanístic i d'Infraestructures S.A.: 62, 63, 106, 107, 108, 109, 130, 131
Benjamin Benschneider: 39 (1)
Hélène Binet: 121 (5 rechts)
BioHaven™ Wild Floating Islands: 172, 173
Brett Boardman: 102, 105 (4)
Bridgestone Industrial Products America, Inc.: 163
Thomas Burla: 20 (1)
Cahill Associates: 160 oben rechts, Mitte und unten
Brett Cornish: 103 (2), 105 (5)
Benjamin Davidson: 165 unten
Allen P. Davis: 174
D.I.R.T. studio: 114, 115, 116, 117

Enric Miralles Benedetta Tagliabue, EMBT Architects Associates: 23
Rob Feenstra: 120 (1)
Abby Feldman: Umschlagabbildung, 132, 133
Field Operations mit Diller Scofidio + Renfro. Mit freundlicher Genehmigung der Stadt New York: 44, 45, 46,
David Fletcher + Juan Azulay: 34, 35
David Franck: 138
Freecell: 151
Fogco Systems, Inc.: 177
Alex Gaultier, mit freundlicher Genehmigung von Enric Miralles Benedetta Tagliabue, EMBT Architects Associates: 22, 24, 25
Geoproducts: 155
GROSS.MAX + Mark Dion: 30, 31, 32, 33
G-SKY, Inc.: 150
Gustafson Guthrie Nichol: 80, 81, 82, 83
Mads Hilmer: 53 (4), 54 (2), 55
Illustrating Light, Inta Eihmane: 167 oben links
Anita Kahn Photography, Cambridge, MA: 152, 153, 154, 159, 160 oben links, 162, 164
Ned Kahn: 142 (2), 143 (1), 144, 145
Landworks Studio, Inc.: 64, 65, 66, 67

T. Lindenbaum (Fotograf): 165 oben
LUZ Landschaftsarchitekten: 92, 93, 94, 95
Magnusson Klemencic Associates: 41 oben rechts
Liat Margolis: 176
J. MAYER H.: 140
Koert van Mensvoort: 175
McGregor+Partners: 103 (3), 105 (3) Koert van Mensvoort: 175
Bruce C Moore: 40 oben rechts
Richard Nichols, LSA Associates, Inc., und Chris Kjeldsen, Kjeldsen Biological Consulting: 72, 73, 74, 75
ONL [Oosterhuis_Lénárd]: 124, 125, 126, 127
PATTERNS / Marcelo Spina: 156, 157
PLOT=BIG+JDS: 52, 53 (3), 54 (1)
Portland Bureau of Environmental Services: 70, 71
Portland Cement Association: 161, 171
Profile Products LLC, Mat, Inc.: 152 unten
raderschall landschaftsarchitekten ag: 17, 18, 20 (2), 21
Shawn Roberts, Sparklingmoments: 167 rechts
Alexander Robinson: 121 (5 links)

Petronella Ryan: 104 (1)
Nina Sabbuk, Urban Horticulture Institute, Department of Horticulture, Cornell University: 158
Christiane Seiler (Fotografin): 99 (4)
Ken Smith Landscape Architect: 88, 89, 90, 91
StoSS Landscape Urbanism: 48, 49, 50, 51, 84, 85, 86, 87
Technorama, The Swiss Science Center: 142 (1)
TK Edens: 167 unten links
The University of Guelph-Humber Living Wall. Diamond and Schmitt Architects, Inc., und RHL in Partnerschaft. Living wall von Air Quality Solutions Ltd.: 170
Olaf Unverzart (Fotograf): 59, 60, 61
Vogt Landschaftsarchitekten: 59, 60, 61, 96, 97, 98, 99 (3 und 5), 146, 147
Weiss/Manfredi: 39 (2, 3), 40 links (alle Zeichnungen), 40 2. rechts, 40 3. rechts, 40 4. rechts, 41 links (alle Zeichnungen), 41 2. rechts, 41 3. rechts
Wenk Associates, Inc.: 68, 69
Christian Werthmann & LOMA: 136, 137
West 8: 26, 28, 29, 42, 43, 78, 79
Westergasfabriek Park: 120 (3)
Western Ecology, LLC: 168, 169
Simon Wood: 104 (2)

Register

Atmosphäre	Klima	Kontrolle	16, 22, 26, 58, 84, 136, 138, 142, 170, 177
Energie	Feuer	Kontrolle	163, 165
	Geräusch	Sinn	124, 175
	kinetisch	Bewegung	62, 124, 128, 142, 163
	Licht	emittieren	130, 132, 136, 176
		reflektieren	142, 146
		Schatten	16, 142
	solar	power	132, 172
Materie/ Systeme	Boden	bewegen/abtragen und aufschütten	118
		sanieren/dekontaminieren	104, 118, 166
		Sediment/Schwemmsand	64, 68, 70, 72, 106
		stabilisieren	38, 68, 72, 132, 151, 152, 153, 154, 156, 158, 161
		versiegeln	118
		widerstehen (Verdrängung)	154, 158, 159
	chemisch	Photokatalyse	171
		biologisch abbaubar	72, 132, 151, 152, 153, 162, 172, 174
		Bodenmischung	48, 64, 114, 118, 158
		erhöht, aufgerichtet	16, 22, 26, 30, 34, 42, 44, 52, 58, 88, 150, 151, 170
		flexibel/elastisch	48, 62, 124, 151, 152, 153, 154, 159, 162, 163, 164
		geschichtet	42, 44, 48, 58, 64, 68, 106, 110, 114, 118, 150, 158, 170, 174
		kontrollieren (Erosion)	38, 68, 72, 132, 152, 153, 154, 156
		mehrschichtig, -lagig	16, 30, 34, 38, 150, 151, 170
		modular	30, 38, 44, 52, 80, 88, 142, 150, 156,
		Netzwerk	16, 62, 68, 70, 106, 124, 130, 138, 175
		Pilz-(anti)	48, 159
		reaktiv/responsiv	62, 84, 88, 124, 128, 130, 132, 136, 138, 142, 163, 171, 175, 176
		schweben	72, 172

Materie/ Systeme		spannen	16, 26, 34, 124
		tragen/verstärken	78, 80, 152, 153, 154, 156, 158
		tragend	38, 34, 38, 42, 44, 48, 52, 58, 114, 118, 128, 146, 154, 158, 159, 160, 161, 172
		wiederverwenden/recyclen	30, 34, 48, 68, 72, 104, 114, 118, 159, 161, 174
Strömen	Daten	interagieren	124, 136, 138
		Modell	175, 176
		Signal	124, 128, 130, 132, 136, 138, 175, 176
		Sinn	62, 84, 88, 124, 130, 132, 136, 163, 175, 176
	Dampf	Dampf	84
		Dunst	22, 136, 177
		Nebel	136, 177
		Wolke	136, 138, 177
	Luft	aufblasen	62, 163
		Filter/Biofilter	30, 150, 170, 177
		pneumatisch	62, 124, 163
		Remediation	170, 171, 177
		zirkulieren	170, 172
	Wasser	absorbieren	58, 70, 88, 151, 152, 153, 158, 160, 162, 174
		aerobisch	68, 70, 104, 112
		anaerobisch	112, 174
		bewässern	16, 22, 30, 34, 44, 58, 64, 70, 88, 106, 112
		durchlässig	48, 58, 64, 70, 110, 114, 150, 151, 152, 153, 154, 158, 160, 162, 164, 170, 172, 174
		durchlässig/undurchlässig	58, 68, 118, 161, 163
		Filter/Biofilter	64, 68, 70, 104, 106, 110, 112, 172, 174
		generieren (Regen)	138
		infiltrieren	58, 64, 70, 112, 152, 153, 158, 160
		reinigen (Oberflächenwasser)	58, 64, 68, 70, 104, 110, 112, 138, 174

Strömen	Wasser	reinigen (Zufluss)	106, 112
		verhindern (Eutrophierung)	64, 68, 70, 104, 106, 110, 112, 172, 174
		verhindern (Überflutung)	22, 62, 64, 68, 70, 72, 106, 160, 162, 163
		wahrnehmen (Regen)	146
		verdampfen	146
		verlangsamen/vermindern	68, 72
		wiederverwenden	16, 85, 104, 112, 138
		zirkulieren	16, 22, 44, 58, 110, 112, 138, 175
		zurückhalten	58, 62, 64, 68, 110, 146, 163, 174
	Wind	adaptieren	26
		anzeigen	128, 142
		Strom	128, 172
		widerstehen	16, 26, 80, 168
Wachstum	Bepflanzung	abgestuft	30, 44, 88, 172
		Gestalt/manipulieren	78, 80
		Pilz-(anti)	92
		Saatgut	151, 152, 153, 165, 168
		Schatten	16, 22, 26, 30, 34
		selbstvermehren	92, 172
		stabilisieren	38, 72, 152, 153, 154, 156, 161
		stützen/verstärken	16, 22, 26, 30, 34, 78, 150, 151, 152, 153, 154, 156, 158, 170, 172
		sukzessions-	92, 165
		unterdrücken/hemmen	78, 88, 92, 96, 159, 164, 165
	Pilz-/Bepflanzung	biologisch abbauen	64, 70, 104, 106, 110, 112, 166, 170, 172, 174
	Pilz-	Mykoremediation	166

Die Autoren

Liat Margolis war Director of Material Research bei Material ConneXion, einer innovativen, interdisziplinären Materialforschungseinrichtung und anerkannten Beratungsfirma. Zu ihren jüngsten Projekten zählt der Aufbau der Materials Collection an der Harvard Graduate School of Design; für ihre Arbeit in dieser Materialsammlung gewann sie eine Leistungsauszeichnung im Bereich Didaktik und Technologie. An der Parsons The New School for Design lehrt sie im Bereich Materialinnovation und zu Umweltthemen und veröffentlichte Beiträge in zahlreichen Zeitschriften für Entwurf, Gestaltung und Design, darunter Dwell, I.D. und Ottagono.

Nach einem Bachelor-Abschluss für Industriedesign an der Rhode Island School of Design (RISD) erwarb Liat Margolis ihren Masters-Abschluss im Fachbereich Landschaftsarchitektur an der Harvard Graduate School of Design. Derzeit arbeitet sie als Beraterin für die Materials Collection, ist in der Forschung tätig und betreut im Landschaftsarchitekturbüro Hargreaves Associates als Projektmanagerin den Knoxville South Waterfront Master Plan. Sie stammt aus Israel und lebt und arbeitet zur Zeit in Cambridge, Massachusetts, USA.

Alexander Robinson begleitete zahlreiche Forschungsprojekte im Bereich urbaner Landschaftstechnologie und -planung am Harvard Center for Technology and Environment. Er beteiligte sich an der 2. Internationalen Architekturbiennale in Rotterdam: The Flood und der von der amerikanischen Gesellschaft für Landschaftsarchitektur (ASLA) ausgezeichneten Studie Alternative Futures for Tepotzotlán, Mexiko.

Alexander Robinson studierte Bildende Kunst und Computerwissenschaft am Swarthmore College und erwarb seinen Masters-Abschluss in Landschaftsarchitektur an der Harvard Graduate School of Design. Im Rahmen seiner Tätigkeit für Mia Lehrer + Associates war er Mitverfasser des Los Angeles River and Compton Creek Master Plans. Derzeit lebt und arbeitet er in Los Angeles, Kalifornien, USA.

Beide Autoren haben Fördermittel der Graham Foundation erhalten, die ihre Forschungsarbeiten und die Arbeit an dieser Publikation unterstützt.

Liat Margolis und Alexander Robinson arbeiten seit gemeinsamen Kursen am Fachbereich Landschaftsarchitektur der Harvard Graduate School of Design zusammen. Sie wollen diese Kooperation fortsetzen um die in diesem Buch vorgestellten Themen ausführlicher zu bearbeiten. Sie sind erreichbar unter ihrer Homepage www.livingsystemsLA.com.